普通高等教育汽车类专业规划教材

Qiche Jiance yu Zhenduan
汽车检测与诊断

崔淑华 主 编
李 冰 苏清源 副主编

人民交通出版社股份有限公司
China Communications Press Co.,Ltd.

内 容 提 要

本书为普通高等教育汽车类专业规划教材。主要内容有：概论、发动机技术状况检测与诊断、汽车底盘技术状况检测与诊断、汽车安全与环保性能检测。在本书编写过程中，注重汽车检测诊断技术的发展和应用实际、汽车工程技术人才理论与专业知识的基本需求，力求教材精炼而适用。

本书可作为高等院校车辆工程、汽车服务工程和交通运输等汽车工程类专业的学生使用，也可作为国内汽车相关专业技术人员的学习和职工培训的参考教材。

图书在版编目(CIP)数据

汽车检测与诊断／崔淑华主编. —北京：人民交通出版社股份有限公司，2017.12
普通高等教育汽车类专业规划教材
ISBN 978-7-114-14263-5

Ⅰ.①汽… Ⅱ.①崔… Ⅲ.①汽车—故障检测—高等学校—教材 ②汽车—故障诊断—高等学校—教材
Ⅳ.①U472.9

中国版本图书馆 CIP 数据核字(2017)第 252953 号

书　　名：	汽车检测与诊断
著 作 者：	崔淑华
责任编辑：	李　良
出版发行：	人民交通出版社股份有限公司
地　　址：	(100011)北京市朝阳区安定门外外馆斜街3号
网　　址：	http://www.ccpress.com.cn
销售电话：	(010)59757973
总 经 销：	人民交通出版社股份有限公司发行部
经　　销：	各地新华书店
印　　刷：	北京市密东印刷有限公司
开　　本：	787×1092　1/16
印　　张：	16
字　　数：	373千
版　　次：	2017年12月　第1版
印　　次：	2017年12月　第1次印刷
书　　号：	ISBN 978-7-114-14263-5
定　　价：	36.00元

(有印刷、装订质量问题的图书由本公司负责调换)

前言 PREFACE

本书结合汽车工程相关专业人才培养的目标与需求,结合汽车工业、汽车检测诊断与维修行业、道路运输行业发展的现状和趋势,考虑汽车检测与诊断相关国家和行业标准的更新,在总结多年教学与科研工作经验的基础上而编写。

本书共四章,内容包括概论、发动机技术状况检测与诊断、汽车底盘技术状况检测与诊断、汽车安全与环保性能检测。在编写过程中,注重汽车检测诊断技术的发展和应用实际、汽车工程技术人才理论与专业知识的基本需求,力求精练而适用。

本书由东北林业大学崔淑华教授任主编,东北林业大学李冰、黑龙江省工程学院苏清源任副主编。崔淑华编写第一章、第二章第一节和第二节、第三章第五节、第四章;李冰编写第三章第一节至第四节;苏清源编写第二章第三节至第七节。东北林业大学研究生徐凤娇、李仁波、公彦峰、马煜森、迟云超参与了本书的资料收集整理等基础工作。

本书适用于车辆工程、汽车服务工程和交通运输等汽车工程类专业的学生使用。也可作为国内汽车相关专业技术人员的学习和职工培训的参考教材。

作者在编写过程中参考和借鉴了许多专家的教材、著作和相关资料,得到了同行和人民交通出版社股份有限公司的支持,在此一并表示衷心的感谢。由于时间仓促及作者水平有限,书中难免有错误和疏漏之处,恳请读者和同仁批评指正。

编 者
2017 年 8 月

目录 CONTENTS

第一章 概论 ... 1
- 第一节 汽车检测与诊断概述 ... 1
- 第二节 汽车检测与诊断基础 ... 7
- 复习题 ... 16

第二章 发动机技术状况检测与诊断 ... 17
- 第一节 发动机功率检测与诊断 ... 17
- 第二节 发动机汽缸密封性检测与诊断 ... 23
- 第三节 发动机点火系统的检测与诊断 ... 30
- 第四节 汽油机燃油供给系统的检测与诊断 ... 40
- 第五节 柴油机燃油供给系统的检测与诊断 ... 47
- 第六节 发动机润滑系统的检测与诊断 ... 58
- 第七节 发动机起动系统与冷却系统的检测与诊断 ... 67
- 复习题 ... 73

第三章 汽车底盘技术状况检测与诊断 ... 74
- 第一节 汽车底盘输出功率检测 ... 74
- 第二节 汽车传动系统的检测与诊断 ... 82
- 第三节 汽车转向系统检测与诊断 ... 114
- 第四节 汽车制动系统的检测与诊断 ... 126
- 第五节 汽车行驶系统检测与诊断 ... 150
- 复习题 ... 180

第四章 汽车安全与环保性能检测 ... 182
- 第一节 汽车排放污染物检测 ... 182
- 第二节 汽车前照灯检测 ... 206
- 第三节 汽车车速表指示误差检测 ... 222
- 第四节 汽车噪声和喇叭声级检测 ... 227
- 第五节 汽车电子控制防滑转系统的检测与诊断 ... 239
- 复习题 ... 245

参考文献 ... 247

第一章 概 论

汽车检测与诊断是确定汽车技术状况、查明故障部位及原因的过程,它以检测技术为基础,辅以人工智能进行汽车技术状态和故障的识别、判断和预测。汽车检测与诊断的结果,可以为汽车的合理使用、维护、修理提供科学的技术依据。汽车检测与诊断是涵盖汽车检测、故障诊断的方法和手段等的综合性技术,包括检测设备的研制、诊断参数的确定、检测方法的制定、汽车故障的分析、汽车技术状态的预测等多方面的内容。

第一节 汽车检测与诊断概述

一、基本术语

(1)汽车检测与诊断。在汽车不解体(或仅拆卸个别零部件)的条件下,依据汽车检测原理和方法、汽车故障分析与诊断理论,借助仪器设备等手段,确定汽车技术状况及故障部位、原因的活动。

汽车检测是对汽车技术状况或工作能力的检查和测试,主要是针对汽车的使用性能而言。

汽车诊断是确定汽车故障的部位及原因的检查、测试与分析,主要是针对汽车故障而言。

(2)汽车故障。汽车零部件或总成,部分或完全丧失工作能力的现象。
(3)故障树。是把故障作为一种事件,按其故障原因进行逻辑分析的树状图形。
(4)故障率。行驶到某里程的汽车,在该里程之后单位里程内发生故障的概率。
(5)诊断参数。供诊断使用的、表征汽车、总成及机构技术状况的指标。
(6)诊断标准。对汽车诊断的方法、技术要求和限值等的统一规定。
(7)诊断周期。汽车诊断的间隔期,以汽车的行驶里程或使用时间表示。
(8)汽车技术状况。定量测得的、表征某一时刻汽车外观和性能的参数值之总和。
(9)汽车检测站。是综合运用现代检测技术,对汽车进行不解体检查和性能测试与分析等的工作机构。
(10)汽车维护。为维持汽车完好技术状况或工作能力而进行的作业。

二、汽车检测与诊断的目的与方法

1. 汽车检测与诊断的目的

汽车检测与诊断的目的是在不解体(或仅拆卸个别零部件)的情况下,确定车辆的技术状况和工作能力、查明故障部位、故障原因,为汽车的继续运行或维修提供依据。包括以下两个方面:

(1)对汽车技术状况进行全面检查。确定汽车技术状况是否满足有关技术标准的要求以及与标准相差的程度,以决定汽车是否能够继续上路行驶或采取何种措施延长汽车的使用寿命;如汽车实行定期或不定期的安全环保检测与诊断、综合性能的检测与诊断,就属于这方面的检测与诊断。

(2)对汽车出现的故障进行检测与诊断。通过检测与诊断查找故障的确切部位和发生的原因,从而确定排除故障的方法;汽车运行中的故障检测与诊断、汽车维修前及维修过程中的检测与诊断,属于这方面的检测与诊断。

2. 汽车检测与诊断的基本方法

汽车的检测与诊断包括对汽车进行检查、测试、分析、判断等一系列活动。其方法主要分为人工经验诊断法、仪器设备诊断法、车载系统自诊断法。

(1)人工经验诊断法。是指通过对车辆进行路试和整车或总成工作状态的观察,利用简单工具以及通过眼看、手摸、耳听等手段,凭借诊断人员经验和理论知识,对车辆技术状况进行定性分析或对故障部位和原因进行判断的方法。

人工经验诊断法的优点是不需专用仪器设备,可随时随地进行,资金投入少、诊断速度快;缺点是准确度不高、无法定量分析,而且对诊断人员的经验依赖性强,要求诊断人员有丰富的实践经验和较高的技术水平。

(2)仪器设备诊断法。是在人工经验诊断法的基础上发展起来的一种现代诊断方法,它是在不解体情况下,利用专用仪器和设备对汽车、总成或机构进行测试,获取汽车的各种数据,并通过对诊断参数测试值、变化特性曲线、波形等的分析判断,定量确定汽车的技术状况或确定汽车故障的部位和原因。

仪器设备诊断法的优点是不需要解体、诊断速度快、准确性高、能定量分析;缺点是需要的资金投入较大、需具备固定的作业空间及基本设施。该方法适用于汽车检测站、大型维修企业和汽车4S店的维修车间等。

(3)车载系统自诊断法。是利用汽车电控单元(ECU)的自诊断功能进行故障诊断的方法。自诊断功能就是利用车载检测电路来检测传感器、执行器以及微处理器的各种实际参数,并将其与存储器中的标准数据进行比较,从而判定系统是否存在故障。当判定系统存在故障时,电控单元将故障信息以故障码的形式存入存储器,并在汽车的仪表板上显示相应的闪烁信号。自诊断法需要通过一定的操作方式,把汽车电控系统中电控单元的故障码提取出来,然后通过查阅相应的故障码来确定故障的部位和原因。

三、汽车检测站

1. 汽车检测站发展概况

汽车检测站是综合运用现代检测技术,对汽车进行不解体(或仅拆卸个别零部件)检查和性能测试与分析的工作机构。20世纪80年代,随着我国机动车保有量迅速增加,保证车辆运行安全、节约能源和降低环境污染成为重要课题,汽车检测与诊断技术的应用成为推进汽车维修领域实现现代化管理的一项重要技术措施,国家交通部门首先开始有计划的在全国公路运输系统筹建汽车综合性能检测站。20世纪90年代初,除交通、公安两部门外,其他行业和部分大专院校也建成了汽车综合性能检测站。进入21世纪,国内汽车检测站已实现网联化。《机动车安全技术检验业务信息系统及联网规范》(GB/T 26765—2011)颁布实施以来,汽车检测站控制系统经升级改造,实现了检测设备联网、检测过程自动控制、检测数据及时存储和检测报告自动生成打印等功能。

2. 汽车检测站的分类和功能

汽车检测站依据服务功能可分为安全检测站、环保检测站、维修检测站和综合性能检测站;汽车综合性能检测站按职能又可分为A级站、B级站和C级站。检测站的检测线按自动化程度可分为手动式、全自动式和半自动式三种类型。

1)汽车安全检测站

汽车安全检测站是指在中华人民共和国境内,依法接受委托,从事机动车安全技术检验,并向社会出具公正数据的技术机构。它是国家的执法机构,而不是营利性企业。质量技术监督部门负责对机动车安全技术检验机构实行资格管理和计量认证管理,对机动车安全技术检验设备进行检定,对执行国家机动车安全技术检验标准的情况进行监督。机动车安全技术检验项目由国务院公安部门会同国务院质量技术监督部门规定。

汽车安全检测站通常有一条至数条安全环保检测线。它根据国家的相关法规、标准和管理规定,定期检测车辆中与安全和环保相关的项目,以保证汽车安全行驶。但是它不进行具体的故障诊断与分析,其检测结果只有"合格"和"不合格",而不作具体数据显示和故障分析,因此检测速度快,效率高。

《机动车安全技术检验项目和方法》(GB 21861—2014)规定的汽车安全主要检测项目见表1-1。

机动车安全技术检验项目和方法 表1-1

序号	检 验 项 目		检 验 方 法
1	车辆唯一性检查	号牌号码/车辆类型	目视比对检查,目视难以清晰辨别时使用内窥镜等工具;有条件时,可使用能自动识别车辆识别代号、发动机号码的仪器设备
		车辆品牌/型号	
		车辆识别代号(或整车出厂编号)	
		发动机号码(或电动机号码)	
		车辆颜色和外形	
2	联网查询		利用联网信息系统查询车辆事故/违法信息
3	车辆特征参数检查	外廓尺寸	用长度测量工具测量,重中型货车、专项作业车、挂车应使用自动测量装置
		轴距	用长度测量工具测量;有条件时,可使用自动测量装置
		整备质量	用地磅或轴(轮)重仪等装置称量
		核定载人数	目视检查,目测座椅宽度、深度及驾驶室内部宽度等参数偏小时,使用量具测量相关尺寸
		栏板高度	用钢尺等长度测量工具测量
		后轴钢板弹簧片数	目视检查
		客车应急出口	目视检查,目测应急出口尺寸偏小的,使用长度测量工具测量相关尺寸
		客车乘客通道和引道	目视检查,目测通道、引道偏窄或高度不符合要求时,使用通道、引道测量装置检查
		货厢	目视检查,目测货厢有超长、超宽、超高嫌疑时,使用长度测量工具测量相关尺寸

续上表

序号	检验项目		检验方法
4	车辆外观检查	车身外观	目视检查,对封闭式货厢的货车、挂车应打开车厢门检查,目测有疑问时,使用透光率计、钢尺、手锤、铁钩及照明器具等工具测量相关参数
		外观标识、标注和标牌	目视检查,目测字高偏小时,使用长度测量工具测量相关尺寸
		外部照明和信号装置	目视检查并操作
		轮胎	目视检查轮胎规格/型号,目测胎压不正常、轮胎胎冠花纹深度偏小时,使用轮胎气压表、花纹深度计等测量工具测量相关参数
		号牌及号牌安装	目视检查,目测号牌安装位置、形式,有疑问时,使用长度测量工具测量相关尺寸
		加装/改装灯具	目视检查
5	安全装置检查	汽车安全带	目视检查并操作
		机动车用三角警告牌	目视检查
		灭火器	目视检查
		行驶记录装置	目视检查,目测显示功能异常有疑问时,使用专用检验仪器
		车身反光标识	目视检查,目测逆反射系数偏小时,使用专用检验仪器
		车辆尾部标志板	目视检查,目测逆反射系数偏小时,使用专用检验仪器
		侧后防护装置	目视检查,目测防护装置单薄、安装不规范时,使用长度测量工具
		应急锤	目视检查
		急救箱	目视检查
		限速功能或限速装置	审查机动车产品公告、机动车出厂合格证、产品使用说明书等技术凭证资料
		防抱死制动装置	打开电源,观察"ABS"指示灯,对于半挂车检查相关装置
		辅助制动装置	操作驾驶区内操纵开关,有疑问时检查相关装置
		盘式制动器	目视检查
		紧急切断装置	目视检查
		发动机舱自动灭火装置	目视检查
		手动机械断电开关	目视检查,有疑问时操作开关,观察是否断电
		副制动踏板	目视检查,有疑问时踩下踏板,判断踏板工作是否正常
		校车标志灯和校车停车指示标志牌	目视检查
		危险货物运输车标志	目视检查

续上表

序号	检验项目		检验方法
6	底盘动态检验	制动系	以不低于20km/h的速度正直行驶,双手轻扶转向盘,急踩制动踏板后迅速放松
		转向系	起步并行驶20m以上,通过检验员操作车辆,利用目视、耳听、操作感知等方式检查。对转向盘最大自由转动量和转向力有疑问时,使用转向盘转向力—转向角检测仪测量相关参数
		传动系	
		仪表和指示器	检验过程中,观察仪表和指示器
7	车辆底盘部件检查	转向系部件	车辆停放在地沟上方的指定位置,使用专用手锤等工具检查,并由驾驶室操作人员配合;大中型客车、重中型货车、专项作业车、挂车检查时应使用底盘间隙仪
		传动系部件	
		行驶系部件	
		制动系部件	
		其他部件	
8	仪器设备检验	行车制动 空载制动率	采用滚筒反力式制动检验台、平板制动检验台、便携式制动性能测试仪等检验
		行车制动 空载制动不平衡率	
		行车制动 加载轴制动率	
		行车制动 加载轴制动不平衡率	
		驻车制动	
		前照灯 远光发光强度	采用前照灯检测仪检验
		前照灯 远近光光束垂直偏移	
		车速表指示误差	采用车速表检验台检验
		转向轮横向侧滑量	采用侧滑检验台检验

注:所有检验项目应一次检验完毕,出现不合格项时,应继续进行其他项目的检验,但无法继续进行检验的项目除外。
仪器设备检验时,除检验员外可再乘坐一名送检人员或随车人员。

2)汽车环保检测站

环保检测站是指对在用机动车进行排放污染物定期检测的机构。环保检测站必须依法取得环境保护行政主管部门的委托,能够执行国家及地方颁布的机动车排放标准。根据是否具备简易工况法检测能力,环保检测站分为A类环保检测站和B类环保检测站。

3)汽车维修检测站

维修检测站一般由汽车运输企业或汽车维修企业建立,主要是从车辆维护和修理的角度,对汽车进行性能的检测、故障的诊断和维修质量的监测。在汽车维修前,检测站通过对汽车技术状况的检测和故障诊断,可以确定汽车维护的附加作业、小修项目以及是否需要大修;而在汽车维修中和维修后,通过检测可以监测汽车的维修质量。

4)道路运输车辆综合性能检测站

综合性能检测站能按照规定的程序、方法,通过一系列技术操作行为,对在用道路运输车辆综合性能进行检测(检验)评价工作并提供检测数据和报告。它既能承担车辆安全环保方面的检测任务,又能承担汽车运输企业、汽车维修企业等企事业单位的车辆技术状况诊断,还能承接科研单位、高等院校等委托的性能试验和参数测定。通常把检测汽车的安全性、可靠性、动力性、经济性和环保性五种主要性能的检测称为综合性能检测。道路运输车辆综合性能检测站的主要任务如下:

(1)对在用运输车辆的技术状况进行检测与诊断。

(2)对车辆维修质量进行监测。

(3)接受委托,对车辆改装、改造、报废及其有关新工艺、新技术、新产品、科研成果等项目进行检测,提供检测结果。

(4)接受公安、环保、商检、计量和保险等部门的委托,为其进行有关项目的检测并提供检测结果。

道路运输车辆综合性能检测站根据职能可分为A级站、B级站和C级站,其中:

A级站能够全面承担检测站的任务,即对汽车的安全性、动力性、经济性、可靠性、环保性进行全面的检测,而且还能鉴定汽车的技术状况和维修质量。检测内容包括制动、侧滑、灯光、转向、前轮定位、车速、车轮动平衡、底盘输出功率、燃油消耗、发动机功率和点火系统状况以及异响、变形、噪声、废气排放等状况;

B级站能够承担在用车辆技术状况和车辆维修质量的检测和评定,检测内容包括汽车的侧滑、制动、转向、灯光、燃油消耗、车轮动平衡、点火系统状况、发动机功率以及异响、变形、噪声、废气排放等;

C级站能够对在用汽车的技术状况进行检测,检测内容包括汽车的制动、侧滑、灯光、转向、轴重、燃油消耗、车轮动平衡、发动机功率以及异响、变形、噪声、废气排放等。道路运输车辆综合性能检测站的检测项目和检测参数见表1-2。

道路运输车辆综合检测站检测项目和检测参数　　　　　表1-2

检测项目	检测参数
唯一性认定	号牌号码、车身颜色、VIN号、车厢栏板高度、车辆类型、发动机号、挂车架号、客车座(铺)位数、品牌型号、底盘号、外廓尺寸
故障信息诊断	发动机排放控制系统、防抱死制动装置(ABS)、电动助力转向系统(EPS)、其他与行车安全相关的故障信息
外观检查	助力转向传动带,空气压缩机传动带/齿轮箱,燃料供给管路与部件,车轮及螺栓、螺母,轮胎胎面状况,同轴轮胎规格和花纹,轮胎速度级别,轮胎气压,翻新轮胎的使用,子午线轮胎,备用轮胎,前照灯与远、近光光束变换,转向灯,示廓灯,危险报警闪光灯,雾灯,反射器与侧标志灯,货车车身反光标识和尾部标志板,绝缘层,蓄电池连接,绝缘护套,车门应急控制器、应急门、安全顶窗、应急窗开启,玻璃破碎装置,客车车厢灯和门灯,外部和内部尖锐凸起物,货车车厢、车门、栏板、底板和栏板锁止机构,驾驶室车窗玻璃附加物及镜面反光遮阳膜,后视镜和下视镜,防炫目装置,安全带,侧面防护装置,后部防护装置保险杠,牵引装置和安全锁止机构,固定集装箱箱体的锁止机构,安全架与隔离装置,灭火器材,警示牌,停车楔,危货排气管,隔热和熄灭火星装置,危货切断总电源和隔离电火花装置,危货导静电拖地带,危货运输车辆标志及标识,危货罐体检验合格证明或报告,气瓶,可移动罐(槽)紧固装置

续上表

检测项目	检测参数
运行检查	起动性能,柴油发动机停机装置,发动机低、中、高速运转制动报警装置,气压制动弹簧储能装置,制动踏板,驻车制动装置,离合器,变速器,传动件异响,指示器与仪表,卫星定位系统车载终端,风窗刮水器,风窗洗涤器,除雾、除霜装置
性能检验	动力性,燃料经济性,制动性,排放性,悬架特性,前照灯,车速表指示误差,转向轮侧滑量,喇叭声级

第二节 汽车检测与诊断基础

一、汽车技术状况变化及汽车故障发生规律

1. 汽车技术状况的变化

汽车技术状况是定量测得的表示某一时刻汽车外观和性能的参数值的总和。随着行驶里程的增加,汽车技术状况总体上呈现逐渐变差趋势,其动力性、经济性和可靠性下降。汽车技术状况一般分为渐变性变化和随机性变化。

1)汽车技术状况渐变性变化

渐变性变化是指汽车技术状况的变化随汽车行驶里程或工作时间呈单调变化,可用函数式表示其变化规律。其变化规律可用以下两种方式描述:

(1) n 次多项式

$$y = a_0 + a_1 L + a_2 L^2 + \cdots + a_n L^n \tag{1-1}$$

式中: y ——汽车技术状况参数值;

L ——汽车工作状况参数,即汽车行程或汽车工作时间;

a_0 ——汽车技术状况的初始参数值;

a_1、a_2、a_n ——待定系数。

在实际应用时,n 次多项式中一般取第一至第四项,其计算精度已足够。

(2) 幂函数

$$y = a_0 + a_1 L^b \tag{1-2}$$

式中: a_1、b ——确定汽车技术状况变化程度的系数。

对于主要因零件磨损所引起的汽车技术状况参数的变化规律,可用幂函数加以描述。例如:汽车零件因磨损而导致的配合间隙变化量,冷却系统和润滑系统中沉淀物的积累值、润滑油消耗率及润滑油中机械杂质的含量等。

2)汽车技术状况随机性变化规律

随机性变化规律指的是汽车、总成出现故障或达到极限状态的时间是偶发的,没有严格的对应关系和必然的变化规律,对其变化过程独立地进行观察所得的结果呈现不确定性,但在大量重复观察中又具有一定的统计规律。

2. 汽车故障发生的规律

汽车结构日益复杂,故障诊断的地位越来越重要,对汽车故障进行准确迅速的诊断,可以有效地提高维修质量,保证汽车的可靠性及安全性,可以这样说,故障诊断技术已成为汽车维修工作的中心,只要判断正确,维修工作只是更换零部件和调整的过程。

汽车故障的发生规律是指汽车故障率随行驶里程的变化规律,汽车的故障率(失效率)是指使用到某行驶里程的汽车,在单位行驶里程内发生故障的概率。它是衡量汽车可靠性的一个重要指标。汽车故障率随行驶里程的增加分为三个阶段:

1) 早期故障阶段

相当于汽车的磨合期,因各总成和机构的初期磨损量较大,发生故障的可能性也较大,随着行驶里程的增加,故障率逐渐提高。

2) 偶发故障阶段

在偶发故障阶段,其故障的发生是随机的,故障的产生没有特定的原因,多是由于车辆使用不当、润滑不良、维护不及时、零件材料内部隐患、工艺和结构缺陷等某些偶然因素所致。在此时期内,汽车及总成处于最佳状态,故障率低而稳定。一般称其对应的行驶里程为汽车的有效寿命。

3) 故障频发阶段

在此阶段,由于零件的磨损量急剧增加,大部分零件老化、磨损、腐蚀、变形,特别是大多数受交变载荷作用极易磨损的零件,已经老化衰竭,因而故障率急剧上升,出现大量故障,若不及时维修,将导致汽车或总成报废。

二、汽车故障分类及形成原因

1. 汽车故障的分类

汽车零部件或总成,部分或完全丧失工作能力的现象即为汽车故障。其实质是汽车零件本身或零件之间的配合状态、性能发生了异常变化,导致汽车或总成功能的丧失或性能的降低。汽车故障按不同方法具有多种分类。

1) 按故障持续时间可分为间断性故障和永久性故障

间断性故障是指仅在引发故障的原因短期存在的条件下而显现的故障,永久性故障是指只有在更换某些零部件、实施修理工作后才能使其排除的故障。例如:发动机供油系统产生气阻,发动机气门、针阀、柱塞的卡住现象属于间断性故障,发动机拉缸、抱轴、烧瓦现象属于永久性故障。

2) 按故障发生的快慢可分为突发性故障和渐发性故障

突发性故障发生前无任何征兆,无法预测和诊断,其特点是故障的发生具有偶然性;渐发性故障则是由于零件磨损、疲劳、变形、腐蚀、老化等原因而引起技术状况的劣化,是逐渐发展的过程。渐发性故障可以通过早期诊断来进行预测。例如:车轮掉入坑中使钢板弹簧折断属于突发性故障;发动机汽缸磨损引起的敲缸现象属于渐发性故障。

3) 按故障是否显现可分为功能故障和潜在故障

导致功能丧失或性能降低的故障为功能故障;正在逐渐发展但尚未对功能产生影响的

故障为潜在故障。例如：发动机无法起动、发动机起动困难、发动机动力不足、汽车制动跑偏、汽车的燃料经济性恶化等属于功能故障；发动机或传动系统异响、发动机过热、汽车前轴或传动轴出现裂纹但尚未扩展到极限程度，属于潜在故障。功能故障和潜在故障是可以并存的。

4）按故障所在的系统可分为电气故障和机械故障

现代汽车电气故障又分为数字电路故障和模拟电路故障。数字电路故障的诊断理论发展迅速日趋成熟，目前已经有相当多的诊断程序和诊断设备投入实际应用，常用的是汽车电子控制系统诊断的解码器。数字电路故障目前可方便地通过专用检测诊断设备（如汽车解码器）进行高效快速的诊断。而汽车模拟电路故障诊断尚未建立完整的理论，还没有通用的诊断方法。模拟电路故障一般是借助经验或通过电路模拟得到故障征兆，然后通过测试进行确诊。汽车机械故障范围较广，通常是利用汽车运行过程中的二次效应所提供的信息，如温升、噪声、润滑油状态、振动及各种物理或化学特性的变化来进行诊断。

另外，汽车故障按故障造成后果的严重程度可分为轻微故障、一般故障、严重故障、致命故障。它还可分为人为故障和自然故障，人为故障是由于使用不当造成的，而自然故障是由于自然磨损、老化等因素造成的。

不同分类方法的故障现象是相互交叉的，而且随着故障的发展，一种类型的故障可以转化为另一种类型故障。

2. 汽车故障形成的基本原因

汽车故障的形成主要是由零件失效引起的。此外，设计上的缺陷、制造质量、维护修理、配件质量、燃润料质量、不合理使用等均可导致故障产生。

1）零件失效原因

失效是指零件失去本身所具有的功能。引起零件失效的原因包括：零件之间相互摩擦而产生的磨损；零件与有害物质接触而产生的腐蚀；零件在交变载荷作用下产生疲劳；零件在外载、温度和残余内应力作用下发生变形；橡胶及塑料等非金属零件和电气元件因长时间使用使材料受物理、化学和温度变化的影响而老化；由于偶然因素造成零件损伤等。这些原因造成零件原有尺寸、几何形状及表面质量发生改变，破坏了零件原来的配合特性和正确位置关系，从而引起汽车或总成技术状况变坏。除上述原因引起的失效形式外，汽车零部件失效形式还有失调、烧蚀、沉积等。

2）零件失效和故障形成的因素

导致汽车故障形成或零件失效的主要因素为：工作条件恶劣、设计制造缺陷和使用维修不当三个方面。此外，外界环境（如道路、气候、季节等）和使用强度（如车速、载荷等）也是汽车故障发生和技术状况变化的影响因素。

(1) 工作条件恶劣。汽车零件工作条件包括零件的受力状况和工作环境，绝大多数汽车零件是在动态应力作用下工作，使汽车零件承受冲击和交变应力，从而加速零件的磨损或变形而引发故障；汽车零件在不同的环境介质和不同的温度下工作，容易引起零件的腐蚀磨损、磨料磨损以及热应力引起的热变形、热疲劳等，从而引发故障。

(2) 设计制造缺陷。它是汽车零件失效的主要原因之一，设计制造缺陷主要是因零件设计不合理、选材不当、制造工艺不良而存在的先天不足。如轴的台阶处过渡圆角过小。

(3) 使用维修不当。汽车在使用过程中的超载、润滑不良、滤清效果不好、违反操作规程、汽车维护和修理不当等，都会引起汽车零件的早期损坏。

三、汽车检测诊断参数

1. 汽车检测诊断参数的分类

供诊断用的表征汽车、总成及机构技术状况的指标称为汽车检测诊断参数。汽车检测诊断参数可通过直接测量或间接测量的方式获得，有些结构参数可以表征机构的技术状况，但在不解体情况下直接测量往往受到限制，如汽缸间隙、汽缸磨损量、各轴轴向间隙及磨损量、各齿轮啮合间隙及磨损量等。无法通过直接测量获得的参数，在检测诊断汽车技术状况时，需要采用与结构参数相关而又能表征技术状况的间接指标，而该间接指标即为诊断参数。汽车检测诊断参数分为以下三类：

1) 工作过程参数

工作过程参数指汽车、总成及机构工作时输出的一些可供测量的物理量和化学量或者可以体现汽车或总成功能的参数。工作过程参数往往能表征诊断对象工作过程中总体技术状况。如发动机功率、制动距离等。

2) 伴随过程参数

伴随过程参数指伴随汽车、总成或机构工作过程间接出现的一些可测量的参数，如振动、噪声、异响、过热等。伴随过程参数区别于表征汽车或机构总成功能的性能参数，是伴随工作过程输出的、与系统工作状况相关的物理量或化学量，往往能反映诊断对象技术状况的局部信息，常用于复杂系统的深入诊断。

3) 几何尺寸参数

几何尺寸参数是诊断对象具体状态的表征，能反映诊断对象的具体结构要素是否满足要求，可反映汽车总成及机构中配合零件之间或独立零件的技术状况。例如，配合间隙、自由行程、圆度、圆柱度、端面圆跳动、径向圆跳动、车轮定位参数等。几何尺寸参数与其他参数配合使用，无论是在初步诊断还是深入诊断，均可对汽车技术状况的评价和故障诊断起到重要作用。

汽车常用诊断参数见表1-3。

汽车常用诊断参数　　　　　　　　　　　表1-3

诊断对象	诊断参数	诊断对象	诊断参数
汽车整车	最高车速 加速时间 最大爬坡度 汽车侧倾稳定角 驱动车轮驱动力	汽油机燃料供给系统	电喷发动机喷油器的喷油量 各缸喷油不均匀度 喷油器的喷油压力 供油压力
发动机	额定转速 额定功率 急速转速 燃油消耗率 空燃比 过量空气系数	曲柄连杆机构	汽缸压力 汽缸间隙 曲轴箱窜气量

续上表

诊断对象	诊断参数	诊断对象	诊断参数
传动系统	汽缸漏气量(率) 进气管真空度 进气管压力 机械传动效率 滑行距离 传动系统游动角度	制动系统	制动距离 制动力 制动拖滞力 驻车制动力 制动时间 制动协调时间
配气机构	气门间隙 配气相位	行驶系统	车轮静不平衡量 车轮动不平衡量 车胎胎面花纹深度 车轮侧滑量 车轮前束值 车轮外倾角
发动机点火系统	点火提前角 各缸点火电压值 火花塞电极间隙 输油泵出油压力	转向桥 与转向系统	主销后倾角 主销内倾角 最小转弯直径 转向轮最大转向角 转向盘自由转动量
柴油机燃料供给系统	喷油泵高压油管最高压力 喷油器针阀升程 供油提前角 喷油提前角	冷却系统	冷却液温度 冷却液液面高度
发动机润滑系统	机油温度 机油压力 机油消耗量	其他	光轴偏移量 车速表指示误差 前照灯发光强度

2. 诊断参数应具备的特征

在汽车的使用过程中,诊断参数与汽车技术状况变化之间存在一定的对应关系,能够表征汽车技术状况变化的参数有很多,为了保证诊断结果的可信性和准确性,综合技术和经济的分析,汽车诊断参数应具备如下特征:

1) 灵敏性

通常又称诊断参数的灵敏度,指汽车或总成的技术状况从正常状态到出现故障状态的整个使用期内,诊断参数相对于诊断对象技术状况的变化率。即

$$K_t = \frac{d_t}{d_y} \tag{1-3}$$

式中:K_t——诊断参数灵敏度;

d_y——技术状况微小变化量;

d_t——诊断参数 t 相对于 d_y 的增量。

K_t 值越大,表明诊断参数的灵敏性越好,应选择 K_t 值高的诊断参数来诊断汽车的技术状况,提高汽车诊断结果的可靠性。

2）单值性

单值性是指在诊断对象技术状况变化的过程中，诊断参数 t 与技术状况参数 y 具有一一对应关系，即诊断参数没有极值

$$\frac{d_t}{d_y} \neq 0 \tag{1-4}$$

当诊断参数不具备单值性时，将出现同一诊断参数值对应不同的技术状况，或同一技术状况对应不同的诊断参数值，从而导致无法对诊断对象的技术状况进行准确判断，所以非单值性的诊断参数是没有实际意义的。

3）稳定性

稳定性是指在相同的测试条件下，多次测得同一诊断参数的测量值具有良好的一致性。诊断参数的稳定性越好，其测量的离散度（方差）越小，稳定性不好的诊断参数，其诊断结果的可靠性差。诊断参数的稳定性可用均方差来衡量

$$\sigma_T(y) = \sqrt{\frac{\sum_{i=1}^{n}[T_i(y) - \overline{T}(y)]^2}{n-1}} \tag{1-5}$$

式中：$\sigma_T(y)$——诊断参数测量值的均方差；

$T_i(y)$——诊断参数的第 i 次测量值（$i = 1, 2, \cdots, n$）；

$\overline{T}(y)$——诊断参数 n 次测量值的平均值；

n——测量次数。

4）信息性

信息性是指诊断参数对汽车技术状况诊断的可靠程度。诊断参数的信息性越强，则诊断结果越可靠。诊断参数信息性的强弱可以表示为

$$I(T) = \frac{|\overline{T}_1 - \overline{T}_2|}{\sigma_1 + \sigma_2} \tag{1-6}$$

式中：$I(T)$——诊断参数 T 的信息性；

$\overline{T}_1$——无故障时诊断参数 T 的平均值；

$\overline{T}_2$——有故障时诊断参数 T 的平均值；

σ_1——无故障时诊断参数 T 的均方差；

σ_2——有故障时诊断参数 T 的均方差。

$I(T)$ 越大，说明诊断参数的信息性越好，包含汽车技术状况的信息量越多，越能表明汽车技术状况的特征，其诊断结果越可靠。

5）经济性

经济性是指对诊断参数进行测量所需要的费用，包括诊断仪器设备的成本、人力、工时、场地和能源消耗等项的费用。如果诊断参数的测量费用很高，则该诊断参数的经济性较差，是不可取的。

6）方便性

方便性是指所确定的诊断参数用于实际诊断时，其操作使用的方便程度。方便性好的

诊断参数,其使用的仪器设备应操作简便、参数测量易于实现。若诊断参数的测量费时费力,也是不可取的。

3. 诊断参数标准

汽车诊断标准是对汽车诊断的方法、技术要求和限制的统一要求。汽车诊断参数标准是对汽车诊断参数限值的统一规定。汽车诊断参数标准是汽车诊断标准的一部分,根据诊断参数的性质及其对应的汽车技术状况,汽车诊断参数分为平均诊断参数、限制上限的诊断参数、限制下限的诊断参数。在实际使用中,诊断参数的标准限值一般包括初始值、许用值和极限值三种。

1) 初始值

初始值通常指新车或大修车无故障时诊断参数值的大小,往往是最佳值,可作为新车和大修车的诊断标准。当诊断参数测量值处于初始值范围内时,表明诊断对象技术状况良好,无须维修便可继续运行。

2) 许用值

诊断参数测量结果在许用值范围内,表明诊断对象技术状况的变化在正常范围内,汽车无须修理,按要求维护即可继续运行;诊断参数测量结果超过许用值,则对车辆应及时进行修理。

3) 极限值

诊断参数的测量结果达到或超过极限值,表明诊断对象技术状况严重恶化,需立即对汽车进行修理。此时,汽车的动力性、经济性将大大降低,汽车排放也将恶化,行驶安全得不到保证,有关机件磨损严重,甚至可能发生机械事故。

4. 诊断参数标准的确定

汽车诊断参数标准限值中的诊断参数许用标准值最为重要,标准值的确定,必须经实际应用并修正后才最终确定。诊断参数标准值通常采用统计法、试验法、计算法、类比法、相对法等。

1) 统计法

统计法是选取相当数量的在用汽车,进行某一诊断参数的测试,根据汽车在正常工作状况下的诊断参数测试值分布规律,经综合考虑而确定的标准限值,应能使大多数在用汽车合格。统计法确定的诊断参数许用标准值趋于严格确保汽车技术状况良好,在对汽车技术状况的变化规律缺乏深入研究的情况下,统计法是确定检测诊断参数标准值的有效方法。

2) 试验法

在实际使用条件和实验室工作条件下,通过试验和测量制定诊断参数标准的方法。

3) 计算法

建立在理论分析的基础上,通过一定的数学模型计算获得诊断参数标准的方法。

4) 类比法

利用类似结构在类似使用条件下已建立的诊断标准,结合实际情况加以比较从而确定诊断参数标准的方法。

5) 相对法

通过对正常汽车总成或零件进行测试后,采用一定的处理措施确定诊断参数标准的一种方法。通常的做法是测定一定数量的正常汽车总成或零部件的运行参数,确定一个基准值,然后用一个适当的系数乘上基准值即可得到诊断参数标准。在实际工作中,由于受技术水平和经济实力的限制,一个产品投入使用后,不可能立即对一些渐变故障的破坏特征有十分清楚的了解,为了能对一些重要部件进行检测与诊断,可用相对法确定诊断参数标准。

采用不同方法制定的诊断参数标准,都要经过试行、修改后才能确定。而且随着技术经济的发展和社会需求的提高,诊断参数标准需要随之不断修正才能满足要求。

四、汽车检测诊断标准

汽车检测诊断标准是对汽车检测诊断的方法、技术要求和限值的统一规定。汽车检测诊断标准是汽车技术标准中的一部分。汽车诊断参数标准的分类:汽车检测诊断标准分为国家标准、行业标准、地方标准和企业标准四种类型。

1. 国家标准

通常由某行业的部委提出、国家机关组织制定和颁布,冠以中华人民共和国国家标准(GB)字样,具有强制性和权威性。例如《机动车运行安全技术条件》(GB 7258—2017)和《点燃式发动机汽车排气污染物排放限值及测量方法》(GB 18285—2005)等都属于国家标准,在汽车检测诊断中必须执行。

2. 行业标准

行业标准又称部委标准,是部委组织制定并颁布的标准,在部、委系统内或行业系统内贯彻执行,一般冠以中华人民共和国某行业标准,如《汽车液压助力转向系统清洁度技术要求及测定方法》(QC/T 1012—2015)为汽车行业标准。行业标准在规定的行业范围内具有强制性和权威性。

3. 地方标准

地方标准是省级、市地级、县级制定并颁布的标准,在地方范围内贯彻执行,也在一定范围内具有强制性和权威性,如《点燃式发动机在用汽车排气污染物排放限值及测量方法(稳态加载工况法)》(DB 23/1061—2013)为黑龙江省地方标准。地方标准中的限值比上级标准中的限值要求会更严格,以满足本地区的特殊要求。

4. 企业标准

汽车检测诊断的企业标准一般包括汽车制造厂推荐的标准、汽车运输企业和汽车维修企业内部制定的标准、检测仪器设备制造厂推荐的参考性标准三种类型。

汽车制造厂推荐的标准是汽车制造厂在汽车使用说明书中公布的汽车使用性能参数、结构参数、调整数据和使用极限等,可以把它们作为诊断参数标准来使用。该类标准是汽车制造厂根据设计要求、制造水平,为保证汽车的使用性能和技术状况而制定的。如气门间隙、车轮定位角、点火提前角等。

汽车运输企业和汽车维修企业的标准是汽车运输企业、汽车维修企业内部制定的标准,仅在企业内部贯彻执行。企业标准不得低于国家标准和上级标准的要求,允许超过国家标准和上级标准的要求。汽车运输企业根据不同使用条件对汽车使用情况所制定的标准,一般与汽车使用经济性和可靠性密切相关。

检测仪器设备制造厂推荐的参考性标准,是检测仪器设备制造厂在尚无国家标准和行业标准的情况下制定的,作为参考性标准,以判断汽车、总成及机构的技术状况。

五、汽车检测诊断周期的确定

汽车检测诊断周期是对汽车实施检测诊断的间隔期,以行驶里程或使用时间表示。检测诊断周期的科学确定,应满足技术和经济两方面的要求,从而保障汽车良好的技术状况。最佳检测诊断周期,是指能保证车辆的完好率最高、而消耗费用最少的间隔期。

确定汽车的检测诊断周期是非常重要的工作,它既要保证车辆在无故障状态下运行,又要使我国维修制度中"定期检测、强制维护、视情修理"费用降至最低。

1. 确定检测诊断周期应考虑的因素
(1)零件或总成故障率的差异。
(2)不同总成或系统的重要性差异。
(3)车辆技术状况的差异。
(4)车辆使用条件的差异。
(5)汽车检测诊断、维护修理、停驶损耗等相关费用。

2. 检测诊断周期的计算确定

理想的检测诊断周期应遵循技术与经济相结合原则,保证车辆完好率高而消耗的费用少。通过以下计算分析表明,实现汽车单位里程费用最少和技术完好率最高,是完全可以得到的。设 $M[U(\tau)]$ 为诊断周期 τ 时检测诊断和维修费用的数学期望值,$M[V(\tau)]$ 为诊断周期 τ 时汽车或机构工作时间的数学期望值,则最佳检测诊断周期应满足

$$\frac{\mathrm{d}}{\mathrm{d}t}\left\{\frac{M[U(\tau)]}{M[V(\tau)]}\right\} = 0 \tag{1-7}$$

整理式(1-7),可以得到最佳检测诊断周期的一般公式

$$\frac{F'(\tau)}{[1-F(\tau)]^2}\int_0^\tau [1-F(L)]\mathrm{d}L + \ln[1-F(\tau)] - \frac{C_z}{C_x} = 0 \tag{1-8}$$

式中:$F(\tau)$——诊断周期内 τ 不发生故障的概率;
　　　$F'(\tau)$——诊断周期内 τ 发生故障的概率;
　　　$F(L)$——诊断参数达到极限标准值时的概率分布密度;
　　　C_z——完成计划检测诊断和维护的费用;
　　　C_x——完成计划外小修的费用;
　　　τ——最佳检测诊断周期。

利用式(1-8)计算最佳检测诊断周期较为烦琐,为方便起见,可用图解法确定最佳诊断周期。图解时,需引入一个最佳系数 $t = \tau/L$,即最佳诊断周期 τ 与故障间隔平均行程 L 的比值。

在正常使用期内,汽车的失效形式服从指数函数分布规律。此时其最佳系数 t 和费用比 C_z/C_x 的关系曲线如图1-1所示。从图中可以看出,随 C_z/C_x 增加,t 逐渐增加,使得 τ 向

故障间隔平均行程 L 靠近。这说明检测诊断和维护费用增加时,能有效地抑制故障发生。因此,可以延长检测诊断周期。

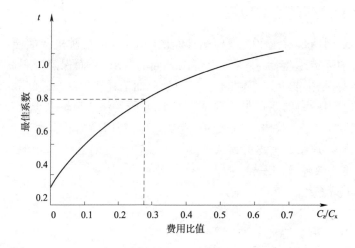

图 1-1　指数函数分布规律时最佳系数与费用比的关系曲线

利用大量的统计资料,根据图 1-1 所示曲线可图解出最佳诊断周期。首先从统计资料中得到费用比值 C_z/C_x,然后从图中得到对应的最佳系数 t 值,再由 $\tau = t/\lambda$,确定最佳诊断周期,其中 λ 为单位里程(时间)内发生故障的比率。例如:已知 $C_z/C_x = 0.28$,$\lambda = 10^{-4} \text{ km}^{-1}$,从图中可查到 $t = 0.67$,则最佳诊断周期为:$\tau = t/\lambda = 0.67/10^{-4} = 6700 \text{(km)}$,计算出的最佳诊断周期 τ,还要进行分析、修正后试用。

1. 什么是汽车检测与诊断技术?汽车检测与诊断的目的是什么?
2. 解释下列术语:汽车检测与诊断、汽车检测、汽车诊断、故障率、诊断参数、诊断标准、诊断周期、汽车技术状况、汽车检测站、汽车维护。
3. 汽车检测与诊断的基本方法哪些?各有什么特点?
4. 汽车检测站的分类和功能是什么?
5. 机动车安全技术检验的基本项目包括哪些?
6. 汽车故障是如何分类的?
7. 汽车故障形成的基本原因有哪些?
8. 汽车诊断参数分为哪几类?常用的汽车诊断参数有哪些?
9. 汽车诊断参数应具备哪些特征?
10. 汽车诊断参数标准限值包括哪些?如何确定?

第二章　发动机技术状况检测与诊断

发动机为汽车提供动力,是最重要的总成之一。汽车的动力性、经济性、排放性、可靠性与使用寿命等性能指标,均与发动机直接相关。虽然现代发动机在制造上采用了新材料、新技术、新工艺,使得发动机的各项性能都得到了很大的提高,但由于发动机结构复杂,工作条件恶劣以及经常处于转速、负荷、温度变化的状态中,与其他总成相比,其故障发生率仍相对较高,因此,发动机技术状况的检测与诊断对于车辆的合理使用起到重要作用。

第一节　发动机功率检测与诊断

一、发动机功率测试方法

发动机功率是发动机技术状况的综合评价指标,发动机点火系统、燃油供给系统、润滑系统、冷却系统技术状况不良或零件磨损,都会导致发动机输出功率的下降,从而导致动力不足、油耗增加,发动机功率的检测不仅能评价发动机的动力性,而且能定性地确定发动机的技术状况。发动机功率的测试方法可分为稳态测功和动态测功,或称为台架稳态试验和就车动态试验。

1. 稳态测功

稳态测功是指发动机在节气门开度一定、转速一定和其他参数保持不变的稳定状态下,在测功机上测定发动机功率的一种方法,由于它必须在专门的发动机试验台上进行,所以又称发动机台架测功。稳态测功通常是用测功机测出发动机的转速与转矩,然后通过发动机有效功率 $P_e(kW)$、有效转矩 $M_e(N \cdot m)$ 和转速 $n(r/min)$ 之间的关系,计算得出发动机有效功率 $P_e(kW)$,计算公式为

$$P_e = \frac{M_e \cdot n}{9549} \tag{2-1}$$

常用的测功机有水力测功机、电力测功机、电涡流测功机三种。稳态测定发动机的额定功率是在节气门全开的情况下,由测功机向发动机的曲轴施加额定负荷,使其在额定转速下稳定运转,测出其对应的转矩,不论发动机的行程数和类型如何,都可根据式(2-1)计算出有效功率。也可测试和计算出不同负荷下、不同转速下的发动机输出的功率,并绘制发动机的特性曲线。稳态测功的特点是测试结果比较准确,多为发动机设计、制造、院校和科研机构进行性能试验所采用,缺点是测功时费时费力、成本较高,并且需要大型、固定安装的测功机。因此,不适用于一般的汽车维修企业和汽车检测站。

由于进行发动机稳态测功时需要对发动机施加外部负荷,所以稳态测功又称有负荷测功或有外载测功。

2. 动态测功

动态测功是指发动机在节气门开度和转速等参数均处于变化的状态下,测定发动机功率的一种方法。动态测功时无须对发动机施加外部载荷,所以又称无负荷测功或无外载测功。动态测功不需要像测功机那样的大型设备,而用小巧的无负荷测功仪就车检测即可。动态测功的特点是测量精度不高,但使用方便、测试速度快,适用于汽车维修企业和机动车检测站。动态测功的依据是当发动机在急速或某一低转速下,突然全开节气门,使发动机克服自身惯性和内部各种运转阻力而加速运转时,其加速性能的好坏与发动机功率的大小相关。

二、发动机无负荷功率测试的基本原理

无负荷测功原理是基于动力学的原理,当发动机在急速或某一空载低转速运转时,突然全开节气门加速运转,此时发动机产生的动力,除克服惯性和内部各种运转阻力外,将使曲轴加速运转,即发动机以自身运动机件为载荷加速运转。如果被测发动机的有效功率越大,那么曲轴的瞬时角加速度也越大,而加速时间越短。所以,通过测得角加速度或加速时间,可以间接获得发动机功率。根据基本测功原理,无负荷测功可分为两类,一类是用测定瞬时角加速度的方法测量瞬时功率;另一类是用测定加速时间的方法测量平均功率。

1. 用测定瞬时角加速度的方法测定瞬时功率

把发动机的所有运动部件等效的简化为一个绕曲轴中心线旋转的回转体,当突然将节气门开至最大位置,使发动机克服其惯性力矩而加速运转时,测得发动机的瞬时角加速度,进而求出发动机的瞬时输出功率。

根据刚体定轴转动微分方程,发动机有效转矩与角加速度间的关系为

$$M_e = J\frac{d\omega}{dt} = J\frac{\pi}{30}\frac{dn}{dt} \tag{2-2}$$

式中:M_e——发动机有效转矩,N·m;

J——发动机运动部件对曲轴中心线的当量转动惯量,kg·m²;

n——发动机转速,r/min。

$\dfrac{d\omega}{dt}$——曲轴角加速度,rad/s²;

$\dfrac{dn}{dt}$——曲轴转速变化率,r/s²;

ω——曲轴角速度,rad/s。

将 M_e 代入式(2-1),得

$$P_e = \pi J n \frac{dn}{dt}$$

令

$$C_1 = \frac{\pi J}{30 \times 9549}$$

则

$$P_e = C_1 n \frac{dn}{dt} \tag{2-3}$$

在节气门突然开启的急加速变工况条件下测试发动机功率时,混合气形成、发动机燃烧状况和热状况等与稳态测试时不同,其有效功率值比稳态测试时的功率值小,因此,引入修正系数 k_1 对式(2-3)进行修正。即

$$P_e = k_1 C_1 n \frac{dn}{dt}$$

记 $C' = k_1 C_1$ 则

$$P_e = C' n \frac{dn}{dt} \tag{2-4}$$

式(2-4)表明:加速过程中,发动机在某一转速下的功率与该转速下的瞬时加速度成正比,只要测出发动机在加速过程中的转速 n 和对应的瞬时转速变化率 dn/dt,便可求出该转速下的瞬时有效功率。

2. 测定加速时间的方法测定平均功率

平均功率测试指在无负荷工况下根据发动机从某一指定转速急加速到另一指定转速所经过的时间,求得在加速过程中发动机的平均有效功率 P_{em}。

根据动能定理,无负荷加速过程中,其动能增量等于发动机所做的功。即

$$A = \frac{1}{2} J \omega_2^2 - \frac{1}{2} J \omega_1^2 \tag{2-5}$$

式中:A——发动机所做的功;

J——转动惯量;

ω_1——测定区间起始角速度,rad/s;

ω_2——测定区间终止角速度,rad/s。

若发动机曲轴旋转角速度从 ω_1 上升到 ω_2 的时间为 $\Delta T(s)$,则在这段时间内的平均功率 $P_{em}(W)$ 为

$$P_{em} = \frac{A}{\Delta T} = \frac{1}{2} J \frac{\omega_2^2 - \omega_1^2}{\Delta T} \tag{2-6}$$

而且 $\omega = \pi n/30$,如果平均功率 P_{em} 的单位以 kW 表示,则

$$P_{em} = \frac{C_2}{\Delta T} \tag{2-7}$$

令式中

$$C_2 = \frac{1}{2} J \left(\frac{\pi}{30}\right)^2 \times \frac{n_2^2 - n_1^2}{1000}$$

若已知转动惯量 $J(kg \cdot m^2)$,并确定测量时的起始转速和终止转速 n_1、n_2(r/min),则 C_2 为常数,称为平均功率测功系数,一般 n_1 要稍高于急速转速,n_2 取额定转速。式(2-7)表明,加速过程中,发动机在某一转速范围 $n_1 \sim n_2$ 内的平均功率与加速时间 $\Delta T(s)$ 成反比。

与瞬时功率测试的情况类似,由于 $n_1 \sim n_2$ 范围内的平均功率也是在急加速变工况条件下测得的,其测试值与稳态工况下的测试值有一定差异,需引入修正系数 K_2 进行修正,并令 $C'' = K_2 \times C_2$,则

$$P_{em} = \frac{C''}{\Delta T} \tag{2-8}$$

通过对比无负荷平均功率的测试值与台架试验发动机功率的测试值,找到所测机型的动态平均功率与稳态有效功率间的关系,确定 K_2 的值,并据此对无负荷测功仪进行标定,便可以通过测定 $n_1 \sim n_2$ 转速范围内的加速时间 ΔT 测出发动机的功率值。

3. 转速、角加速度和加速时间测试原理

无论瞬时功率测试还是平均功率测试,都需要测试发动机的转速 n、角加速度 $d\omega/dt$ 或加速时间 ΔT。

1)转速测量

发动机曲轴转速传感器按测量原理分类,主要有漏磁感应式、电磁感应式和磁阻式。其中漏磁式和电磁感应式转速传感器适用于汽油发动机,磁阻式转速传感器适用于汽油发动机和柴油发动机的转速测量。

汽油发动机的转速信号可取自点火线圈的漏磁或点火线圈低压、高压脉动电流。图2-1a)所示为漏磁感应式传感器,在螺栓形的磁芯上绕一匝数约为10000匝的电感线圈,当传感器靠近点火线圈时,在点火线圈脉动漏磁作用下,传感器1、2两端便会产生感生脉动电压信号;图2-1b)所示为电磁感应式传感器,在U形磁芯上绕一电感线圈,点火线圈低压或高压连接线穿过磁芯,发动机运转时,连接线有脉动电流通过,在其周围产生脉动磁场,从而在传感器线圈两端产生脉动电压信号。

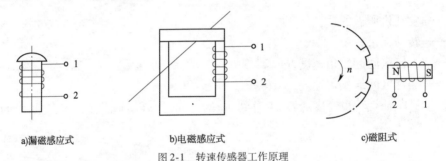

a)漏磁感应式　　　b)电磁感应式　　　c)磁阻式

图 2-1 转速传感器工作原理

发动机转速 $n(\text{r/min})$ 与高压连接线中感生电压脉动频率 $f(\text{s}^{-1})$ 的关系为

$$f = \frac{n}{60} \times \frac{\tau}{2} \tag{2-9}$$

式中:τ——发动机缸数。

柴油发动机可利用磁阻式传感器从发动机飞轮上取得转速信号,如图2-1c)所示,磁阻式传感器由永久磁铁及绕在其上的线圈组成,使用时装在飞轮壳上并使其与飞轮齿顶保持1~2mm的间隙,当飞轮旋转时,轮齿的凹部和凸部交替通过磁阻式传感器,引起磁路中磁阻的变化,使通过线圈的磁通量发生强弱交替变化,从而在线圈中产生交流电动势,电动势的交变频率等于飞轮每秒转过的齿数,得到发动机转速 n 与传感器线圈中感应电动势的交变频率 f 间的关系为

$$f = \frac{n}{60} \times z \tag{2-10}$$

式中:z——飞轮齿圈齿数。

2)角加速度测量

图2-2所示为瞬时角加速度测试原理示意图。从传感器传来的转速脉冲信号,输入到

脉冲整形装置整形放大,转变为矩形触发脉冲信号,并把脉冲信号的频率放大2~4倍,矩形触发脉冲信号输入到加速度计算器,并且只有在发动机转速达到规定值时,整形装置才输出触发脉冲信号,触发脉冲信号通过控制装置触发加速度计算器工作,计算一定时间间隔内输入的脉冲数,并把这些脉冲数累加起来,时间间隔由时间信号发生器控制,每一时间间隔的脉冲数与发动机转速成正比,后一时间间隔和前一时间间隔脉冲数的差值则与发动机的角加速度成正比,而发动机的有效功率又与角加速度成正比,转换分析器可把计算器输出的脉冲信号,即与功率成正比的角加速度脉冲信号转变为直流电压信号,然后输入到指示电表,该指示电表可按功率单位标定,因而可直接测得功率值,时间间隔取得越小,则所测出的有效功率越接近瞬时有效功率。

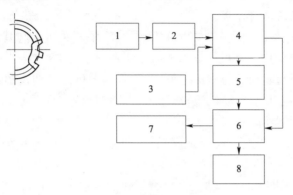

图2-2 瞬时角加速度测试原理框图

1-传感器;2-整形装置;3-时间信号发生器;4-计数器和控制装置;5-转换分析器;6-转换开关;7-功率指示表;8-转速表

3)加速时间测量

加速时间测试原理如图2-3所示,来自传感器的转速信号脉冲,经整形装置整形为矩形触发脉冲,并转变为平均电压信号,在加速过程中,当转速达到起始转速n_1时,此时与n_1对应的电压信号通过n_1触发器触发计算与控制电路,使时标信号进入计算器并寄存,当加速到终止转速n_2时,与n_2对应的电压信号通过n_2触发器又去触发计算与控制电路,使时标信号停止进入计算器,并把寄存器中时标脉冲数经数模转换随时转换成电信号,通过显示装置显示出加速时间或直接标定成功率单位显示。

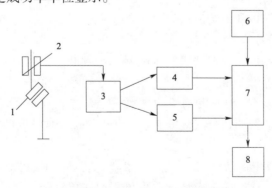

图2-3 加速时间测量原理框图

1-断电器触点;2-传感器;3-转速脉冲整形装置;4-起动转速n_1触发器;5-终止转速n_2触发器;6-时标;7-计算与控制装置;8-显示装置

4. 发动机无负荷测功的基本方法

发动机无负荷测功的基本方法有起动法和怠速加速法。为保证测试结果可靠,一般重复测量3~5次,取其平均值。

起动法是首先将节气门开至最大位置,再起动发动机加速运转,当转速达到确定值或超过终止转速后,仪表显示出测试值。

怠速加速法是发动机在怠速下稳定运转,然后突然将节气门开到最大位置,发动机转速急速上升,当转速达到所确定的测试转速或超过终止转速时,仪表显示出所测功率值,此后应立即松开加速踏板,以避免发动机长时间高速运转,记下或打印出读数后,按"复零键"使指示装置复零。该测试方法既适用于汽油机,又适用于柴油机。

5. 无负荷测功仪的使用方法

无负荷测功仪,既可以制成单一功能的便携式测功仪,也可以与其他测试仪表组合起来制成便携式或可移动台式发动机综合检测仪。便携式无负荷测功仪一般都制作的比较小巧,便于携带,使用中与发动机的连接也很方便,有的无负荷测功仪制作的像收音机一样大小,带有伸缩天线,可以收取发动机运转时的点火脉冲信号,而不必与发动机采取任何有线连接。发动机无负荷测功的基本步骤如下:

(1)测试前的准备,调整发动机配气结构、供油系统和点火系统,使之处于技术完好状态。

(2)安装转速传感器,预热发动机至正常工作温度(85~95℃),并使发动机怠速正常。变速器空挡,然后把仪器转速传感器两接线卡分别接在分电器低压接柱和搭铁线路上。

(3)测量开始时,操作者在驾驶室内迅速地将加速踏板踩到底,发动机转速猛然上升,当"T"表指针显示出加速时间(或功率)时,应立即松开加速踏板,切忌发动机长时间高速空转。

(4)记下读数,仪器复零。重复操作3次,读数取平均值。

袖珍式无负荷测功仪,带有伸缩天线,可收取发动机运转时的点火脉冲信号,而不必与发动机采取任何有线连接。使用时,用手拿着该测功仪,只要面对发动机侧面拉出伸缩天线,发动机突然加速运转,即可遥测到加速时间和转速。然后翻转测功仪,查看壳体背面印制的主要机型的功率、时间对照表,便可得知发动机功率的大小。不少无负荷测功仪还配备有检测柴油机的传感器,以便对柴油机的功率进行检测。

6. 发动机无负荷测功结果的分析

根据测定结果进行分析,对发动机技术状况作出判断。在用车发动机功率不得低于原额定功率的75%,大修后发动机功率不得低于原额定功率的90%。

(1)若发动机功率偏低,应对发动机的燃料供给系统和点火系统技术状况进行检查调整。若调整后功率仍低时,应结合汽缸压缩压力和进气歧管真空度的检查,判断是否是机械部分故障。

(2)单缸功率检测判断。如对个别汽缸技术状况有怀疑时,可对其进行断火后再测功,从功率下降的大小,诊断该缸的工作情况。也可利用在单缸断火情况下测得的发动机转速下降值,来评价各缸的工作情况。首先,工作正常的发动机,在某一转速下稳定空转时,发动机的指示功率与摩擦功率是平衡的。此时,若取消任一汽缸的工作,发动机转速都会有相同的下降值。要求最高与最低下降之差不大于平均下降值的30%。其次,单缸断火后,如果转速下降值低于一定的规定值,说明断火之缸工作不良。转速下降值越小,则单缸功率越小,当下降值等于零时,单缸功率也等于零,即该缸不工作。发动机单缸功率偏低,一般系该缸高压分火线或火花塞技术状况不佳、汽缸密封性不良等原因造成,应进行调整或检修。

(3)发动机功率与海拔有密切关系,无负荷测功仪所测结果是实际大气压力下的发动机功率,如果要校正到标准大气压下的功率,应乘以校正系数。

7. 无负荷测功的误差分析

利用无负荷测功法,单次测量的误差较大,其原因是:

(1)发动机转动惯量存在误差。

(2)除了转动惯量外,发动机加速过程中的运转阻力也作为负载,包括运动件的摩擦阻力,进排气过程中的泵气损失和驱动发动机附件的阻力。这些阻力都取决于相关部件的技术状况,同型号发动机也存在差别,且同一发动机的不同时刻,也会有波动,所以导致测量结果的误差大,重复性差。

(3)操纵过程中的人为因素导致的误差,主要是驾驶人控制加速踏板的速度。

三、单缸功率的检测

发动机正常工作情况下,发动机输出功率应等于各缸功率之和,各缸输出功率应大致相等,从而发动机才能有良好的动力性,运转才平稳。测试发动机单缸功率,可以发现引起发动机动力性下降的具体原因和部位。

1. 用无负荷测功仪测定单缸功率

使用无负荷测功仪测定单缸功率时,首先测出各缸都工作时的发动机功率,然后在所测汽缸断火(汽油机高压短路或柴油机输油管断开)情况下测出所测汽缸不工作时的发动机功率,两功率测试值之差即为断火汽缸的单缸功率。

2. 利用断火试验转速下降值判断单缸功率

利用断火试验时的发动机转速下降值判断单缸动力性,发动机以某一转速运转时,交替使各缸点火短路,每次短路后,发动机均应出现转速下降及功率下降,而各汽缸工作状况良好时,每次转速下降的幅度应大致相等。否则,断定该缸不工作或工作状况不良,据此也可以用简单的转速表在某缸不工作时,来测定转速下降值,从而判断该缸的动力性好坏。

注意:单缸断火试验不可频繁进行,因为某缸断开后,进入该缸的汽油混合气不参与燃烧,汽油会洗刷汽缸壁上的润滑油膜使汽缸磨损加剧,流入油底壳的汽油会稀释机油。

第二节 发动机汽缸密封性检测与诊断

发动机的汽缸密封性与发动机的动力性、经济性和排放性能密切相关。评价发动机汽缸密封性指标有汽缸压缩压力、曲轴箱窜气量、汽缸漏气量(率)、进气管真空度。

一、汽缸压缩压力检测与诊断

发动机汽缸压缩压力是指活塞位于压缩行程上止点时汽缸内的压力。汽缸压缩压力与发动机的热效率和平均指示压力有直接关系,发动机的转矩和功率取决于各缸内的平均压力,汽缸压缩压力是评价汽缸密封性最为直接的指标,并且由于所用仪器简单、测量方便,因此得到广泛应用。

1. 用汽缸压力表检测汽缸压缩压力

1) 检测方法

(1) 起动发动机,运行发动机至正常工作温度(冷却液温度达到80℃以上)。

(2) 将发动机停机,拆下空气滤清器,用压缩空气吹净火花塞或喷油器周围的灰尘和脏物。

(3) 卸下全部火花塞或喷油器并按汽缸次序放置。

(4) 把汽缸压力表的橡胶接头插在被测缸的火花塞孔内,扶正压紧。

(5) 将节气门和阻风门置于全开位置,起动发动机,用起动机带动曲轴运转 3~5s,不少于 4 个压缩行程。

(6) 待压力表头指针指示并保持最大压力后停止转动。

(7) 取下汽缸压力表,记下读数。

(8) 按下止回阀使压力表指针回零。

(9) 按上述方法依次测量各缸,每缸测量次数不少于 2 次。取平均值作为测量结果。

测量过程中要监测发动机的转速,使其在规定的转速范围内。进行柴油机汽缸压缩压力的就车检测时,应使用螺纹接头的汽缸压力表。如果要求在较高转速下测量,则在此种情况下,除受检汽缸外,其余汽缸均应工作。其他检测条件和检测方法同于汽油机。

2) 检测结果的影响因素

用汽缸压力表(图2-4)测得的汽缸压缩压力,不仅与汽缸密封性有关,还受发动机转速的影响,即与活塞在缸内压缩行程所持续的时间密切相关。当起动机带动发动机在较低转速范围内运转时,即使是较小的转速差,也能使汽缸压缩压力检测结果发生较大的变化。只有当发动机曲轴转速超过某一值时(一般为150r/min),检测结果受转速的影响才会较小,如图2-5所示。

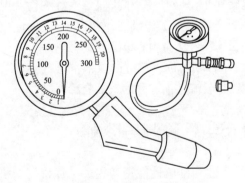 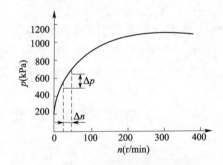

图2-4 汽缸压力表示意图　　　　图2-5 汽缸压缩压力与曲轴转速的关系

检测时,发动机转速高低取决于蓄电池和起动机的技术状况以及发动机旋转时的摩擦阻力矩。因此,要求蓄电池、起动机的技术状况良好;同时要求发动机润滑条件良好,并运转至正常热状况,以减小运转时的摩擦阻力。起动转速不符合检测汽缸压缩压力时的转速要求是用汽缸压力表所得测试结果误差大的主要原因。因此,在检测汽缸压力时,如能监控曲轴转速,对于减小测量误差,以获得正确的检测分析结果是非常重要的。

3) 汽缸压缩压力检测结果的分析

当汽缸压缩压力的检测值低于标准值时,根据润滑油具有密封作用的特点,可确定导致汽缸密封性不良的原因所在。其基本做法是,由火花塞或喷油器孔注入适量(一般为20～30mL)润滑油后(须与发动机使用相同规格和牌号的润滑油),再次检测汽缸压缩压力,并比较两次检测结果,进行如下分析:

(1) 第二次检测结果比第一次高,并接近标准值,表明汽缸密封性不良是由于活塞与缸壁配合间隙过大引起的。

(2) 第二次检测结果与第一次近似,表明汽缸密封性不良的原因为进、排气门或汽缸衬垫不密封的原因。

(3) 两次检测结果均表明某相邻两缸压缩压力低,其原因可能是两缸相邻处的汽缸衬垫烧损窜气。

如果汽缸压缩压力高于标准值,则可能是因为燃烧室内积炭过多、汽缸衬垫过薄或缸体与缸盖的结合平面经多次修理后加工过甚,导致汽缸压缩压力过高。同时,汽缸压缩压力高于标准值常会导致爆震、早燃等不正常燃烧情况的发生。汽缸压缩压力检测标准值一般由制造厂通过汽车使用说明书给出。

2. 用汽缸压力测试仪检测汽缸压缩压力

1) 检测原理

汽缸压力测试仪按结构原理不同可分为压力传感器式、电感放电式、起动电流或起动电压降式等几种类型。在使用测试仪检测汽缸压力时,发动机起动机接通但发动机不起动工作。汽缸压力测试仪的原理是:起动机带动发动机曲轴所需的转矩是起动机电流的函数,并与汽缸压力成正比。而发动机起动时的阻力矩,主要是由曲柄连杆机构产生的摩擦力矩和各缸压缩行程受压空气的反力矩两部分组成的。前者可认为是常数,而后者随各缸汽缸压力变化。起动机带动发动机曲轴所需的转矩需克服发动机的阻力矩,因此,可以认为发动机起动电流的大小是发动机阻力矩的函数,起动电流达到峰值时即为汽缸压缩压力最大时,图2-6所示为起动电流与缸压波形图。

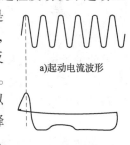

图2-6 起动电流与缸压波形图

2) 检测方法

(1) 发动机运转至正常工作温度,节气门和阻风门置于全开位置。

(2) 停机后拔下分电器中央高压线并搭铁或按测试仪要求处理。

(3) 按要求将测试仪与发动机连接牢固。

(4) 安装缸压传感器。拆下任一缸火花塞,把缸压传感器安装在火花塞孔中;把电流传感器夹在蓄电池的搭铁线上,传感器上箭头指向蓄电池负极。

(5) 转速传感器安装于分缸线上;白金信号红鱼夹夹在点火线圈"-"极接线柱上或分电器接线柱上(触点点火系统),白金信号黑鱼夹搭铁。

(6) 在输入键盘上键入操作码,用起动机带动发动机运转4～6s,仪器将会自动打印出各缸的压缩压力值。标准缸的汽缸压缩压力值是由缸压传感器直接测出的,其余各缸的压力值则是通过各缸起动电流峰值与标准缸起动电流峰值相比较而得到的,压缩压力值从标准缸以下按点火次序排列。

为保证测试结果可靠、准确,应经常用汽缸压力表的检测值与用缸压传感器的检测值相比较,以检查缸压传感器是否准确。

电感放电式汽缸压力测试仪检测是一种通过检测点火二次电感放电电压来确定汽缸压力的仪器,仅适用于汽油机。

使用以上几种测试仪检测汽缸压力时,发动机不应着火工作。汽油机可拔下分电器中央高压线并搭铁或按测试仪要求处理;柴油机可旋松喷油器高压油管接头断油,即可达到目的。

3) 检测结果要求

根据交通运输部《道路运输车辆技术管理规定》,在用汽车发动机汽缸压缩压力不得低于原设计的25%,否则应进行大修。

根据《汽车修理质量检查评定方法》(GB/T 15746—2011)的规定;大修竣工后,汽缸压缩压力应符合原设计规定;每缸压力与各缸平均压力的差,汽油机不超过8%,柴油机不超过10%。

根据《道路运输车辆综合性能要求和检验方法》(GB 18565—2016),发动机各汽缸压缩压力应不小于原设计规定值的85%;每缸压力与平均压力的差:汽油发动机应不大于8%,柴油发动机应不大于10%。

二、曲轴箱窜气量检测与诊断

吸气式发动机,混合气从压缩到燃烧会产生很高的压力,被压缩的气体会从活塞和的缝隙等地方窜出去进入曲轴箱,形成曲轴箱窜气。曲轴箱窜气主要是燃烧废气、燃油蒸气、机油蒸气的混合物。

曲轴箱窜气量大,一般是汽缸、活塞、活塞环磨损量大,导致使各部分配合间隙增大;活塞环对口、结胶、积炭、失去弹性、断裂及缸壁拉伤等原因造成的,因此,曲轴箱窜气量与汽缸活塞副技术状况直接相关。

1. 曲轴箱窜气量检测仪工作原理

曲轴箱窜气量检测仪使用微压传感器,当废气流过取样探头孔道时,在测量小孔处产生负压,微压传感器检测出负压并将其转变成电信号,流过集气头孔道的废气流量越大,测量小孔处产生的负压越大,微压传感器输出的电信号越强。信号输送到仪表箱,由仪表指示出大小,以反映曲轴箱窜气量的大小,如图2-7所示。

2. 检测方法

(1) 打开电源开关,按仪器使用说明书的要求对检测仪进行预调。

(2) 密封曲轴箱,即堵塞油尺口、曲轴箱通风进出口等,将取样探头插入机油加注口内。

(3) 起动发动机,待其预热至正常工作温度且运转平稳后,仪表箱仪表的指示值即为发动机曲轴箱在该转速下的窜气量。

曲轴箱窜气量的大小除与汽缸活塞副技术状况相关外,还与测试时发动机的转速及负荷有关。检测时,发动机应加载,节气门全开(或柴油机最大供油量),在最大转矩转速(此时窜气量最大)测试。发动机加载可在底盘测功机上实现。测功机的加载装置可方便地通过滚筒、驱动车轮和传动系统对发动机进行加载,可使发动机在全负荷工况下从最大转矩转速至额定转速的任一转速下运转,因此,可用曲轴箱窜气量检测仪检测出任一工况下曲轴箱的窜气量。

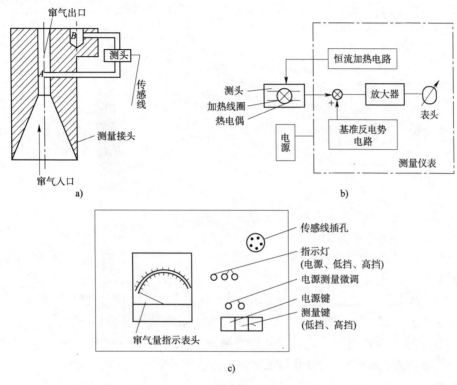

图2-7　曲轴箱窜气量检测仪原理

3. 检测结果分析

曲轴箱窜气量的判定没有统一的诊断标准,有些维修企业自用的企业标准一般是根据具体车型逐渐积累资料制定的。由于曲轴箱窜气量还与缸径大小和缸数多少有关,很难把众多车型统一在一个诊断参数标准内。有些国家以单缸平均窜气量作为诊断参数。综合国内外情况,单缸平均窜气量值可参考以下标准。

汽油机:新机2~4L/min,达到16~22L/min时需大修。

柴油机:新机3~8L/min,达到18~28L/min时需大修。

三、汽缸漏气量(率)的检测

汽缸的漏气量(率)是指发动机不运转,让被测缸的活塞处于压缩行程上止点,并保持不动。把具有一定压力的压缩空气从火花塞或喷油器孔充入汽缸,检测活塞处于上止点时汽缸内压力保持或下降的情况,以此来表征汽缸的密封性。

发动机汽缸漏气量(率)的大小与汽缸活塞组、进排气门、汽缸衬垫、汽缸盖及汽缸的密封性均相关。

1. 汽缸漏气量检测原理

汽缸漏气量检测仪及工作原理如图2-8所示。汽缸漏气量检测仪由调压阀、进气压力表、测量表、校正孔板、橡胶软管、快速接头和充气嘴等组成。测量时需外部气源、指示活塞位置的指针和活塞定位盘。外部气源压缩空气按箭头方向进入汽缸漏气量检测仪，其压力由进气压力表2显示。随后经由调压阀、校正孔板、橡胶软管、快速接头和充气嘴进入汽缸，汽缸内的压力变化情况由测量表3显示。

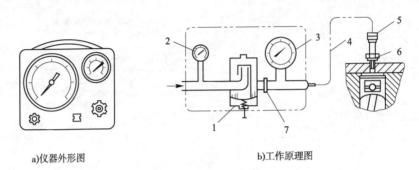

a)仪器外形图　　　　b)工作原理图

图2-8　汽缸漏气量检测仪

1-调压阀；2-进气压力表；3-测量表；4-橡胶软管；5-快换接头；6-充气嘴；7-校正板孔

测试时，拆下发动机的火花塞，使所测缸的活塞处于上止点位置，并把检测仪的充气嘴安装于所测汽缸的火花塞孔上，外接气源的压力应相当于汽缸压缩压力，一般为0.6～0.8MPa，其具体压力值由进气压力表显示；压缩空气进入漏气量检测仪后，经调压阀调压至某一确定压力 p_1（0.4MPa），然后经过校正孔板上的量孔及快换管接头、充气嘴进入汽缸，当汽缸密封不严时，压缩空气就会从不密封处泄漏，使校正后的孔板量孔空气压力下降为 p_2，该压力值由测量表显示，其压力变化情况 p_1-p_2 的值即可反映汽缸的密封性。

当校正孔板量孔截面积和结构一定时，量孔截面积和流量系数为常数；而进气压力及测试时的环境温度一定时，空气密度也为常数，因此，校正孔板量孔后的压力（由测量表指示）取决于经过量孔的空气流量。显然，空气流量的大小（漏气量）与汽缸的密封程度有关。

2. 汽缸漏气量的检测方法

(1) 发动机预热到正常工作温度，拧下所有火花塞，装上充气嘴。

(2) 将仪器接上气源，在仪器出气口完全密封的情况下，通过调节调压阀，使测量表的指针指在392kPa位置上。

(3) 卸下分电器盖和分火头，装上指针和活塞定位盘。

(4) 摇转曲轴，先使第1缸活塞处于压缩行程上止点位置，然后转动活塞定位盘，使刻度"1"对正指针。变速器挂低速挡，拉紧驻车制动器操纵杆，以保证压缩空气进入汽缸后，不会推动活塞下移。

(5) 把1缸充气嘴接上快速接头，向1缸充气，测量表上的读数，便反映了该缸的密封性。

在充气的同时，可以从进气口、排气消声器口、散热器加水口和加机油口等处，察听是否有漏气声，以便找出故障部位。

(6) 摇转曲轴，使指针对正活塞定位盘下一缸的刻度线，按以上方法检测下一缸漏气量。

(7)按以上方法和点火次序,检测其他各缸的漏气量。为使数据可靠,各缸应重复测量一次。

汽缸漏气率的检测仪器、检测方法与汽缸漏气量的检测基本相同,汽缸漏气量检测以 kPa 或 MPa 为单位,而汽缸漏气率以百分数为单位。

3. 检测过程中的判断

检测过程中如发现某一缸的密封性不良,可进一步在进气管、排气消声器出口、散热器加水口和机油加注口等处,察听是否有漏气的声音,大致判断汽缸的漏气部位。

当活塞位于压缩行程上止点时,若在进气管处能听到漏气声,则可能是进气门密封不良;在排气管处能听到漏气声时,则可能是排气门密封不良;若在散热器加水口有漏气声并出现水泡时,则可能是汽缸垫漏气。

4. 检测结果分析

对于汽缸漏气量的检测结果,对于缸径为 102mm 左右的汽油发动机,用 QLY-1 型汽缸漏气量检测仪检测时,若测量表上的压力指示值大于 0.25MPa,则密封性良好;而当测量表压力指示值小于 0.25MPa 时,说明密封性较差,应进一步察听漏气部位,找出故障原因。

对于汽缸漏气率检测结果,新发动机,在进气门开始关闭至活塞到达上止点的整个过程中的不同位置,汽缸漏气率一般为 3%～5%;若大修竣工后,汽缸漏气率超过 10%,则表明大修质量不佳。

一般说来,当汽缸漏气率达 30%～40% 时,如果能确认进排气门、汽缸衬垫、汽缸盖和汽缸套等是密封的(可从各泄漏处有无漏气或迹象确认),则说明汽缸活塞摩擦副的磨损临近极限值,已到了需换环或镗缸的程度。

汽缸漏气量(率)检测结果的判定标准需要根据发动机种类、缸径、磨损情况等因素通过大量试验确定,汽缸漏气量(率)的检测比汽缸压缩压力的检测要费时费力,但于对准确判定引起汽缸密封性差的部位来说,更加直观和精确。

5. 汽缸磨损情况的诊断

汽缸的磨损情况,可根据活塞在压缩行程不同位置时的汽缸漏气率间接测出。首先测定压缩行程开始,进气门关闭后汽缸的漏气率,而后,在曲轴每旋转 10° 曲轴转角的位置测量一次,直到活塞到达上止点位置为止,从而得到活塞在汽缸内不同位置时的汽缸漏气率,即可了解汽缸的磨损情况和部位。

四、进气管真空度检测与诊断

1. 发动机进气管真空度及影响因素

发动机进气管真空度指进气管内的进气压力与外界大气压力之差。

发动机的进气管真空度随着发动机工作状态的变化是波动的。汽油机依靠节气门开度变化控制进入汽缸的混合气的量,怠速时,节气门开度小,进气节流作用大,进气管中真空度较高,节气门全开时,进气管中真空度较小。由此可见,进气管真空度首先取决于发动机的工作状态,此外,进气管真空度还与发动机技术状况有关,可以反映汽缸活塞组和进气管的密封性,若进气管垫、真空点火提前机构等处密封不良,汽缸活塞组、配气机构因磨损或故障间隙增大,以及点火系统和供油系统的调整等都会影响发动机进气管的真空度。

因发动机怠速状态下进气管的真空度最大且相对稳定,对进气管、汽缸密封性不良引起的真空度下降较为敏感,因此,检测进气管真空度大多数是在怠速条件下进行。

2. 用真空表检测进气管真空度的方法

检测进气管真空度评价汽缸密封性主要针对汽油机,检测进气管真空度的真空表由表头和软管构成,软管一头固定在真空表上,另一头可方便地连接在进气管的检测孔上(真空助力或真空控制装置从进气管取真空的孔,即可作为检测孔),无须拆任何机件,检测快速简便。

(1) 起动发动机并使其以高于怠速的转速空转30min以上使发动机达到正常工作温度。

(2) 将真空表软管接到进气歧管的测压孔上。

(3) 变速器置于空挡,发动机怠速运转。

(4) 读取真空表上的读数;进行结果分析。

3. 诊断标准

根据《商用汽车发动机大修竣工出厂技术条件 第1部分:汽油发动机》(GB/T 3799.1—2005)的规定,大修竣工的四冲程汽油机转速在500~600r/min时,以海平面为准,进气管真空度应在57.33~70.66kPa范围内。波动范围:六缸汽油机一般不超过3.33kPa,四缸汽油机一般不超过5.07kPa。说明进气管真空度随海拔升高而降低。海拔每升高1000m,真空度约减少10kPa,检测应根据所在地的海拔进行折算。

引起发动机进气管真空度及波动的因素较多,因此,进气管真空度是评价发动机技术状况的综合性指标,检测方法简便快捷,不足之处是不能确定故障的具体部位和原因,须结合其他检测项目综合判定发动机的密封性。

第三节　发动机点火系统的检测与诊断

汽油机点火系统必须能够根据发动机工作次序,适时产生高压电火花,并能根据发动机工况及转速的变化进行调整。点火系统故障是汽油机比较常见的故障,故障的表现形式包括发动机无法起动、动力不足、发动机工作异常、燃料消耗增加、运行中突然熄火等。在不解体情况下,对发动机点火系统的检测诊断主要是对点火波形检测、点火正时的检测。

一、发动机点火系统类型

发动机点火系统依不同发展阶段可分为:机械式触点点火系统、无触点点火系统、微机控制式电子点火系统和微机控制式无分电器电子点火系统。不同类型的点火系统的主要区别在于对发动机点火时刻和初级线圈电流的控制方式不同。

1. 机械式触点点火系统

机械式触点点火系统的点火时刻和初级线圈电流的控制是由机械传动的断电器完成的。如图2-9所示,由发动机凸轮轴驱动的分电器轴控制着断电器触点的张开、闭合的角度和时刻与发动机工作行程的关系。为了使点火提前角能随发动机转速和负荷的变化自动调节,在分电器上装有离心式机械提前装置和真空式提前装置来感知发动机的转速和负荷的变化。

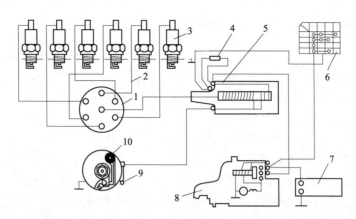

图 2-9 机械式触点点火系统的组成

1-分电器;2-高压导线;3-火花塞;4-电阻;5-点火线圈;6-点火开关;7-蓄电池;8-起动机;9-电容器;10-断电器

机械触点式点火系统的缺点是因为断电器与驱动凸轮之间机械联动,因此,触点的闭合角是固定的,这样随着发动机转速的变化,触点的闭合时间是变化的,当发动机转速升高时触点闭合时间缩短,初级线圈电流减小点火能量降低;当发动机转速降低时闭合时间又过长,造成线圈中电流过大容易损坏。

2. 无触点电子点火系统

无触点电子点火系统克服发机械触点式点火系统触点容易烧蚀损坏的缺点,是以非接触式传感器作为控制信号,以大功率三极管为开关代替机械触点的无触点电子点火系统。其显著优点在于初级电路电流通过三极管进行接通和切断,因此,电流值可以通过电路加以控制。不足之处在于这种系统中的点火时刻仍采用机械离心提前装置和真空提前装置,对发动机工况适应性差。

无触点电子点火系统一般由曲轴传感器、电子点火器、点火线圈、火花塞等构成,如图2-10所示。无触点电子点火系统采用晶体管作为点火初级电路的电子开关,因此初级电流的控制比触点点火系统容易且控制精度较高。在机械式触点点火系统中,触点的闭合时间与曲轴转角靠机械关联,无触点电子点火系统则需要曲轴位置传感器。电子点火器的作用是控制点火线圈中初级电路电流的接通时间和断开时间,它必须对来自曲轴位置传感器的脉冲信号进行放大、处理、识别,根据曲轴位置传感器的脉冲信号计算发动机的转速,并根据发动机的转速来控制点火线圈初级电路的通电时间。电子点火系统一般由脉冲处理电路、初级线圈电流控制电路、稳压器和晶体管输出驱动电路四部分组成。

3. 计算机控制电子点火系统

为了提高点火系统的调整精度和各种工况的适应性,在电子点火系统的基础上,采用了微机控制。该系统的特点是没有分电器,发动机点火提前角的控制也不是离心提前装置和真空提前装置。从初级线圈电流的接通时间到点火时刻全部采用微机进行控制。即微机系统通过传感器检测发动机的转速和负荷的大小,根据内部存储器中的最佳控制参数,获得这一工况下的最佳点火提前角和点火线圈初级电路的最佳闭合角,通过控制三极管的通断时间实现控制目的。

二、发动机点火波形的检测与诊断

不论是触点式点火系统还是无触点电子点火或计算机控制的点火系统,都是由点火线圈通过互感作用把低压电转变为高压电,通过火花塞跳火点燃混合气做功的。点火线圈相当于一个变压器,在初级线圈周期性通电和断电的过程中,初、次级线圈都因电流变化而感应电动势,而此时初、次级电压随时间变化的波形就是点火波形,它有初级电压(一次电压)波形和次级电压(二次电压)波形之分。点火系统低压部分、高压部分的变化过程是有规律的,因此,把实际测得的点火系统点火电压波形与正常工作情况下的点火电压波形进行比较并分析,即可判断点火系统的技术状况好坏及故障所在。用示波器的波形直观诊断点火系统故障是汽车维修常用的手段,汽油机点火系统技术状况,可通过汽车专用示波器或发动机综合性能分析仪上的示波器来观察分析。下面以用示波器为例说明点火系统故障检测与分析方法。

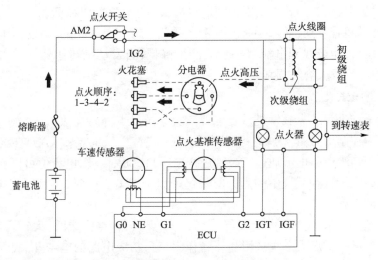

图 2-10 无触点电子点火系统

1. 示波器工作原理

示波器主要由传感器、中间处理电路和显示器等部分组成。其中显示器可分为阴极射线管式和液晶式两种。阴极射线管由电子枪、偏转板和荧光屏组成,如图 2-11 所示。在管内的电子枪将电子束射至管前的荧光屏上,能产生一个光亮点。在管子内部有两组金属板,水平的两块金属板称为垂直偏转板,垂直的两块金属板称为水平偏转板。当从示波器电路得到电荷时,水平偏转板会使电子束在管内的水平方向上产生偏移,从而使在荧光屏上显示光亮点的电子束从左至右横掠屏幕扫出一条光亮的线条,然后再从右至左变暗回扫。由于光的运动非常快,以致光亮点以一条实线出现在观察者眼前。当示波器接上运转的发动机点火系统时,垂直偏转板可通过示波器电路接收到电荷,且此电荷的大小与点火系统电压的瞬时变化成比例。随

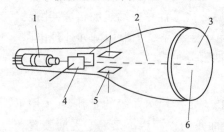

图 2-11 示波器上的阴极射线管
1-电子枪;2-电子束;3-荧光屏;4-水平偏转板;
5-垂直偏转板;6-光亮点

着电子束从左到右的扫描,变化着的电荷使其在垂直方向产生偏移,因而光亮点在阴极射线管的屏幕上扫出一条曲线图形。该曲线图形与点火系统电荷的大小相对应,并代表了点火系统中电压随时间的变化。

示波器屏幕上的曲线图形,在垂直方向上表示电压,在水平方向上表示时间,以基线为准,向上为正电压,向下为负电压。

检测时,使发动机运转,将示波器探针分别连接点火线圈的"-"接柱和搭铁,可以测得初级电压波形;将示波器的外接线用感应夹连接高压线,另一个探针搭铁,可测得次级电压波形。

发动机诊断专用示波器,既可以制成单一功能的专用示波器,如采集点火信号显示点火波形的发动机点火示波器;也可以制成带有多种传感器显示多种波形的多功能示波器,如显示点火波形、柴油机高压油管压力波形、喷油器针阀升程波形、总成或零件的异响波形等;也可以和其他仪表,如转速表、电压表、电流表、无负荷测功仪、点火提前角测试仪、供油提前角测试仪、汽缸压力测试仪等组合成多功能综合测试仪。

2. 点火波形的检测方法

触点式点火系统一次点火波形信号从断电器触点两端采集;而二次点火波形是从点火线圈高压线上采集到的。在电子点火装置中,一次电流流经点火线圈一次绕组后,不流经分电器,而是通过点火控制器搭铁。因此,低压点火传感器的红鱼夹应夹在点火线圈的负接柱线上。

(1)按发动机点火波形示波器或发动机综合检测仪使用说明书的要求,对仪器通电预热,检查校正。

(2)起动发动机并预热至正常工作温度。

(3)按要求正确联机,即把各类传感器连接在发动机有关部位。

(4)通过按键或输入操作码可分别测得发动机的重叠波、并列波、平列波和单缸选缸波。调节检测仪上的"亮度""对比度""水平位置""水平幅度""垂直位置""垂直幅度""示波同步"等旋钮,可使荧光屏上的亮度、对比度、波形位置、波形幅度等符合观测要求。同时,观测波形时,应使发动机在规定转速下运转。

3. 点火波形的分析与诊断

发动机点火过程的波形图,包括一次电流、一次电压和二次电压,如图2-12所示。点火波形分析是指把汽车发动机点火系统实际点火波形与正常的点火波形比较以判断点火系统技术状况的过程。

1)点火波形介绍

触点式点火系统的一次点火电压、二次点火电压、一次电流波形如图2-12所示,电子点火系统的波形如图2-13所示。电子点火系统的二次点火波形与触点式点火系统波形的主要区别在于:其闭合段后部电压略有上升,有的波形在闭合段中间也有一个微小的电压波动,这反映了点火控制器(电子模块)中限流电路的作用。另外,电子点火波形闭合段的长度随发动机转速的变化而变化。

点火波形有四种显示方式:

(1)单缸标准波形。图2-14所示为单缸标准电压波形图,它反映了一个汽缸点火工作的情况。波形上各段的意义如下。

a点:断电器触点打开,一次电流下降,而二次电压急剧上升。

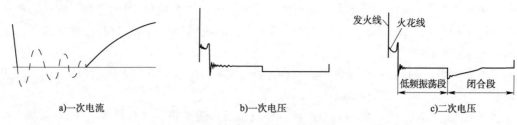

图 2-12 发动机点火过程波形图

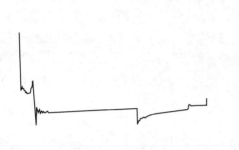

图 2-13 电子点火系统波形

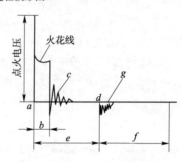

图 2-14 单缸标准二次电压波形

b 点：火花放电时间。这时二次电压输送到火花塞上，一旦火花塞电极间放电，二次电压便随之下降，并保持在火花塞电极间放电所要求的电压值。

c 点：第一次振荡波。当保持火花塞持续放电的能量消耗完毕，电火花消失后点火线圈中的残余能量以阻尼振荡形式衰减。

d 点：断电器触点闭合，这时点火线圈的一次电路有电流通过，而在二次电路中导致一个反向电压。

e 点：断电器触点断开的全部时间。

f 点：断电器触点闭合的全部时间，水平直线表示点火线圈与一次电路接通，形成磁场和积蓄能量准备下一周期工作。

g 点：第二次振荡波，即点火线圈的磁化曲线。

如果所测波形曲线与标准波形有差异，这些差异可能出现在四个区域，如图 2-15 所示。

点火区区域 C：当一次电路切断时，点火线圈一次绕组内电流迅速降低，所产生的磁场迅速衰减，在二次绕组中产生高压电（15000~

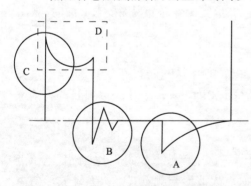

图 2-15 常见二次电压波形异常区域

20000V），火花塞间隙被击穿时，二次电压随之下降。C 区域异常说明电容器或断电器触点不良。

燃烧区域 D：当火花塞电极间隙被击穿后，电极间形成电弧使混合气点燃。火花放电过程一般持续 0.6~1.5ms，在二次点火电压波形上形成火花线。D 区域异常说明分电器或火花塞不良。

振荡区域 B：在火花塞放电终了，点火线圈中的能量不能维持火花放电时，残余能量以阻尼振荡的形式消耗尽。此时,点火电压波形上出现具有可视脉冲的低频振荡。B 区域异常说明点火线圈不正常。

闭合区域 A:一次电路再次闭合后,二次电路感应出 1500～2000V 与蓄电池电压相反的感应电压。在点火波形上出现迅速下降的垂直线,然后上升过渡为水平线。A 区域异常多为分电器不正常。

(2) 多缸平列波。多缸平列波是按点火次序从左至右首尾相连的波形,如图 2-16 所示。它用于诊断点火系统一次、二次电路接触情况以及电容器、低压线、高压线和火花塞等元件的性能。

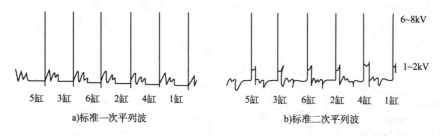

图 2-16　多缸平列波

(3) 多缸并列波。多缸并列波是按点火次序从下到上排列的波形,如图 2-17 所示。它可以比较火花线长度和一次电路闭合区间的长度。

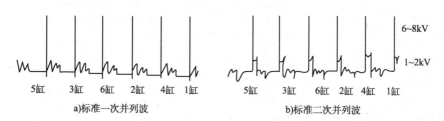

图 2-17　多缸并列波

(4) 多缸重叠波。多缸重叠波是将多缸发动机各缸点火过程的曲线重叠到同一图形上的波形,如图 2-18 所示。它可以比较各缸点火周期、闭合区间和断开区间的差异。

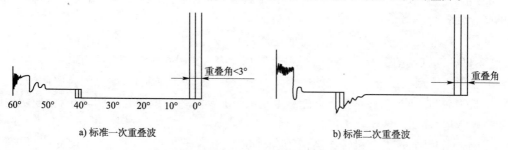

图 2-18　多缸重叠波

2) 典型故障波形分析

以多缸发动机各缸点火状况的平列波为例,介绍点火波形的对比分析。如某四缸发动机波形按点火次序排列为 1-2-4-3。图 2-19 所示为该四缸发动机常见的几种故障波形。

(1) 四缸发动机正常平列波形,如图 2-19a)所示。

(2) 各缸点火电压均高于标准值,如图 2-19b) 所示,说明高压回路有高阻,多为点火线圈的高压线插孔、分电器高压线插孔及分火头等有积炭,或高压线内有高电阻(断线、接插不牢固)等。个别缸在点火线下端出现多余波形[如图 2-19b) 中第 2 缸],为该缸火花塞故障,火花塞电极烧毁或间隙增大。

(3) 个别缸点火电压过高,如图 2-19c) 所示中第 2 缸,为该缸火花塞间隙偏大,或高压线接触不良,以及分火头与该缸高压线接触刷间隙过大。

(4) 全部汽缸点火电压低于标准,图 2-19d) 所示为火花塞脏污或间隙太小。

(5) 个别缸点火电压低,如图 2-19e) 所示中第 4 缸,为该缸火花塞间隙小或脏污,以及该缸高压线漏电(如绝缘损坏)或火花塞有漏电(如瓷芯破裂)等情况。

(6) 拔掉某缸高压线(图 2-19f) 中第 2 缸),可测试点火线圈发火能力。此时,该缸点火电压高达 20kV 以上为点火线圈性能良好,而且点火电压线下端伸长应为上端的 1/2 左右。

(7) 全部平列波上下颠倒(图 2-19g),为点火线圈极性接反所致。

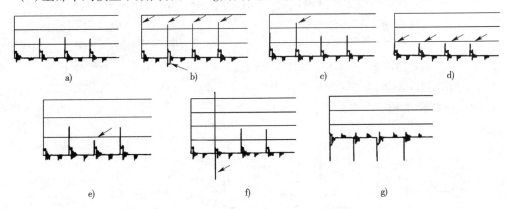

图 2-19 四缸发动机常见的几种故障波形

4. 闭合角检测

汽油机点火过程中,一次电路导通阶段所对应的凸轮轴转角称为闭合角。

利用并列波可以诊断出分电器凸轮磨损情况和断电器触点闭合角。对于触点点火系统,闭合角为白金触点闭合时期所占的凸轮轴转角;对于电子点火系统,则是三极管导通所占的凸轮轴转角。

利用一次并列波(图 2-17)可方便地观测各缸的闭合角,其闭合角大小应为:三缸发动机 60°~66°;四缸发动机 50°~54°;六缸发动机 38°~42°;八缸发动机 29°~32°。

对于触点式点火系统,若测出的闭合角过小,说明触点间隙太大,触点闭合时间短,一次电流增长不到需要的数值,会使点火能量不足;若闭合角太大,说明触点间隙小,会使触点间发生电弧放电,反而削弱了点火能量,不利于正常点火。

在闭合角相同时,发动机转速高则闭合时间短,转速低则闭合时间长。因此,为保证点火可靠,闭合角应随发动机转速而变化。电子点火系统中的点火控制器可对闭合角的大小进行控制和调节:低速时,减小闭合角;高速时,增大闭合角。

5. 重叠角检测

各缸点火波形首端对齐,最长波形与最短波形长度之差所占的凸轮轴转角称为重叠角

（图2-18）。重叠角的大小反映多缸发动机点火间隔的一致程度，重叠角越大，则点火间隔越不均匀。这不仅会影响发动机的动力性、经济性，还影响发动机运转的稳定性。重叠角太大是由分电器凸轮磨损不匀或分电器轴磨损松旷、弯曲变形等原因造成的。重叠角不应大于点火间隔的5%，即：四缸发动机≤4.5°；六缸发动机≤3°；八缸发动机≤2.5°。

6. 电子点火系统点火波形与触点式点火系统点火波的区别

电子点火系统点火波形的检测与触点式点火系统点火波形的检测基本相同，二者波形的区别是：

（1）电子点火系统的一次和二次电压波形与触点式点火系统的波形相似，由于电子点火系统除了少数配有电容器，用于抑制点火时的高频振荡波对无线电的干扰外，大都无电容器，故其振荡波会比传统点火系统少些。

（2）电子点火系统无触点、电容等，有的电子点火系统无分电器。因此，不存在与这些有关的故障波形。

（3）目前的一些电子点火器都具有闭合角可控功能，故在检测闭合角时，闭合角度变化是正常的，而不变化则说明电子点火器闭合角可控电路已失效。因此，在检测前应了解电子点火系统是否有闭合角可控功能。

（4）不同的电子点火系统其正常的电压波形会有一些差异，为在检测时判断迅速而又准确，平时应注意查看各型汽车维修手册上的点火电压波形说明，或用示波器记录下各型汽车在正常工作状态下的点火电压波形。

三、发动机点火正时检测

点火正时是指最佳的点火时刻，一般用点火提前角来表示，即发动机某缸开始点火开始至该缸活塞到达上止点时，曲轴所转过的角度。点火提前角对发动机的动力性、经济性和排放性有很大影响。点火提前角的精确检测必须借助于仪器。常用的检测方法有频闪法和缸压法。

1. 频闪法检测点火提前角

检测点火提前角使用的点火正时仪又称正时灯，如图2-20所示。

图2-20　点火正时仪
1-闪光灯；2-点火脉冲传感器；3-电源夹；4-电位计旋钮

该仪器由闪光灯、传感器、整形装置、延时触发装置和显示装置构成，其基本工作原理建立在频闪原理的基础上。即如果在精确的确定时刻，用一束短暂（约1/5000s）的且频率与旋转零件转动频率相同的光脉冲，照射相对转动的零件，由于人们视力的生理惯性，似乎觉得零件是不转动的。若照射旋转轴的光束频率与旋转轴的转动频率相等，人们觉得旋转轴似乎不转动。点火正时仪就是利用频闪原理来检测点火提前角的。

点火正时仪工作原理：在发动机飞轮或曲轴带轮上，一般都刻有正时标记，在与之相邻的固定机壳上也刻有标记。曲轴旋转至活动标记与固定标记对齐时，第一缸活塞刚好到达上止点。如果用第一缸的点火信号触发闪光灯，并使之发出短暂光脉冲，当用闪光灯照射刻

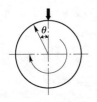

图 2-21　飞轮及壳上的标记和点火提前角

有活动定时标记的飞轮或曲轴带轮时,若发动机转速稳定,则活动标记与闪光灯闪光在光学上是相对静止的,活动标记似乎不动。当闪光灯在第一缸点火信号发生的同时闪光时,一缸活塞尚未到达上止点,活动标记与固定标记尚未对齐,此时两标记之间所对应的发动机曲轴转角即为点火提前角,如图 2-21 所示。

检测时,先接上正时灯,再把点火脉冲传感器串接在一缸火花塞与高压线间或外卡在一缸高压线上(感应式传感器)。发动机于怠速工况下运转,打开正时灯并使之对准正时标记,调整电位计旋钮,使活动标记与固定标记对齐,此时所显示的读数即为发动机怠速工况下的点火提前角。

发动机怠速运转时,离心式和真空式点火提前装置未起作用或作用很小,此时测得的点火提前角为初始提前角。测出的各工况下的点火提前角若符合规定,说明初始点火提前角调整正确,并且离心点火提前装置和真空点火提前装置工作正常。测得发动机初始点火火提前角后,也可对各种工况下的离心提前角和真空提前角进行测试。拆下分电器真空提前装置的真空软管,测试真空提前装置不起作用时各种转速下的点火提前角,再减去初始点火提前角,即可得到在各种转速下的离心提前角;在连接真空提前装置真空软管的情况下,在相同转速下测得的点火提前角减去离心提前角和初始提前角,则又可得到真空点火提前角。

对于计算机控制的电子点火系统,其点火提前角的检测应按制造厂规定的校准点火正时的步骤进行。检测时,一般应先把发动机舱盖下的点火正时检验接线柱搭铁,使计算机控制点火提前不起作用。首先检测基本提前角(即发动机自动控制点火提前装置不起作用时的点火提前角),检测完后再把搭铁导线拆除,具体检测方法和步骤应查阅相关说明书。

2. 缸压法检测点火提前角

当某缸活塞到达压缩行程上止点时,汽缸内压缩压力最高。用缸压传感器检测出这一时刻,同时用点火传感器检测出同一缸的点火时刻,二者间所对应的曲轴转角即为点火提前角。用缸压法制成的点火正时仪,由缸压传感器、点火传感器、处理装置和指示装置等构成。如果正时仪带有油压传感器,还可以用来检测柴油机的供油提前角。图 2-22 所示为缸压法检测发动机点火提前角或供油提前角的原理示意图。

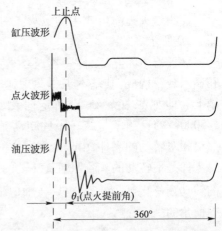

图 2-22　缸压法检测点火提前角和供油提前角原理示意图

缸压法检测发动机点火提前角的步骤如下。

(1)运转发动机使其达到正常工作温度后停机。

(2)拆下某一缸的火花塞,把缸压传感器装在火花塞孔内。

(3)把拆下的火花塞固定在机体上使之搭铁(注意:中心电极不能与机体相碰),并把点火传感器插接在火花塞上,连接好该缸的高压线。此时,该缸火花塞可缸外点火。

(4)起动发动机运转,由于被测缸不工作,该缸压信号反映汽缸压缩压力大小,其最大值产生于活塞压缩终了上止点,连接在该缸火花塞上的点火传感器输出点火脉冲信号或点火电压波形信号。

(5)按仪器使用说明书的要求操作,测得怠速、规定转速或任一转速下的点火提前角。

缸压法与频闪法一样,可测得初始点火提前角和不同工况下的总提前角、离心提前角、真空提前角以及计算机控制电子点火系统的基本点火提前角。检测点火正时时,一般只测一个缸(如1缸),其他缸的点火提前角决定于点火间隔,而点火间隔可从示波器屏幕上显示的并列波上得到。当各缸点火波形的重叠角很小时,可认为各缸的点火间隔相等,因而其他缸的点火提前角与被测缸相同,此时被测缸的点火提前角即是整台发动机的点火提前角。

四、电子点火系统常见故障诊断

1. 电子控制点火系统故障诊断

故障现象:点火系统不点火,发动机不能起动;或发动机在运行中突然熄火并无法再次起动。高压火花弱,发动机起动困难,发动机运转不平稳。

故障原因:

(1)点火信号发生器存在故障。
(2)电子点火器存在故障或性能不良。
(3)点火线圈存在故障或性能不良。
(4)火花塞故障或性能不良。
(5)点火系统的高、低压线路故障。
(6)与电子控制点火系统有关的传感器失效,如发动机转速传感器、节气门位置传感器、曲轴位置传感器、爆震传感器、氧传感器等失效,会引起点火系统工作不正常。
(7)与电子控制点火系统有关的控制线路短路或断路,将导致控制信号异常,使点火系统工作不正常。
(8)发动机ECU故障,导致点火系统异常。

2. 点火传感器(信号发生器)的故障诊断方法

故障现象:点火传感器如发生故障时,会使点火信号发生器输出的信号过弱或无信号而不能触发电子点火器工作,造成整个点火系统不起作用。磁电式传感器的静态检查主要是气隙的检查和传感器线圈的检查。

故障诊断方法:

(1)气隙的检测。将信号转子的凸齿与传感器线圈的铁芯对齐,用塞尺检查之间的气隙;一般为0.2~0.4mm,若不合适应进行调整。

(2)传感线圈的检测。用万用表的电阻挡测量分电器信号输出端(感应线圈)的电阻,其阻值一般为250~1500Ω,但也有130~190Ω的。若电阻无穷大,则说明线圈断路;若感应线圈电阻过大、过小,都需要更换点火传感器总成。感应线圈输出的交流电压,可用高灵敏万用表的交流电压挡进行测量,其值应为1.0~1.5V。

3. 点火器(点火电子模块)的故障诊断方法

故障现象:电子点火器故障将使点火线圈初级电流减小或断流不彻底,造成火花弱不能点火,导致热车时失速,发动机不能起动,高速或低速时熄火。

故障检测:

(1)高压试火法。如果已确定点火传感器良好,可以直接用高压试火的方法来检测。将分电器中央高压线拔出,使高压线端距发动机缸体 5mm 左右看打火情况。或将高压线插在一各用火花塞上,并使火花塞搭铁然后起动发动机,看其是否跳火。如果火花强,说明电子点火器良好。否则,说明电子点火器有故障。

对于磁电式传感器,可打开分电器盖,用螺钉旋具将导磁转子与铁芯间做瞬间短路,看高压线端有否跳火。否则,说明电子点火器有故障。

对于光电式或霍尔效应式点火传感器,可在拆下分电器后,用手转动分电器轴时看有无跳火来判断点火器是否良好。

(2)模拟点火信号检查。可利用 1.5V 的干电池,将正极的探针触及点火器信号输入接点,然后提高触点,这时点火线圈应产生高压跳火。如果点火开关和有关电路都已接通,但仍无高压跳火,则表明点火器有故障,应予以更换。

4.点火线圈的故障检测

点火线圈的故障检测方法有直观检查和用万用表检查两种方法。

(1)直观检查。主要检查点火线圈的绝缘盖有无脏污、破裂,接线柱是否松动、锈蚀。若有脏污、锈蚀,需清洁后再做检查;若绝缘盖有破损,则应更换点火线圈。

(2)用万用表检查。一般测量其初级绕组和次级绕组的电阻。其值应符合标准值,否则说明点火线圈有故障,应更换点火线圈。绝缘电阻的测量方法是:用万用表的电阻挡测量点火线圈的绕组接柱(任何一个)与外壳之间的电阻,其值应不小于 $50M\Omega$。

第四节 汽油机燃油供给系统的检测与诊断

一、汽油机电子控制燃油喷射系统的功能与原理

1.汽油机电控燃油喷射系统

电控燃油喷射系统使用各种传感器来检测发动机运行参数,如发动机转速、温度、进气量等,通过微型计算机对各参数进行分析、比较、计算,从而准确地控制燃油喷射量,使发动机在各种工况下均能获得较理想的空燃比,使发动机处于最佳工况,并使燃料能完全燃烧,进而降低燃料消耗和排放污染物。电控燃油喷射系统具有以下优点:

(1)能提供发动机在各种工况下最合适的混合气浓度。

(2)燃油的喷射压力增高,因此燃油雾化比较好。

(3)在不同地区行驶时,发动机控制 ECU 能及时准确地做出补偿。

(4)在汽车加减速行驶的过渡运转阶段,燃油控制系统的反应速度快。

(5)具有减速断油功能,既能降低排放,又能节省燃油。

(6)与化油器式发动机供油系统相比,由于没有喉管部位截流,因而进气系统阻力小。

(7)发动机起动容易,暖机性能提高。

(8)用排放控制系统后,降低了 HC、CO 和 NO_x 等有害气体的排放。

电控燃油喷射系统主要由燃油箱、燃油泵、燃油滤清器、油压调节器、喷油器等组成,如

图 2-23 所示。其工作过程是：电动燃油泵将油泵送至滤清器，再经压力缓冲器输入油管，并将燃油分配到装在进气歧管上的各缸喷油器中。在输油管上，装有燃油压力调节器，能自动调节燃油压力，使其保持在 0.3MPa 左右，多余的燃油流回油箱。当喷油器接收到电控单元的喷油指令时，喷射燃油至进气门的上方。

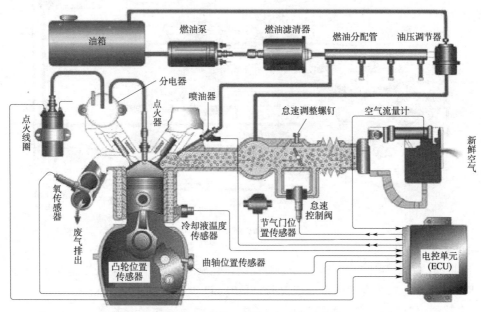

图 2-23 电控燃油喷射系统原理示意图

2. 电控燃油喷射系统的分类

1）按进气流量的测试方式分类

根据进气流量的测试方式不同可分为质量控制式、速度—密度式和节气门—速度式三种。根据所用的空气流量计的不同，质量流量式又分为热线式、板式和卡门涡旋式三种。

2）按喷油器喷射位置分类

根据喷油器喷射位置不同又分为缸内直喷式和进气道喷射式两种。根据喷油器安装位置进气道喷射式又分为单点喷射和多点喷射两种。

多点喷射系统是指每缸进气门处装有一个喷射装置，由 ECU 控制喷射。其燃油分配均匀性好，但控制系统复杂，成本高。主要用于中、高级轿车。

单点喷射系统是指在节气门上方装一个中央喷射装置，由 1~2 个喷油器集中喷油，如图 2-24 所示。采用顺序喷射方式。其特点是结构简单，故障少，维修调整方便，普通轿车和货车发动机应用较多。

二、燃油系统压力检测

电控燃油喷射系统的油压的检测包括燃油管路内的静态压力、发动机运转状态的压力和电动燃油泵的保持油压。通过各种压力的检测可以判断电动燃油泵或油压调节器是否存在故障，例如：燃油系统各部位密封性、汽油滤清器是否堵塞等。检测燃油压力时，应准备一个量程为 1MPa 左右的油压表及专用的油管接头，按如下方法检测燃油压力。

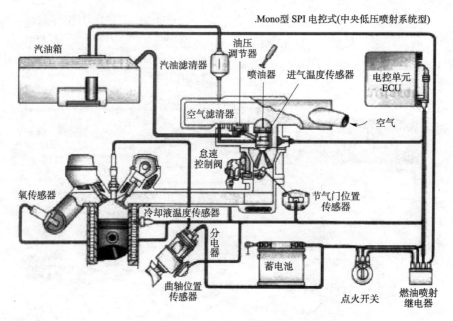

图 2-24 单点燃油喷射系统

1. 油压表的安装

(1) 将燃油系统卸压。起动发动机,在发动机运转中拔下电动汽油泵继电器(或拔下电动汽油泵电源插头),待发动机自行熄火后,再转动起动开关,起动发动机 2~3 次,燃油压力即可完全释放,然后将点火开关置于 OFF 位置,装上电动汽油泵继电器(或插上电动汽油泵电源接线)。

(2) 拆下蓄电池负极搭铁线。

(3) 拆除冷起动喷油器油管接头螺栓(拆开螺栓时,要用一块棉布包住油管接头,以防汽油喷溅),将油压表和油管一起安装在冷起动喷油器油管接头上,如图 2-25a) 所示。油压表也可以安装在汽油滤清器油管接头、分配油管进油接头,或用三通接头接在燃油管道上便于安装和观察的任何部位,如图 2-25b) 所示。

(4) 重新装上蓄电池负极搭铁线。

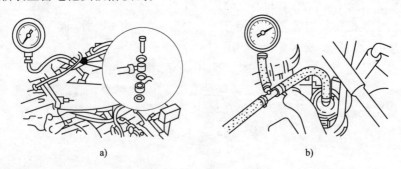

图 2-25 油压表的安装

2. 燃油压力检测

1) 测量静态油压

(1) 用导线短接电动汽油泵的两个检测插孔。

(2)将点火开关转至 ON 位置(但不要起动发动机),让电动汽油泵运转。

(3)测量燃油压力。其正常油压应为 300kPa 左右。若油压过高,应检查油压调节器;若油压过低,应检查电动汽油泵、汽油滤清器和油压调节器。

(4)拔掉电动汽油泵检测插孔的短接线,将点火开关转至 OFF 位置。

2)测量保持压力

测量静态油压结束 5min 后,再观察油压表指示的油压。该压力即为燃油系统保持压力,其值应大于或等于 147kPa。若油压过低,应进一步检查电动汽油泵保持压力、油压调节器保持压力及喷油器有无泄漏。

3)测量运转时燃油压力

(1)起动发动机。

(2)让发动机怠速运转,测量此时的燃油压力,如图 2-26a)所示。

(3)缓慢开大节气门(踩下加速踏板),测量在节气门接近全开时的燃油压力。

(4)拔下油压调节器上的真空软管,并用手堵住(图 2-26b),让发动机怠速运转,测量此时的燃油压力。该压力应和节气门全开时的燃油压力基本相等。

a)测量怠速及节气门全开时的燃油压力　　b)测量拔下油压调节器真空软管后的燃油压力

图 2-26　燃油压力的测量

不同车型燃油系统的燃油压力各不相同,具体参阅车型维修手册。若测得油压过高,应检查油压调节器及其真空软管;若测得的油压过低,则应检查电动汽油泵、汽油滤清器及油压调节器。

4)测量电动汽油泵最大压力和保持压力

(1)将燃油系统卸压。

(2)拆下蓄电池负极搭铁线。

(3)将油压表接在燃油管路上,并将出油口塞住,如图 2-27 所示。

(4)接上蓄电池负极搭铁线。

(5)使用一根导线将电动汽油泵的两个检测插孔短接。

(6)将点火开关转至 ON 位置,持续 10s 左右(不要起动发动机),使电动汽油泵工作,同时读出油压表的压力,该压力称为电动汽油泵的最大压力。它应当比发动机运转时的燃油压力高 200~300kPa,通常可达 490~640kPa。如不符合标准值,应检查或更换电动汽油泵。

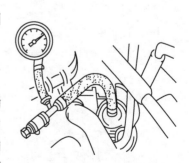

图 2-27　测量汽油泵的最大压力和保持压力

(7)将点火开关转至 OFF 位置,5min 后再观察油压表的压力,该压力称为电动汽油泵的保持压力。其值应大于 340kPa。如不符合标准值,应检查或更换电动汽油泵。

(8)拆下油压表。

5)测量油压调节器保持压力

当燃油系统保持压力不符合标准值($\geqslant$147kPa)时,应做此项测量,以便找出故障原因。

(1)将油压表接入燃油管路。

(2)用一根短导线将电动汽油泵的两个检测插孔短接。

(3)将点火开关旋至 ON 位置,并保持 10s,让电动汽油泵运转。

(4)将点火开关旋至 OFF 位置,拔去电动汽油泵检测插孔上的短接导线。

(5)用包上软布的钳子将油压调节器的回油管夹紧。

(6)5min 后观察燃油压力,该压力称为油压调节器保持压力。

6)油压表的拆卸

(1)释放燃油系统的油压。

(2)拆下蓄电池负极搭铁线。

(3)拆下油压表。

(4)重新装好油管接头。

(5)接好蓄电池负极搭铁线。

(6)建立燃油系统的油压。

(7)检查油管各处有无漏油。

三、喷油器喷射信号检测

发动机电控燃油喷射系统的燃油压力在调节器的控制下,始终与发动机进气歧管的压力之差为恒定值,因此,喷油器燃油的喷射取决于喷油器的开启时间,该时间是由微处理器向喷油器电磁线圈发出指令信号控制的。

检测喷油信号时,按照如下顺序进行:

(1)按照波形检测仪器操作使用说明书的要求,连接好波形检测仪器。通常仪器带有专用接头与喷油器插接器相连。

(2)起动发动机,使发动机稳定运转预热至正常温度。

(3)打开检测仪器,按规定工况运转发动机,示波器则显示喷油器工作时的喷油信号波形和喷油脉宽。

为测得电控喷油系统的喷油压力脉冲信号,可拆开喷油器电路插头,中间接入专用T形接头。其一端接喷油器,另一端接电路插头,中间引出端接发动机综合检测仪(或示波器)的信号提取系统的信号探针,如图2-28所示。该T形接头有两种类型,左图为直接插头引出式,右图为鱼夹引出式,可供多种传感器(包括喷油器)信号引出之用。

图2-29所示为发动机综合检测仪采集到的喷油器喷油电压信号波形。图中:"1"为喷油器关闭阶段信号;"2"为电子控制元件(ECU)发出喷油信号开始喷油的时刻;"3"为针阀持续开启提供给发动机基本喷油量的时间阶段,该时间长短由ECU根据空气流量、发动机冷却液温度、进气温度、进气压力等传感器测量的信号计算确定,一般为0.8~1.1ms;"4"为

基本喷油电压信号终止时刻,喷油器线圈因自感而产生约35V的电压脉冲;"5"为补偿加浓喷射时段,该时段长短由 ECU 根据转速、负荷、进气温度、进气歧管压力等与发动机工况相关的传感器的信号计算确定,一般为 1.2~2.5ms;"6"与"4"相似,为补偿加浓电压信号终止时在喷油器线圈中产生的自感电压脉冲,一般为30V。

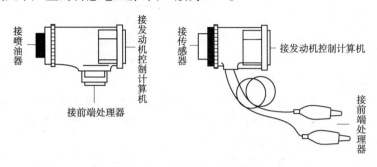

图 2-28　T 形接头的连接示意图

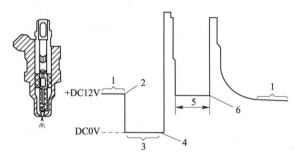

图 2-29　喷油器喷油电压信号波形

四、电动燃油泵的检测

发动机电动燃油喷射系统的电动燃油泵的检测项目是泵油压力、密封性和泵油量,以确定其技术状况。电动燃油泵的泵油压力和密封性检测方法在"燃油系统压力测量"中阐述,泵油量的检测须采用汽油泵试验计进行。

1. 汽油泵试验计基本结构

汽油泵试验计由燃油压力表、二通接头、三通接头、软管1、软管2、开关、量瓶和计时器组成,燃油压力表等组件如图2-30所示。燃油压力表用于显示燃油压力,汽油泵试验计的软管1的一端通燃油压力表,另一端是一个油管接头,以便连接到燃料系统的油路中。软管2的一端连接在开关上,另一端在检测泵油量时插接在量瓶内。开关处于燃油压力表、软管1和软管2之间。当开关关闭时,软管2关闭,软管1不通软管2;当开关打开时,软管2打开,软管1通软管2。量瓶上带有刻度,计时器可以为秒表。

图 2-30　汽油泵试验计燃油压力表组件部分

1-燃油压力表;2-软管1;3-软管2;
4-油管接头;5-开关

2. 泵油量的测量

在电动燃油泵的泵油压力和密封性检测完后,可接着进行泵油量的检测。表 2-1 所示为电控燃油喷射系统的供油压力和供油量。泵油量指汽油泵单位时间内的供油量。准确测量时,需把汽油泵从发动机上拆下后再安装在汽油泵试验台上进行,以测得每小时或每分钟的泵油量。就车检测泵油量时,需采用专用流量试验装置。汽油泵泵油量的测量步骤如下:

(1) 将汽油泵试验计软管 1 的二通接头连接在汽油泵出口接头上,软管 2 插入量瓶内。

(2) 起动发动机,立即调整发动机转速至泵油量的测量转速,打开汽油泵试验计开关并同时起动计时器,观察汽油泵泵出的燃油全部经软管 2 流入量瓶中。

(3) 发动机停转,汽油泵停止泵油时,应立即停止计时器计时。

(4) 读取量瓶内燃油量和计时器秒数,计算出单位时间内的泵油量(L/s、L/min 或 L/h)。

在泵油压力和密封性正常的情况下,汽油泵的泵油量往往数倍于喷油器的需油量。因此,在泵油压力和密封性正常的情况下,可不进行泵油量的检测。

电控燃油喷射系统的供油压力和供油量　　　表 2-1

类型	测试项目		压力值(MPa)	测试条件
MPI 型电控喷射系统	系统压力		0.25 ~ 0.35	油泵运转或怠速
	调节压力		0.20 ~ 0.26	
	系统保持压力	10min 后	>0.20	熄火后,开始计时
		20min 后	>0.15	
	油泵压力		0.5 ~ 0.7	油泵运转
	油泵保持压力		0.35	油泵运转
	油泵供油量(L/min)		1.2 ~ 1.6	油泵运转
SPI 型电控喷射系统	系统压力		0.07 ~ 0.1	油泵运转或怠速
	调节压力		0.1	
	调节保持压力		0.05	
	油泵压力		0.3	油泵运转
	油泵供油量(L/min)		0.83 ~ 1.5	油泵运转

五、汽油机电控燃油喷射系统常见故障诊断

1. 喷油器的故障诊断

1) 故障现象

喷油器工作不良或不工作,导致发动机运转不良甚至熄火。

2) 故障原因

(1) 喷油器线路插接器或连接线路接触不良,导致喷油器不喷油。

(2) 喷油器电磁线圈断路或短路,导致喷油器不喷油。

(3) 喷油器针阀胶结、喷油器针阀密封不严,导致喷油器滴油,工作不正常。

(4) 喷油器针阀口积污,使喷油量减少或喷射角度过小,导致发动机动力性下降。

(5) 发动机 ECU 及燃油控制系统故障,使喷油信号失准,导致发动机工作异常。

2. 燃油泵的故障诊断

1) 故障现象

电动燃油泵工作不良或不工作,导致燃油供给失常。

2)故障原因

(1)燃油泵电动机烧坏、内部电路接触不良,电动机转子机械卡死,导致燃油泵不工作。

(2)燃油泵磨损严重、安全阀泄漏或弹簧失效,导致燃油系统供油量不足,燃油系统压力下降。

(3)燃油泵止回阀泄漏,导致燃油系统保持压力过低或为零,使发动机熄火后起动困难。

3.汽油压力调节器的故障诊断

1)故障现象

汽油压力调节器工作不良,使燃油供给系统油压过高或过低,混合气过浓或过稀,导致发动机性能下降。

2)故障原因

(1)油压调节器膜片破裂,导致燃油系统漏油,使喷油器无法工作。

(2)油压调节器回油阀密封不严,导致燃油系统泄漏,使燃油系统保持压力过低或为零,发动机起动困难。

(3)油压调节器弹簧失效或调节不当,使供油系统压力失准,导致喷油器喷油量过多或过少,发动机不能正常工作。

第五节 柴油机燃油供给系统的检测与诊断

与汽油机相比,柴油机最大的不同点是所用燃料和燃料供给、着火方式的不同。汽油机吸入汽缸中的混合气是由电火花点燃的,而柴油机采用压燃点火,即:在压缩行程接近终了时,把柴油喷入汽缸,使之与空气混合成可燃混合气,并利用空气压缩所形成的高温、高压使其自行发火燃烧。柴油机燃油供给系统的作用是根据柴油机各种工况的需要,将适量的柴油在适当的时间并以合理的空间形态喷入燃烧室,即对燃油喷入量、喷油时间和油束的空间形态三方面进行有效控制。柴油机燃油供给系统的技术状况对于混合气的形成及燃烧过程的组织具有重要作用,是对发动机的动力性和经济性影响最大的因素。

一、柴油机燃油供给系统

柴油机供给系统的功用是储存、滤清和输送燃油,并按照柴油机各种工况的要求,将燃油定时、定量、定压地以一定的喷雾质量喷入燃烧室,使其与空气迅速而良好地混合与燃烧。柴油机燃油供给系统的组成如图 2-31 所示。柴油机工作时,输油泵从燃油箱中吸出柴油,经油水分离器除去柴油中的水分,再经燃油滤清器滤去柴油中的杂质后,送入喷油泵,经喷油泵增压和计量之后,通过高压油管供入喷油器,最后由喷油器将柴油喷入燃烧室,与汽缸内的高温高压空气混合,形成可燃混合气,输油泵供给的多余柴油经回油管返回柴油箱。

随着柴油机控制技术的发展,为适应更高的排放污染控制要求,以及获得更高的动力性、更好的燃油经济性,柴油机广泛采用电控高压共轨燃油喷射系统。柴油机高压共轨燃油喷射系统与汽油机电控多点喷射系统有很多相似之处,共轨式电控柴油喷油系统中的燃油压力由高压泵产生,由电磁压力调节阀根据发动机工作需要进行调节;电控单元(ECU)以脉冲信号作用于喷油器的电磁阀上,控制燃油喷射过程,喷油量取决于燃油共轨中的油压和电磁阀开启时间长短及喷油嘴液体流动特性。电子控制柴油喷射系统由燃油输送子系统、共轨压力控制子系统、电子控制系统组成，如图2-32所示。

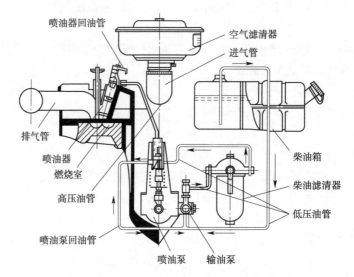

图2-31　柴油机燃油供给系统结构组成示意图

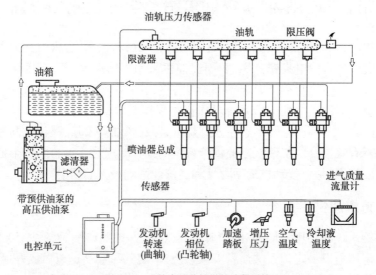

图2-32　电控高压共轨燃油喷射系统

燃油输送子系统包括油箱、输油泵、滤清器和低压回油管等；共轨压力控制子系统包括共轨压力控制阀（PCV）、高压油泵、共轨组件、电控喷油器、压力限制阀、流量限制阀等；电子控制系统包括传感器及其他信号输入装置、电子控制单元（ECU）和执行机构三部分。

传感器与信号输入装置检测柴油机和汽车的运动状态，把监测信号输入电控单元（ECU）。主要包括：节气门位置传感器、转速传感器、曲轴位置传感器、空气流量传感器或进气压力传感器、进气温度传感器、冷却液温度传感器、点火正时传感器、E/G开关（发动机点火开关）、A/C开关（空调开关）、空挡起动开关等。

电控单元（ECU）包括微处理器、输入/输出接口电路等。电控柴油喷射系统的各种控制程序和数据存储在微处理器的存储器中,其功能是接收各种传感器和开关输送的各种信息,根据电控单元内存储的程序对各种信息进行运算、处理、判断,并将结果作为控制指令输出到执行机构,对柴油喷射过程进行控制。

柴油机电控系统执行机构的功能是:根据 ECU 的执行命令,调节喷油量和喷油正时等,从而调节柴油机的运行状态。主要执行机构有:电动调速器、溢流控制电磁铁、电子控制正时控制阀、电子控制正时器、电磁溢流阀、高速电磁阀和电子液力控制喷油器等。

高压共轨系统和汽油喷射系统同样也有油泵、燃油轨和喷油器。不同的是柴油喷射系统的油压比汽油喷射系统的油压高得多。汽油喷射系统的燃油压力为 0.3MPa 左右,而且不可调整。共轨系统的压力根据不同工况要求,可在一定范围内调整。高压共轨系统和传统的燃油供给系统最大的差别是高压油泵不与喷油器直接相连,中间增加了储存和保持油压的燃油油轨,因此,喷油器和高压油泵的工作状态不发生直接联系。高压油泵的泵油压力和喷油器各项喷油参数都直接按照电控单元(ECU)的指令运行。

二、柴油机燃油供给系统压力的检测与诊断

柴油机喷油泵和喷油器的技术状况决定了燃油的喷射质量,从而对柴油机的工作性能有很大影响,在不解体情况下,可以通过燃油喷射过程中高压油管中的压力变化来检测柴油机燃油供给系统的技术状况。因为当燃油供给系统某一主要零部件工作不良时,必然会对燃油喷射过程产生影响,其喷油压力波形也就会发生变化。因此,根据测得的喷油压力波形的特征并与标准波形进行比较,就可以据此判断燃油供给系统的故障原因。

1. 燃油喷射过程及燃油压力变化

图 2-33 所示为发动机工作过程中实测得到的高压油管内压力 p 和喷油器针阀升程 S 随凸轮轴转角 θ 变化的关系曲线。由于在高压油管内靠近喷油泵端和靠近喷油器端的压力并不完全相同,因此,分别给出了燃油喷射过程中该两端的压力变化曲线。图 2-33 中,p_o、p_{max}、p_b、p_r 分别表示针阀开启压力、最高压力、针阀关闭压力和高压油管中的残余压力。

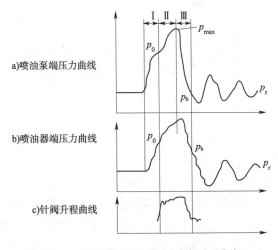

图 2-33 高压油管内压力曲线和针阀升程曲线

整个燃油喷射过程中,高压油管中的压力变化可分为以下三个阶段。

第 I 阶段为喷油延迟阶段,对应于从喷油泵泵油压力上升,超过高压油管内的残余压力 p_r,燃油进入油管使油压升高到针阀开启压力 p_o 的一段时间,即喷油泵供油始点至喷油器喷油始点的一段时间。若针阀开启压力 p_o 过高、高压油管渗漏、出油阀偶件或喷油器针阀偶件不密封而使残余压力 p_r 下降,以及增加油管长度或增加高压油系统的总容积,均会使喷油延迟阶段延长。

第 II 阶段为主喷油阶段,其长短取决于喷油泵柱塞的有效供油行程,并随发动机负荷大

小而变化,负荷越大,则该阶段越长。

第Ⅲ阶段为自由膨胀阶段,当柱塞有效行程结束、出油阀关闭后,尽管燃油不再进入油管,但由于油管中的压力仍高于针阀关闭压力 p_b,燃油会继续从喷孔中喷出。若油管中最大压力 p_{max} 不足,该阶段缩短,反之则该阶段延长。

由图2-33可见,喷油泵的实际供油阶段为第Ⅰ、Ⅱ阶段,喷油器的实际喷油阶段为Ⅱ、Ⅲ阶段。若循环供油量即柱塞有效行程一定,则第Ⅰ阶段延长和第Ⅲ阶段缩短时,喷油器针阀开启所对应凸轮轴转角减少,喷油量减少;反之,若第Ⅰ阶段缩短、第Ⅲ阶段延长,则喷油量增大。因此,压力曲线上三个阶段的长短,对发动机工作状况的好坏会产生影响。对多缸发动机而言,若各缸供油压力曲线上的Ⅰ、Ⅱ、Ⅲ阶段不一致,则对发动机工作性能的影响会更大。

2. 高压油管内压力波形的检测

采用柴油机专用示波器和柴油机综合测试仪、汽柴油机综合测试仪等,均能在柴油机不解体情况下,检测各缸高压油管中的压力波形和喷油器针阀升程波形。通过波形分析,不但可以得到最高压力 p_{max}、针阀开启压力 p_0、针阀关闭压力 p_b 以及残余 p_r,还可判断喷油泵、喷油器故障和各缸喷油过程的一致性。

3. 油压传感器及其安装

检测高压油管中的压力波形时,首先要将非电量的供油压力信号转变成电量信号。常用压电式油压传感器来获取供油压力信号,其油压传感器主要有外卡式和串接式两种。外卡式油压传感器如图2-34所示。检测时,传感器以一定预紧力卡夹在喷油泵与喷油器之间的高压油管上。柴油机工作时,油管在高压油脉冲的作用下产生微小膨胀,挤压外卡式油压传感器内的压电传感元件,产生压电电荷,经分析仪中的电荷放大器放大后输入检测系统进行油压分析。安装串接式油压传感器时,需要拆下高压油管,让其串接在喷油

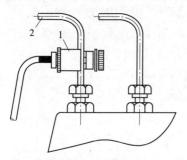

图2-34 外卡式油压传感器及其安装
1-外卡式油压传感器;2-高压油管

管与喷油器之间。柴油机工作时,油压传感器的压电元件直接将高压油管内的油压信号转换为电量信号对外输出。

4. 高压油管内压力波形检测

常用的检测仪器有CFC-1型柴油发动机测试仪、QFC-4型发动机综合测试仪和WFJ-1型微型计算机发动机检测仪等。

检测时,检测仪经预热、自校、调试后,把串接式油压传感器按使用要求安装在高压油管与喷油器之间或把外卡式油压传感器按要求卡在高压油管上,将发动机转速稳定在800～1000r/min。高压油管内的压力波形,可通过按键选择用全周期单缸波、多缸平列波、多缸并列波和多缸重叠波四种方式进行观测。

5. 油压波形列出方式

1) 全周期单缸波

全周期单缸波是指喷油泵凸轮轴旋转360°时某单缸高压油管中的压力变化波形,如图2-35所示。

2）多缸平列波

多缸平列波是以各缸高压油管中的残余压力 p_r 为基线，按发火次序把各缸压力波形从左到右首尾相接所形成的波形，利用该波形可比较各缸的 p_o、p_b 和 p_{max} 的大小是否一致。如图 2-36 所示。

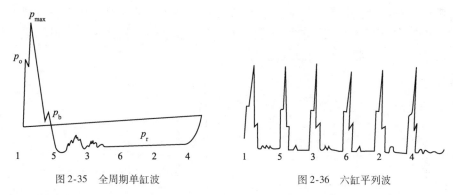

图 2-35　全周期单缸波　　　　　　图 2-36　六缸平列波

3）多缸并列波

多缸并列波是指把各缸压力波形首部对齐，按发火次序在垂直方向自下而上排列所形成的波形，通过比较各缸压力波形三个阶段面积的大小，可判断各缸喷油量的一致性，如图 2-37 所示。

4）多缸重叠波

多缸重叠波是将各缸压力波形首部对齐重叠在一起所形成的波形，利用重叠波可比较各缸压力波形的高度、长度、面积和各缸 p_o、p_b、p_{max}、p_r 的一致性，如图 2-38 所示。

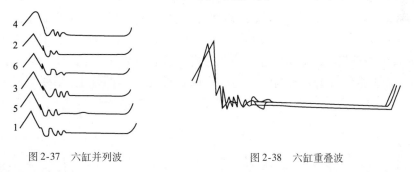

图 2-37　六缸并列波　　　　　　图 2-38　六缸重叠波

5）针阀升程波形

测量针阀升程波形时，应拆下所测喷油器的回油管，并旋入针阀传感器。当传感器触杆被顶起时，把传感器锁紧，按使用要求通过按键选择，被测缸的针阀升程波形则会显示在屏幕上。必要时，可把该缸针阀升程波形和压力波形同时显示在屏幕上，以便对照观测。

6. 压力波形分析

压力波形分析主要包括典型故障波形分析、油压检测分析、各缸供油量一致性分析和针阀升程波形分析等。

1）典型故障波形分析

把所测压力波形与典型供油压力波形比较，判断喷油泵或喷油器故障，使用 WFJ-1 型微型计算机发动机检测仪测得的常见故障波形如下：

(1)喷油泵不泵油或喷油器在开启位置咬死,不能关闭。此时的故障波形如图 2-39 所示。主要原因是喷油泵柱塞弹簧折断或因其他原因而使喷油泵不泵油或泵油很少,高压油管内的压力很低;喷油器针阀在开启位置"咬死"不能落座关闭时,高压油管内同样不能建立起足够高的喷油压力。

(2)喷油器在关闭位置不能开启。波形如图 2-40 所示。产生该故障的主要原因是针阀开启压力调整过高或喷油器针阀被高温烧结而"咬死"。此时,喷油泵正常供油但喷油器不喷油,反映在油压波形曲线上,则曲线光滑无抖动点。

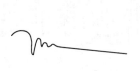
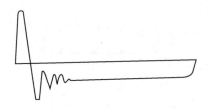

图 2-39　喷油泵不泵油或喷油器针阀在开启位置"咬死"　　　图 2-40　喷油器在关闭位置不能开启

(3)喷油器喷前滴漏。波形如图 2-41 所示。产生喷前滴漏的主要原因是喷油器针阀密封不严或针阀磨损过度,或者脏物粘在针阀密封面,在油压波形曲线上,表现为上升阶段有两个抖动点。

(4)高压油路密封不严。波形如图 2-42 所示。主要原因是高压油路密封不严,油压波形曲线残余压力部分呈窄幅波动并逐渐降低。

(5)喷油器隔次喷射。波形如图 2-43 所示。隔次喷射指某次喷射后,油管内残余压力低,而下一次供油量又很小,高压油管中产生的油压不足以使喷油器针阀开启,于是燃油储存在油管中,直到第二次供油时针阀才开启,使两次供油一次喷射。隔次喷射一般在供油量较小、喷油器弹簧压力较高时发生。反映在油压波形曲线上,则残余压力部分上下抖动。

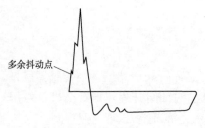
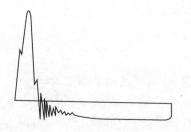
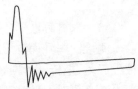

图 2-41　喷油器喷前滴漏　　　图 2-42　高压油路密封不严　　　图 2-43　喷油器隔次喷射

2)油压检测分析

油压检测分析是为使柴油发动机有良好的工作性能,在发动机各缸油压波形曲线上观测到的最高压力 p_{max}、针阀开启压力 p_o、针阀关闭压力 p_b、油管中的残余压力 p_r 应基本相等,并符合规定要求。表 2-2 列出了常见车型的喷油器喷油压力(喷油器针阀开启压力)。若喷油压力低于规定值时,应在专用喷油器试验台上对喷油器进行调试。

常见柴油机的喷油器喷油压力　　　　　表 2-2

车型或发动机型号	喷油压力(MPa)	车型或发动机型号	喷油压力(MPa)
EQ6110	22	五十铃 TXD50	9.8
EQ6105	18.5	日野 KL 系、KM400	11.8
斯太尔 91 系列	22.5	三菱扶桑 T653BL	11.8
东风 6102QB	19.5	日产 CWL50P	19.6
红岩 6140	21.5	沃尔沃 GB-88 N86-44S	18.1 15.4
斯康尼亚 L1105	19.6	斯可达 RT	17.2

3) 各缸供油量一致性分析

在各缸压力 p_0、p_{max}、p_b、p_r 基本一致的前提下,可通过波形比较来检测各缸供油量的一致性。波形比较时,先把发动机转速调整至中、高速,而后利用并列波或重叠波比较各缸油压波形的一致性。若波形三阶段的重叠均较好,则说明各缸供油量比较一致;若某一缸波形窄,则说明该缸供油量小;若波形宽,则说明该缸供油量大。

4) 针阀升程波形分析

针阀升程波形的观测和分析,可对针阀开启、关闭时刻及针阀跳动和不正常喷射现象作出判断,喷油器隔次喷射、针阀"咬死"不喷射或喷油泵不供油引起的不喷射、针阀抖动等都会反映在针阀升程波形中。其中,隔次喷射或不喷射在喷油量较小的怠速或低速情况下发生较为频繁。此时,压力波形峰值 p_{max} 和残余压力 p_r 均发生变化,针阀升程波形表现为时有时无或升程时大时小。

三、柴油机供油正时的检测

供油正时是指喷油泵正确的供油时刻,可用供油提前角表示。供油提前角是指喷油泵的柱塞开始供油时,该缸活塞距压缩行程上止点所对应的曲轴转角。供油提前角的大小对柴油机的工作性能有很大影响。柴油喷入汽缸后过一段时间才能燃烧,此为着火落后期。喷油泵向喷油器供油时,由于高压油管的弹性变形、压力的升高和传递过程均使喷油器喷油的时刻滞后于喷油泵供油的时刻,因此,要使活塞在通过压缩行程上止点附近汽缸内出现最高爆发压力,以获得最佳燃烧效率,喷油泵必须在上止点前开始供油。

供油提前角过大时,汽缸内燃油的速燃期在上止点前发生,活塞到达上止点前,汽缸内压力升高速率过大或出现压力峰值,将使发动机工作粗暴、功率下降、油耗增加、怠速不良、加速不灵及起动困难。当供油提前角过小时,汽缸内燃油的速燃期在活塞越过上止点下行后逐渐发生,将使爆发压力峰值降低,也会使发动机功率下降、油耗增多、加速无力,同时会因补燃增多而使发动机过热。

供油提前角的最佳值应能在供油量和转速一定的情况下,获得最大功率和最小油耗。柴油机的最佳供油提前角应能随转速和负荷变化而变化,转速升高或供油量增大时,供油提前角也应相应增大。有些喷油泵上装有供油提前角调节器,可在初始供油提前角的基础上,随转速变化而自动调节。供油提前角的检测有人工经验检查校正、发动机综合测试仪检测和柴油机供油正时灯检测三种方法。

1. 人工经验法检查校正柴油机供油正时

(1) 摇转曲轴使 1 缸活塞处于压缩行程的上止点,此时,应对准正时标记。

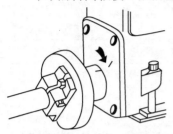

图 2-44　喷油泵 1 缸开始供油记号

(2) 检查喷油泵联轴器、从动盘上的刻线记号是否与泵壳前端面上的刻线对齐,如图 2-44 所示。若二者对齐,说明喷油器供油时刻正确;若从动盘刻线位于泵壳前端固定刻线之前,则 1 缸供油迟;反之,则 1 缸供油早。

(3) 当 1 缸供油过早或过晚时,松开喷油泵联轴器固定螺钉,使活动记号与固定记号对齐后紧固,并起动发动机进行路试。

(4) 选择平坦、坚硬的直线道路或专用跑道作为供油提前角的试验道路,待汽车走热后以最高挡、最低稳定车速行驶,而后将加速踏板猛踩到底使汽车急加速。如果此时柴油机有轻微的着火敲击声,并能在短时期内自行消失,则供油提前角正确;若着火敲击声强烈,且在短时间内不能自行消失,则供油提前角太大;若听不到着火敲击声,且加速无力、排气管冒白烟,则供油提前角太小。当发动机供油提前角过大或过小时,可停车松开喷油器联轴器固定螺钉,使喷油泵凸轮轴逆转动方向或顺转动方向转动少许后固定,反复试车调试直到供油时刻正确为止。

2. 缸压法检测柴油机供油正时

采用缸压法检测发动机某缸的供油提前角的基本原理是:用缸压传感器确定某缸压缩压力最大点(即该缸活塞上止点),用油压传感器确定该缸的供油时刻,二者之间所对应的曲轴转角即是该缸供油提前角,如图 2-22 所示。使用发动机综合检测仪,采用缸压法可快速检测发动机某缸的供油提前角。测量时,拆下所测缸的喷油器,并在其座孔上安装缸压传感器,把油压传感器按要求连接在所测缸的喷油器和高压油管之间,使喷油器向外喷油,把发动机转速稳定在规定转速(800~1000r/min),根据仪器使用说明书的要求选择按键,即可在屏幕上显示出所测缸供油提前角的检测值。

3. 频闪法检测柴油机供油正时

在频闪原理基础上制成的柴油机供油正时仪,其组成、工作原理和使用方法与汽油机点火正时仪基本相同,可参照本章第三节。

检测时,供油正时仪的油压传感器串接于 1 缸高压油管与喷油器之间或外卡于高压油管,使油压脉冲信号转变为电信号,并触发正时灯闪光。闪光一次,则 1 缸供油一次,两者具有相同频率。用正时灯对准 1 缸压缩终了上止点标记,并与供油时刻同步闪光时,可看到运转飞轮或曲轴带轮上的活动标记位于固定标记之前,说明 1 缸供油时,活塞尚未到达上止点,供油时刻在活塞到达上止点前。为测得供油提前角的大小,可调整正时灯上的电位计,使频闪时刻延迟于供油时刻,逐渐使转动部件上的活动标记接近固定标记,并使两标记对齐,闪光延迟的时间即为供油提前的时间,经仪器变换为供油提前角数值后,即可在指示装置上显示出来。

调整供油提前角的方法如前所述,调整后的供油提前角应符合原厂规定。可采用供油正时仪边检测边调整,以使供油提前角达到规定值。

四、电子控制柴油喷射系统技术状况检测

共轨式电控柴油喷射系统的技术状况可以用燃油喷射压力、喷油量、喷油提前角和喷油持续时间等评价。

以下以博世(BOSCH)公司的共轨柴油电控喷射系统为例,介绍共轨式电控柴油喷射系统技术状况的检测方法。

1. 喷油压力测试

进行喷油压力测试时,起动发动机并改变加速踏板开度,在发动机转速变化的情况下进行测试观察。

(1) 示波器测试燃油压力控制阀端子间信号波形(占空比方波),并测试输出信号电压波形,如图2-45所示。

(2) 用故障诊断仪读取数据流,分析不同燃油压力(50MPa、80MPa、120MPa)下控制信号的占空比,并与标准值表2-3进行对比。

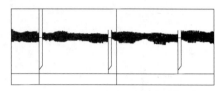

图2-45 燃油压力控制阀输出信号波形

占空比标准值　　　　表2-3

燃油压力(MPa)	50	80	120
占空比(%)	42.8	35.7	14.5

(3) 检测固定的控制频率值,应为260Hz(周期 T 为3.87ms)。

(4) 使用故障诊断仪进行进气压力、空气流量及进气温度数值设置,然后改变发动机转速,测试在发动机不同负荷下的喷射压力。

测量数据应符合如下规律:发动机进气量和转速一定时,负荷增大,燃油压力应增大;当进气温度和转速一定时,进气量增大,燃油压力应增大;当进气量一定时,转速增大,燃油压力应增大。

2. 喷油量测试

电控单元随发动机运行工况变化调整燃油喷射量。减速时,切断燃油喷射;发动机温度超过105℃时,减少燃油喷射量;通过切断燃油喷射或降低燃油压力,使发动机转速降至5000r/min;发动机转速超过5400r/min时,切断低压电动油泵和喷油器电路。测试步骤如下:

(1) 起动发动机,检测发动机转速为5000r/min时是否断油。

(2) 踩下加速踏板,检测发动机转速超过5400r/min时燃油泵是否工作。

(3) 松开加速踏板,检测减速时是否断油。

(4) 观察示波器上的燃油喷射控制信号。用示波器检测喷油器1、2号端子间的信号波形,发动机转速为1000r/min时,示波器显示的喷油器预喷射和主喷射波形如图2-46所示。

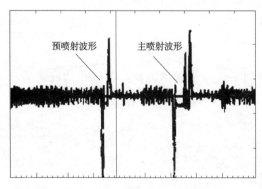

图2-46 喷油器预喷射和主喷射信号波形

将燃油分为两次喷射,主要是为了降低燃烧噪声和炭烟排放。同时,预喷射与主喷射间安排恰当时间间隔,可以有效减少氮氧化物的产生。

3. 喷油脉宽测试

以玉柴 YC6112 型车用柴油机为例,在 BD850 油泵试验台上进行喷油试验。图 2-47 所示为柴油机在怠速工况下的喷油器脉宽(带预喷射)实测控制信号。图 2-48 所示为共轨压力为 50MPa 的喷油量随喷油脉宽的变化曲线。

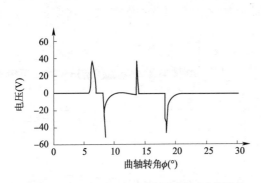

图 2-47　柴油机在怠速工况下的喷油脉宽实测信号　　　图 2-48　喷油量随喷油脉宽变化曲线(50MPa)

4. 喷射提前角和喷油时间测试

使用故障诊断仪检测预喷射和主喷射的喷油提前角和喷油时间(喷油量)。当温度为 95℃时,发动机在不同转速下的喷油提前角和喷油时间见表 2-4。

发动机不同转速下的喷油提前角　　　　表 2-4

发动机转速	喷油提前角(°)		喷射时间(ms)	
(r/min)	预喷射	主喷射	预喷射	主喷射
1000	22.2	3.70	0.26	0.75
2000	35.6	5.38	0.183	0.65
3000	41.02	7.62	0.14	0.54

试验表明:随发动机转速提高,预喷射、主喷射提前角加大;预喷射、主喷射之间的时间间隔缩短。

五、柴油机电子控制系统常见故障诊断

1. 柴油机起动困难

故障现象:对于共轨式电控燃油喷射系统发动机,发动机起动很快。若用起动机带动发动机曲轴正常速度转动,虽有明显起动征兆,但发动机不能着火运转或需要多次起动或长时间启用起动机起动或起动后出现熄火,均是起动困难。

故障原因:
(1)燃油不符合要求。
(2)燃油系统压力低。
(3)油路有空气、喷油器漏油等。

故障诊断方法：

(1)先进行故障自诊断:检查仪表板信息显示屏故障信息,可按显示的故障或信息查找相应的故障部位。必要时可用解码器进行检测,读取故障码,确认故障部位。

(2)燃油箱无油或燃油品质不达标:共轨式电控燃油喷射系统,喷油器为高压小孔径预喷电控技术,燃油品质要求较高,对燃油的污染十分敏感。若加注品质低劣的柴油,可能会造成油路堵塞,过油不畅,喷油器雾化不良,燃烧不充分,导致起动困难。

(3)轨压无法建立的检查:利用诊断仪显示故障信息或使用发动机专用诊断仪检测共轨压力,确认故障部位。轨压不能建立的原因有两种可能:一是低压油路有堵塞泄漏;二是高压油路有泄漏,严重的泄漏会造成共轨油压无法建立。

(4)低压油路堵塞、进入空气的简单诊断:低压油路配置了手动油泵,可用手动油泵判断油路故障。

(5)高压泵供油能力的诊断:首先,将高压泵出油阀处的出油接头松开,不能完全拧开,只需拧开3~4扣的螺纹,此时起动发动机,如果接头燃油溢出,则表明低压油路正常。若该接头无油流出,则可能是低压油路堵塞或泄漏或是高压油泵回油压力阀、电子计量单元溢流阀封闭不严(如存在铁屑或异物,导致阀处于常开状态)造成低压油路不来油。

2. 发动机动力不足

故障现象:发动机无负荷运转时基本正常,带负荷运转加速缓慢,上坡无力,加速踏板踏到底仍感到动力不足,转速提不高,达不到最高车速。

故障原因:

(1)燃油不符合要求。

(2)燃油系统压力低。

(3)高压油泵、喷油器出现问题等。

故障诊断:

(1)使用专用诊断仪检测,如有故障信息则按故障信息指示查找相应的故障原因。

(2)检查燃油是否达到国家标准,若燃油中有过多杂质,将会造成喷油器雾化效果不佳,燃烧不充分。

(3)进行燃油系统压力检测。使用发动机专用诊断仪检测共轨压力是否正常,供油不畅会造成共轨管压力偏低,导致喷油器不能达到正常喷射量。

(4)高压油泵柱塞偶件、溢油阀偶件磨损过大,造成燃油泄漏压力降低;个别喷油器雾化不良或堵塞,将会造成发动机动力不足。

3. 发动机工作状况不稳定

故障现象:发动机工作不稳,发动机起动后,发动机易出现抖动,怠速时易熄火。

故障原因:

(1)燃油品质低劣。

(2)燃油系统油路不通畅。

(3)高压油泵、喷油器出现故障等。

故障诊断:

(1)使用专用诊断仪检测,确认故障部位。

(2)供油系统燃油不佳,夹杂水分杂质,或少量空气进入,各缸喷油器之间的喷油差异变大,使各缸喷油不能保证均匀。

(3)燃油系统有轻度堵塞,造成系统燃油压力过低,不能保证怠速所需的供油压力。

(4)喷油器工作不良,喷油器喷嘴烧死或喷油器电磁阀损坏,都可能造成某缸工作不良,使发动机产生抖动。

(5)高压油泵内部精密元件出现磨损形成泄漏,共轨压力传感器出现故障信号失误,ECU及控制共轨流量限制器出现错误,在没有达到规定压力时,便泄压使发动机抖振。

(6)直观回油法诊断故障。ECU根据喷油器通电开启时间控制发动机所需的燃油喷射量,如果不控制燃油压力为相对恒定值,即使给喷油器的通电时间相同,势必造成发动机工作不稳定。所以电控共轨发动机采用燃油计量阀、压力传感器和ECU组成的闭环系统对共轨油压进行精确控制,以提高喷油量控制的计量精度,因此在供油系统中设有油压过高保护装置,当保护装置出现故障时,容易造成发动机工作不稳。

第六节 发动机润滑系统的检测与诊断

运动副之间的摩擦阻力是发动机起动和运转时的主要内部阻力,为此,必须重视改善发动机的润滑状况,提高发动机输出的有效功率;同时,润滑状况不良时,发动机做相对运动的配合副磨损加剧,正常配合间隙被破坏,还容易产生发动机"拉缸"或"烧瓦"等破坏性故障。

发动机润滑系统的功能是在发动机工作时连续不断地把数量足够、温度适当的洁净机油输送到全部传动件的摩擦表面,并在摩擦表面间形成油膜,实现液体摩擦,从而减小摩擦阻力,降低功率消耗,减轻机件磨损。

一、发动机润滑系统的作用及评价指标

1. 发动机润滑系统的作用

发动机内部有许多相互摩擦运动的零件,如曲轴主轴颈与主轴承、凸轮轴颈与凸轮轴承、活塞、活塞环与汽缸壁面等,这些部件运动速度快,工作环境恶劣,发动机润滑系统提供适当的润滑,降低发动机磨损,延长发动机的寿命。发动机润滑系统主要由机油泵、机油滤清器、机油散热器和各种油阀构成。发动机润滑系统的具体作用包括以下几个方面:

(1)润滑作用。润滑运动零件表面,减小摩擦阻力和磨损,减小发动机的功率消耗。

(2)清洗作用。机油在润滑系统内不断循环,清洗摩擦表面,带走磨屑和其他异物。

(3)冷却作用。机油在润滑系统内循环带走摩擦产生的热量,起到冷却作用。

(4)密封作用。在运动零件之间形成油膜,提高它们的密封性,有利于防止漏气或漏油。

(5)防锈蚀作用。在零件表面形成油膜,对零件表面起保护作用,防止腐蚀生锈。

(6)液压作用。润滑油可兼用作液压油,起液压作用,如液压挺柱。

(7)减振缓冲作用。在运动零件表面形成油膜,吸收冲击并减小振动,起减振缓冲作用。

2. 发动机润滑系统检测评价指标

发动机润滑系统检测评价的主要指标是:机油压力、机油品质和机油消耗量。这些指标既可表征润滑系统的技术状况,又可反映曲柄连杆机构有关配合副的技术状况。

1) 机油压力

为了不断供给各摩擦表面润滑油以使摩擦副保持可靠润滑,润滑系统的机油压力应高于某一最低压力。在低于最低允许压力时,由于润滑不良会使零件磨损加剧而早期损坏。在常用转速范围内,若发动机技术状况正常,汽油机的机油压力应为 196~392kPa,柴油机应为 294~588kPa。若中等转速下的机油压力低于 147 kPa,怠速时低于 49kPa,则发动机应停止运转并检查润滑系统。

机油压力的高低首先取决于润滑系统的技术状况,如机油泵性能、限压阀的调整、机油通道和机油滤清器的阻力等;同时,机油压力还与机油品质和机油的温度、黏度有关。机油黏度低、温度高,则机油压力变小;反之,则油压升高。此外,机油压力还与曲轴主轴承、连杆轴承和凸轮轴轴承的间隙有关,轴承磨损后间隙增大时,轴承间隙处机油泄漏量增大而使机油压力下降。因此,机油压力也常常作为诊断相关轴承间隙的重要参数。若机油泵技术状况正常,则机油压力降低主要是由曲轴主轴颈和连杆轴颈磨损过大而引起。试验表明,曲轴主轴承间隙每增加 0.01mm 时,其机油压力大约降低 0.01MPa。

2) 机油品质

在机油使用过程中,由于杂质污染、燃油稀释、高温氧化、添加剂消耗或性能丧失等原因,其品质会逐渐变坏,导致发动机润滑性能变差、磨损加剧,甚至引发严重机械故障。在外观上,还表现为颜色变黑、黏度上升或下降。

引起机油污染的杂质主要来自摩擦表面的磨损微粒、外界尘埃以及积炭等;发动机工作不正常、不完全燃烧或缺火可使未燃燃油流入油底壳使机油受到稀释;发动机工作过程中产生的高温,特别是当发动机汽缸活塞组磨损严重、间隙增大,在燃烧行程有高温、高压气体窜入曲轴箱时,会加剧机油氧化,生成氧化产物和氧化聚合物而使机油变质。机油中的清净分散剂是机油的一种重要添加剂,具有从发动机摩擦表面分散、移走磨损微粒、积炭等的能力,使之悬浮在机油中而不沉淀在摩擦表面,以减轻摩擦表面的磨损。由于机油在使用过程中清净分散剂的消耗及性能降低,也会逐渐失去其清净分散作用。

机油品质变坏会使发动机润滑变差、磨损加剧,甚至引发严重机械故障,因而应加强对发动机机油品质的定期检测与分析,实行按质换油,以保证发动机良好润滑。更为重要的是,通过对机油品质的检测,可分析并监控发动机技术状况的变化。

3) 机油消耗量

机油消耗量的影响因素很多,润滑系统渗漏、空气压缩机工作不正常、机油规格选用不当、汽缸活塞组磨损等都会影响机油消耗量。因此,机油消耗量除可反映发动机润滑系统技术状况外,还可据此判断发动机汽缸活塞组的磨损情况。因为,在所用机油牌号正确且其他机构技术状况正常的情况下,汽缸活塞组磨损过多、间隙增大、机油窜入燃烧室燃烧是机油消耗量增大的重要原因。

汽车正常使用时,发动机机油消耗量并不大。磨损小、工作正常的发动机,机油消耗量为 0.1~0.5L/100km;发动机磨损严重时,可达 1L/100km 或更多。

二、发动机润滑系统技术状况检测

1. 机油压力检测与诊断

机油压力可以用专用的机油压力表来测量,也可以用普通的油压表配上相应的高压软管和接头来测量。测量方法如下：

（1）拔下机油压力传感器的线束插头，拆下机油压力传感器。将机油压力表的软管接头拧入安装机油压力传感器的螺孔内，并拧紧接头。

（2）将机油压力表放置在不会接触到发动机旋转部件及高温部件的地方。

（3）起动发动机，检查机油压力表接头处有无漏油，如有漏油，应熄火后重新拧紧接头。

（4）运转发动机使之达到正常的工作温度，分别在怠速和2000r/min时检查油压表的读数，并与标准压力值进行比较。

各种车型发动机的机油压力标准都不完全相同，一般在怠速时的应大于0.05MPa，在2000r/min时，应大于0.2MPa。具体可参阅车辆维修手册的规定。在测量完机油压力后，应拆下机油压力表，装上机油压力传感器并按规定力矩拧紧，接上线束插头。起动发动机，确认机油压力传感器没有漏油。

2．机油品质检测与诊断

机油品质检测与分析的常用方法有：机油不透光度分析法、介电常数分析法、滤纸油斑试验法和光谱分析法等。

1）机油不透光度分析法

发动机在使用过程中，润滑油的品质逐渐变坏，杂质含量增多，黏度下降或增加，添加剂性能丧失。从外表看，润滑油会逐渐变黑，机油污染程度越大，变黑的程度也越大。根据这一现象，可通过测量一定厚度机油膜的不透光度来检测机油的污染程度。

机油污染测定仪的结构原理如图2-49所示。稳压电源保证光源和电桥电路的电压稳定。油池由两块玻璃构成，具有确定的间隙，以放入机油样形成确定厚度的机油膜。电桥的一个臂上装有光导管，当电源发出的光线透过油膜照射到光导管上时，作为一个桥臂的光电管电阻发生相应变化。

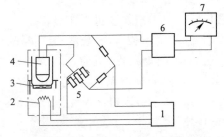

图2-49　机油污染测定仪结构原理
1-稳压电源；2-光源；3-油池；4-光导管；5-参比电阻；6-直流放大器；7-透光度计

测定机油污染程度时，首先在油池内放入所测机油的标准油样（清洁机油），调整参比电阻使电桥平衡，此时透光度计指示为零，然后把发动机刚停车后曲轴箱油尺上的机油作为测试油样滴入油池，由于测试油样已受到污染，油池内测试油样油膜与标准油样有差异，光源照到光导管上的光线强度也有差异，从而引起光导管阻值的变化使电桥失去平衡。测试油样污染程度越大，电桥不平衡程度越大，电桥输出的电流越强，透光度计指针偏转越大，从而就反映出了机油的污染程度。

2）介电常数分析法

电容的电容值除与两极板间的面积和极板间的距离有关外，还与极板间的物质有关。当电容的极板面积和距离确定后，极板间充填物质对电容值的影响可用一个系数反映，称为介电常数。即

$$C = \varepsilon \cdot \frac{S}{\delta} \tag{2-11}$$

式中：C——电容，F；
 S——极板间相互覆盖的面积，m^2；
 δ——极板间距离，m；
 ε——介电常数。

每种物质都有其自身的介电常数，包括机油。清洁机油不含有杂质，有其较为稳定的介电常数，而使用中的机油，由于污染程度不同，机油中所含杂质成分和数量不同，其介电常数也会发生变化。因此，介电常数值可反映机油的污染程度。被测机油的介电常数与清洁机油介电常数的差别越大，表明机油的污染程度越大。

RZJ-2A 型润滑油质量微机检测仪是按上述原理制成的，其外形如图 2-50 所示。该检测仪的关键元件为安装在油槽底部的螺旋状电容。测试时，机油作为电容介质。当机油污染后，其介电常数发生变化，引起该电容的电容值变化。以该电容作为传感器并使其作为检测仪测试电路的一部分，传感器电容的变化引起测试电路中电量的变化，电信号通过专用数字电路转变为数字信号，送入微机处理并与参考信号比较。当数字显示屏显示值为零时，表明所测机油无污染；显示值不为零时，表明所测机油有污染；显示值越大，表明机油污染程度越大。用 RZJ-2A 型润滑油质量微机检测仪测试机油污染程度时，所推荐的换油标准为：汽油机油的显示值 >4.2 ~4.7；柴油机油的显示值 >5.0 ~5.5。

图 2-50 机油介电常数分析仪面板示意图

1-数字显示屏；2-机油传感器；3-清零按键；4-测量按键；5-电源开关；6-固定螺钉

用 RZJ-2A 型润滑油质量微机检测仪测试机油污染程度的操作步骤为：

(1) 用脱脂棉彻底清洁传感器油槽。

(2) 将 3~5 滴与被测机油同牌号的清洁机油置于油槽中，使机油充满油槽底。

(3) 等机油扩散完后，按"清零"按钮，仪器自动标定零位，显示"±0.00"。

(4) 再次清洁传感器油槽。

(5) 将 3~5 滴被测机油置于油槽中，等机油扩散完后，按"测量"按钮，即可显示出测量值。

以上两种机油品质检测分析方法的共同特点是，仅能检测机油的污染程度，但不能反映机油清净性分散剂的消耗程度及其性能，也难以判断引起机油污染的原因和杂质的种类。

3) 滤纸油斑试验法

滤纸油斑试验法利用现代电测方法可快速测定机油的污染程度和清净性添加剂的消耗程度及性能，但不能对机油中各种杂质的成分进行测定。

滤纸油斑试验法是把使用中的机油按规定要求滴在专用滤纸上，油滴逐渐向四周浸润扩散，最终形成中央有深色核心的颜色深浅不同的多圈环形油斑，如图 2-51 所示。

若机油所含杂质的浓度和粒度不同及清净分散能力不同，所形成油斑每一环形区域的颜色深浅也不同。如果机油中杂质粒度小，且清净分散剂性能良好，则杂质颗粒就会扩散到较远处，中心区与扩散区的杂质浓度及颜色深浅程度差别较小；若机油中杂质粒度大，且清净分散剂性能丧失,则机油中杂质就越来越集中于中心区,中心区与扩散区的杂质浓度和颜色深浅程度的差别也就越大。因此,油斑上中心区杂质浓度反映机油的总污染程度,而中心区单位面积的杂质浓度与扩散区单位面积杂质浓度之差可反映机油中残余清净分散剂的清净分散能力。

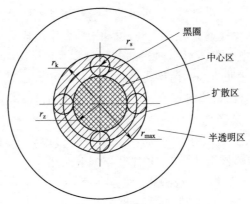

图 2-51 滤纸油斑痕迹

(1) 滤纸油斑的定量分析。

为了实际测定机油油斑中心区杂质浓度及扩散区杂质浓度,必须控制油斑尺寸并确定油斑的尺寸规律。对实际油斑尺寸的统计分析表明,油滴在滤纸上扩散终了时,扩散区的最大半径 r_{max} 取决于滴棒的尺寸(直径),所以应使用统一规格的滴棒,并使滴棒尺寸保证使油斑的尺寸等于光度计的感光内半径。

为了比较中心区杂质浓度和扩散区杂质浓度,根据试验确定中心区中心圆半径 r_z,一般略小于中心区平均尺寸。同时在扩散区上确定四个均匀分布的半径为 r_s 的小圆,其圆心都在 $r_z \sim r_{max}$ 之间,同心圆半径为 r_k 的圆周上,四个小圆的面积之和等于中心圆的面积。即

$$\pi r_z^2 = 4\pi r_s^2 \tag{2-12}$$

设中心区杂质平均浓度为 δ_1,扩散区杂质平均浓度为 δ_2。$\delta_1 = \delta_2$ 时,表明机油的分散清净性极好;而 $\delta_1 \gg \delta_2$ 时,表示机油的清净分散能力不佳;$\delta_1 + \delta_2$ 则反映总杂质浓度。

定义清净性系数 D_d 为

$$D_d = \frac{\delta_1 - \delta_2}{\delta_1 + \delta_2} \tag{2-13}$$

定义清净性质量系数 Δ 为

$$\Delta = 1 - D_d = \frac{2\delta_2}{\delta_1 + \delta_2}$$

当 $\delta_1 = \delta_2$ 时,$D_d = 0$、$\Delta = 1$,表示机油的分散清净性极好;而 $\delta_2 = 0$ 时,$D_d = 1$、$\Delta = 0$,表示机油的分散清净性极差。因此,机油的分散清净性好坏可用 0~1 间的数字表示。

油斑中心区和扩散区的杂质浓度可用两区域的不透光度评价。不透光度小,则杂质浓度小;反之,则杂质浓度大。测试两区域不透光度所采用的滤纸油斑检验光度计的原理如图 2-52 所示。

测试时,从发动机正常热工况下取出油样放入试管,用规定尺寸的滴棒(直径为2mm、长

度为 150mm 尖端光滑的金属棒)插入试管油面下一定深度,取出滴棒后,把第三滴油滴在专用滤纸上,形成油斑并置于烘干箱中保温以加速油滴扩散,待油滴扩散终了滤纸烘干后,把滤纸放在光度计测试平台上压紧,光电池制成的传感器正对油斑。

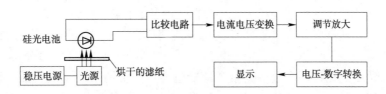

图 2-52 滤纸油斑检验光度计原理示意图

传感器可装两种遮光片,一种具有直径为 r_z 的中心孔,另一种具有圆心在半径为 r_k 的圆周上、半径为 r_s 的均布小孔。使用中心孔半径为 r_z 的遮光片时,光源发出的光线透过中心区照在光电池上,光电池产生的电压经放大后在显示器上显示出来,从而测得中心区的不透光度 O_1,采用四小孔遮光片时,光线透过扩散区上与中心区相同面积的区域照在光电池上,从而测得扩散区的不透光度 O_2。然后采用式(2-14)计算出机油用不透光度表达的清净性质量系数 Δ。

$$\Delta = \frac{2O_2}{O_1 + O_2} \tag{2-14}$$

仪器标定时,光线完全通过,不透光度为 0;光线被完全阻挡时,不透光度为 100。当中心区和扩散区的不透光度无差别时,$\Delta = 1$,表示机油的分散清净性好;反之,当 $O_2 = 0$,$\Delta = 0$ 时,说明机油已无分散清净能力。

关于清净性质量系数 Δ 的诊断标准,则应通过试验确定。即利用大量达到换油污染程度的机油样品实际测定 Δ 的值,然后经统计分析合理确定其许用值。

(2)滤纸油斑的定性分析。

标准滤纸斑点图谱分 6 级。每级斑点图特征和分析、判断方法如下。

1 级:滤纸斑点图的核心区和扩散环,光亮无色或颜色很浅,无明显沉积环。在用机油滤纸斑点图如属此类,说明是新机油或使用时间很短的机油,尚无污染,可继续使用。

2 级:滤纸斑点图的沉积环与扩散环界限分明,扩散环很宽,油亮明亮。说明机油使用时间不长,污染程度很轻,清净分散性良好,可继续使用。

3 级:滤纸斑点图沉积环暗黑,扩散环较宽,油环明亮。说明机油使用时间较久,污染程度较重,但清净分散性尚好,可继续使用。

4 级:滤纸斑点图沉积环深黑,扩散环开始缩小,油环浅黄。说明机油使用时间很长,污染严重,沉积物增多,清净分散性下降,尚可继续使用。

5 级:滤纸斑点图沉积环深黑,甚至呈油泥状,不易干,扩散环狭窄,油环扩大且呈黄色。说明机油的污染已很严重,清净分散性已很差,清净分散剂消耗将尽,不能继续使用。

6 级:滤纸斑点图只剩极黑的沉积环与棕黄色油环,扩散环已完全消失。说明机油的污染十分严重,污染杂质完全凝聚在沉积环内,清净分散剂耗尽,清净分散性消失,机油已超过换油期。

4)光谱分析法

发动机工作时,摩擦表面的磨损微粒被循环工作的机油带至油底壳并悬浮在机油中,其磨损微粒在机油中的含量与机件磨损量直接相关。因此,检测机油中金属微粒的含量,不仅能表明机油被机械杂质污染的程度,还可用来确定机件磨损的程度,同时,机油中金属微粒含量和种类和变化速度又可反映相关零件摩擦表面的磨损速度。

由于机油中金属微粒的含量很低且种类多,一般采用灵敏度高的光谱分析法测定机油中的金属微粒含量。

光谱分析法是利用机油中金属元素微粒受电能或热能激发后发出特征光谱的性质,根据金属元素发射出的相应特征光谱光线的强度,对机油中金属元素的种类和含量进行定量分析的方法。不同金属元素激发后发出的特征光谱是分辨机油中金属微粒种类的基础,而所发出特征光谱光线的强度是确定相应金属微粒在机油中含量的依据。

图2-53所示为机油光谱测定分析仪原理图。测试时,被测油样放于油样槽中,回转石墨圆盘浸入油样并作为高压激发源的一个电极,其外圆表面距高压激发源杆式电极的距离为1.5~2mm,当石墨电极回转时,机油不断地被带入到两电极之间,在高压激发源高电压(15000V)作用下,两电极间隙被击穿,产生电弧,使处于电极间电弧区的机油及其所含杂质一起焚烧,每种金属元素在焚烧中都发出具有一定特征光谱的光或辐射能。发射出的光谱由入口缝隙照射到凹面衍射光栅上,经光栅反射后把入射光线分解成具有不同特征光谱的单色光光线,每种特征光谱对应于一种金属元素焚烧时发出的光谱。反射分解后的不同单色光线聚集于焦点曲线,经出口缝隙照在相应光电传感器上,传感器输出的电信号强度与具有相应特征光谱的光线强度有关,而不同特征光谱的光线强度取决于焚烧机油中相应金属元素的浓度。因此,传感器输出的电信号可反映机油中相应金属元素的浓度。光电传感器输出的电信号传输到信号积分仪、信号处理仪放大并处理后,可由打印机打印出油样中每种金属的浓度。

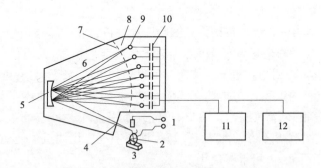

图2-53 光谱测定分析仪原理示意图

1-高压激发源;2-回转石墨盘;3-油样池;4-入口缝隙;5-光栅;6-特征光谱;7-焦点曲线;8-出口缝隙;9-光电传感器;10-信号积分仪;11-信号处理仪;12-打印机

光谱分析的测试步骤如下:

(1)按使用说明书的要求对仪器预热、调零。

(2)发动机运转至正常热工况后停车。

(3)用专用注射器从机油加注口吸取100~150g油样,放入量筒中,并贴上标签,写明油样黏度、汽车车牌号和行驶里程等。

（4）测试前，反复摇晃油样或用超声波处理使所含杂质在机油中均匀分布，然后取6~8g机油油样放入油样池。

（5）按使用说明书的要求操作仪器，打印出测试结果。

光谱分析仪能确定所测油样中金属元素的种类和含量，并不能反映金属微粒产生的原因、部位及有关摩擦表面的磨损程度。因此必须对测试结果进行进一步的分析。

试验表明，发动机汽缸与活塞环配合副的磨损产物，约占机油中全部金属微粒的85%，所以，机油中含铁量过高时，说明汽缸与活塞环磨损严重；其次，当曲轴、凸轮轴的各轴颈和挺杆与凸轮配合副磨损时，也使机油中铁含量增加；若缸套镀铬或活塞环镀铬，则当机油中铬含量增加时，也可表明汽缸、活塞环的磨损情况，但铬含量远比铁含量要小。活塞磨损使机油中铝含量增加。

发动机曲轴和凸轮轴使用的滑动轴承多为锡基、铅基、铜基、铝基巴氏合金，当机油中锡、铅、铜、铝等元素增多时，若可知发动机的轴承材料配方，即可判断滑动轴承的磨损情况。

机油中硅含量增多时，表明发动机空气滤清器和曲轴箱强制通风滤清器工作欠佳。

机油中某金属元素含量突然增加时，说明发动机内有关摩擦副异常磨损，应视为紧急情况进行处理，待排除故障后，发动机才能继续使用，以免引起破坏性故障或使发动机磨损急剧加剧，缩短发动机的使用寿命。

定期用机油中金属微粒含量多少评价发动机磨损速度和磨损程度是有效的，但该法对磨损程度的评价，只能表明摩擦表面磨损量的总值，而无法确切知道磨损量在具体部位的分布情况和磨损部位尺寸、形状及强度等方面的变化情况。

在对在用机油进行检测后，针对100℃运动黏度变化率、碱值、闪点、水分、正戊烷不溶物及铁含量等参数的检测结果，根据《汽油机油换油指标》（GB/T 7607—2010）和《柴油机油换油指标》（GB/T 8028—2010）的限值进行评价，确定是否更换。

5）机油消耗量检测

测定机油消耗量时，只需将汽车行驶一定里程（1000~1500km）后机油的实际消耗量（L）换算为汽车每百公里的平均机油消耗量（L/100km）即可。常用的检测方法为油标尺测定法和质量测定法。

（1）油标尺测定法。

测试前，汽车置于水平地面上，把发动机起动并预热到正常工作温度停机，将机油加至油底壳规定的液面高度，然后在油标尺上清晰地划上刻线，以标记这一油面高度。当汽车实际行驶若干里程后停车，仍把汽车置于原地点，按原测试条件，向油底壳内加入已知量（质量或体积）的机油，使油面仍升至油标尺上的原刻线位置。此时，所加机油的量即为汽车行驶相应里程所消耗机油的量，可将其折算为每100km的机油消耗量。

（2）质量测定法。

预热发动机至正常工作温度，将汽车停在水平路面上。打开油底壳的放油螺塞，放出机油。至机油由流变成滴时，拧上油底壳的放油螺塞。然后，将已知质量的机油加入油底壳至规定的液面，至汽车行驶若干里程后，按同样的测试条件，放出油底壳内的在用机油，至机油由流变成滴时,拧上油底壳的放油螺塞,并称出其质量。加入与放出的机油质量之差即为汽车行驶已知里程的机油消耗量,可将其折算成每100km的机油消耗量。

三、发动机润滑系统常见故障分析

1. 机油压力过高

1)故障现象

发动机在正常温度和转速下工作时,机油压力表指示压力超过规定值。

2)故障原因

(1)机油黏度过大,不符合要求。

(2)限压阀技术状况不良或调整不当。

(3)汽缸体内通往各摩擦表面的分油道堵塞。

(4)发动机曲轴主轴承、连杆轴承、凸轮轴轴承间隙过小。

(5)机油压力表或机油压力传感器不良或失效。

2. 机油压力过低

1)故障现象

发动机在正常温度和转速下工作时,机油压力表指示压力低于规定值,或油压报警蜂鸣器报警、油压报警指示灯点亮。

2)故障原因

(1)油底壳内机油不足。

(2)机油黏度小,不符合要求。

(3)限压阀技术状况不良或调整不当。

(4)机油泵磨损严重,使供油压力过低。

(5)机油集滤器滤网堵塞。

(6)机油管接头松动或油管破裂。

(7)机油粗滤器堵塞。

(8)曲轴主轴承、连杆轴承、凸轮轴轴承间隙过大。

(9)机油压力表及其感传器失效,或油压报警指示装置失效。

3. 机油消耗过多

1)故障现象

机油消耗率超过正常值;排气管冒蓝烟。

2)故障原因

(1)活塞与缸壁磨损严重,间隙过大。

(2)活塞环装配不当,如锥面环、扭曲环上下方向装反,活塞环安装时有对口现象。

(3)活塞环的端隙、背隙及边隙过大,活塞环弹力不足。

(4)气门导管磨损过甚,气门杆油封损坏。

(5)曲轴箱通风不良。

(6)油底壳、气门室盖漏油,润滑系统有关部件向外部渗漏。

(7)气压制动汽车的空气压缩机活塞与其缸壁间隙过大。

第七节　发动机起动系统与冷却系统的检测与诊断

一、发动机起动系统的检测与诊断

1. 不解体就车检测

1）用发动机综合检测仪检测

检测前开启发动机综合检测仪，并将各种传感器按规定接到发动机。检测时，先选择检测起动系项目，然后起动起动机约4s，于是检测仪将自动检测起动电流、起动电压、起动转速等参数，并在仪器屏幕上显示检测结果数据或曲线。

各检测参数应满足诊断标准的要求。通常，汽油机起动电流为100～200A，柴油机为200～600A。当发动机机械负荷正常时，若起动电流过大，说明起动机绕组有短路或搭铁故障。起动转速越高，说明起动性能越好，若起动转速过低而发动机机械负荷正常，则说明起动系统电路存在故障。

2）万用表检测

起动电路接通时，利用万用表电压挡就车检测起动电路的电压降，能方便判断起动电路中各接点的接触状态是否正常、线路电阻是否过大，起动电路中万用表的检测线路如图2-55所示。各点检测时，应将万用表的正极接线柱与电缆最接近蓄电池的正极端连接，将万用表的负极接线柱与所测电缆的另一端连接。检测步骤是：

（1）连接万用表正负极，如图2-54所示。

（2）转动点火开关使起动机运转，但发动机不得起动。

（3）用万用表的电压检测量程检测出各点的电压。

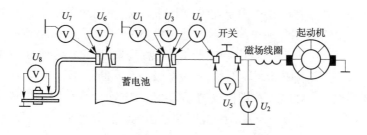

图2-54　发动机起动电路检测图

若检测结果显示，U_7读数接近于零，U_1、U_2读数接近，则说明起动机电路接触良好，正常；若U_2读数比U_1读数小很多，则说明起动电路线路接触不良；通常电缆两端电压降应小于0.2V，否则说明电缆电阻过大，应更换电缆；开关间的电压降应小于0.1V，否则说明触点烧蚀接触不良，应修复或更换开关；接点的电压降应小于0.1V，否则说明接点接触不良，应检查原因，重新连接。

2. 拆下起动机检测

起动机性能的好坏对汽车的起动性具有决定性作用。当起动线路正常而发动机难以起动时，可拆卸起动机对其进行不解体性能检测。

1)控制性能检测

采用电磁式控制电路的汽车起动系统,其主要控制装置就是电磁开关。其控制性能检测主要是对起动机电磁开关的吸引线圈、保持线圈、复位弹簧的性能检查,其检测目的就是确定电磁开关是否存在故障,下面以常见的起动机电磁开关为例(图2-55a),说明其性能检测。

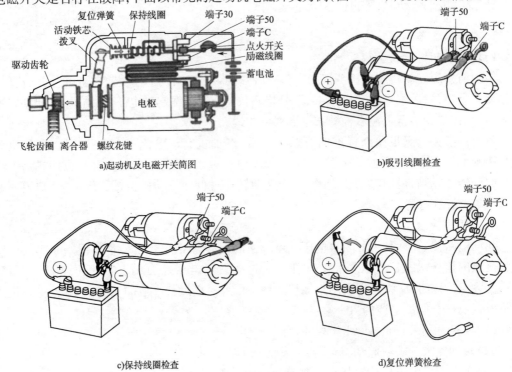

图 2-55 控制性能检测

(1)吸引线圈检查。将起动机固定在钳台上;拆下起动机端子C上的励磁线圈的引线;按照图2-55b)所示方法,用带夹电缆将蓄电池负极分别与端子C和起动机壳体连接;用带夹电缆将起动机端子50与蓄电池正极连接,此时观察驱动齿轮。若驱动齿轮向外伸出,则说明吸引线圈性能良好;若驱动齿轮不动,则说明吸引线圈断路。

(2)保持线圈检查。在吸引线圈检查的基础上,当驱动齿轮在伸出位置时,拆下电磁开关端子C上的电缆夹,如图2-55c)所示,此时驱动齿轮应保持在伸出位置不动,否则说明保持线圈断路或搭铁不良。

(3)复位弹簧检查。按图2-55d)所示方法,拆下蓄电池负极接起动机壳体的电缆夹,此时驱动齿轮若能迅速退回到原始位置,则表明电磁开关复位弹簧性能良好;若驱动齿轮不动或复位缓慢,则说明弹簧损坏或性能不良。

2)空载性能检测

空载性能检测又称空载试验,它是检测起动机接通电源空载时的转速和电流。其检测目的是确定起动机有无机械故障以及电气故障。

(1)检测方法。在起动机专用试验台上或固定在台钳上检测,用图2-56所示的方法连接导线。将点火开关拨到起动挡位置,使起动机运转,待起动机转速稳定后,测量电流、电压和转速。

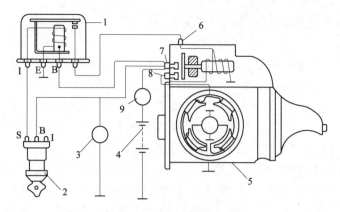

图 2-56 起动机性能检测线路

1-起动继电器;2-点火开关;3-电压表;4-蓄电池;5-起动机;6-起动开关接线柱(端子50);7-电源接线柱(端子30);8-磁场绕组端子(端子C);9-电流表

(2)检测标准。起动机运转应均匀、电刷无较强火花;测量的电流、转速应符合标准规定。

(3)检测分析。若电流大、转速低,则可能是起动机轴承(或铜套)磨损过多、电枢轴弯曲、装配过紧等;或电枢绕组、磁场绕组有短路或搭铁现象。

若电流小、转速低,则可能是电刷与换向器接触不良或电刷弹簧压力不足等。

3)制动性能检测

制动性能检测是检测起动机接通电源而驱动齿轮完全制动时的电流和转矩。检测目的是确定起动机的起动性能是否良好,有无电气故障。

(1)检测方法。固定起动机,给起动机驱动齿轮加上负载,如测力弹簧;给起动机通电,迅速读取电流表、电压表和转矩的示值。

(2)检测标准。起动机制动性能测检时的工作电流、电压和转矩应符合标准规定。

(3)检测分析。若电流大、转矩小,则说明磁场绕组或电枢绕组有匝间短路或搭铁故障,导致产生转矩的有效线圈匝数减少。

若转矩和电流都小,则说明起动机内接触电阻过大或主电路接触不良,如电刷与换向器接触不良或电刷弹簧压力不足等。

若检测过程中电枢轴能转动,则说明起动机的单向离合器打滑。

二、发动机冷却系统的检测与诊断

冷却系统的功能是使发动机在任何工况下都保持在适当的工作温度范围内。若冷却强度不足,发动机将会过热,工作过程恶化,零件强度降低,机油变质,零件磨损加剧;而过度冷却则会使散热损失增大,零件磨损加剧。

1.冷却系统密封性能检测

密封性检测就是检查冷却系统是否有渗漏。现代汽车发动机普遍采用压力循环水冷式冷却系统,这种系统长期使用后,冷却液易渗漏。冷却液渗漏分为外部渗漏和内部渗漏,外部渗漏常见的部位有冷却系统各软管接头、散热器及其盖阀、水泵及其密封垫等;内部渗漏主要是漏入发动机油底壳,内部渗漏常见的部位有发动机缸体、缸盖破损处、汽缸垫密封不严处等。当发动机冷却液消耗量过多、冷却液温度容易较高时,应检查冷却系统的密封性。

1)直观检查

(1)检查外漏。大多数冷却液的颜色呈绿色或黄色,若有渗漏,则容易观察到外漏痕迹。检查方法是:停机时直接检查冷却系统各部件有无冷却液渗漏的痕迹,主要检查冷却系统各软管接头、散热器及其盖阀、水泵及其密封垫等处;检测时在发动机中等转速运转时,观察冷却液滴漏现象。此外,应注意散热器盖及其密封垫的检查,若其密封性差,则发动机工作时容易造成冷却液蒸发溢出或汽车振动造成冷却液洒出损失。

(2)检查内漏。常用的检查方法包括:观察发动机润滑油,若呈白色或有水泡,则说明内部渗漏严重;运转发动机,用纸巾朝向排气管,若纸巾潮湿或有水雾,则说明冷却液内部渗漏;拆下散热器盖,使发动机运转,查看加液口是否有高温气体涌出或有大量气泡,若有则说明冷却液内部渗漏。

2)压力试验

在发动机不工作时,按照图2-57所示的方法,将发动机冷却系统压力试验仪装到散热器加液口上,并保持密封状态。然后用试验仪的手动泵向散热器内加压至100kPa(注意不要超过此限值,以免造成冷却系统部件损坏)。观察此时压力表:若指针保持不动,表明冷却系统密封良好;若压力表指针缓慢回落,表明冷却系统密封不良,冷却液有轻微渗漏;若压力表指针迅速回落,表明冷却系统严重渗漏。

当压力下降时,没有发现任何外部渗漏,可将发动机运转至正常工作温度后,再装上压力试验仪加压至48kPa,并使发动机怠速运转,观察压力表,若压力上升,表示冷却系统内部有渗漏。

压力试验时,还可用冷却系统压力试验仪对散热器盖的蒸气阀、空气阀开启压力进行检查,若散热器盖阀的开启压力不符合标准,则应更换散热器盖。

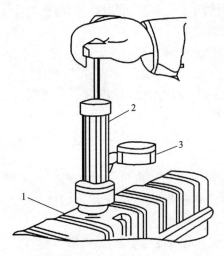

图2-57 冷却系统压力试验
1-散热器;2-冷却系压力试验仪;3-压力表

2.电动风扇及温控开关检测

采用电动风扇的冷却系统,冷却风扇驱动电动机是由冷却液温度控制的温控开关控制的,这种风扇一般有两挡转速:冷却液温度高时,风扇转速快;冷却液温度低时,风扇转速慢,甚至停转。

1)电动风扇高温不转的检查

(1)停机后用手转动风扇,若运转正常,说明无机械故障。

(2)若冷却液温度很高(100℃)但风扇不转,应检查熔断器。若熔断器完好,则应停机检查温控开关和电动机的功能。

(3)直接连接温控开关接插件内的12V电源线和电动机接线,可判断出温控开关及电动机的好坏。若使这两线头连接后风扇开始运转,说明电动机功能正常;若在高温时接上温控开关接插件后风扇仍不转,则说明温控开关损坏,应换用新件。

2)温控开关功能的检测

温控开关检测的主要内容为电动风扇低、高速时的导通及断开温度是否符合要求。其检测方法说明如下(以桑塔纳轿车为例)。

将电动风扇的温控(热敏)开关放入热水中,用温度计测量水温,用万用表测量温控(热敏)开关导通及切断时的温度。第1挡:当水温达到93~98℃时导通、当水温达到88~93℃时断开为正常;第2挡:当水温达到105℃时导通、当水温达到93~98℃时断开为正常;若相关温度检测异常,则说明电动风扇的温控(热敏)开关有故障,应予以更换。

3. 节温器性能检测

节温器能随冷却液温度的高低,自动调节流经散热器的冷却液量,从而使冷却液温度保持平衡。若节温器性能不佳或有故障,则发动机冷却液温度可能过高或过低。节温器常见的故障有:主阀门不能开启,或开启和全开的温度过高;主阀门关闭不严。前者将造成冷却液不能有效地进行大循环,致使发动机过热;后者将造成发动机升温缓慢或发动机温度过低现象。节温器性能的检查方法如下。

1)就车检查法

(1)冷却液温度升高过程中检查。冷车时运转发动机,观察冷却液温度表的指示情况。若发动机工作时冷却液温度很快升高,当升至80~90℃后,即达到主阀门开启时刻的温度后,升温明显减慢,说明节温器性能正常;若发动机工作时冷却液温度上升很慢,长时间达不到正常工作温度,说明节温器主阀门卡主没关闭,无小循环;若发动机工作时温度一直上升,直至温度表指针长时间指示在红区,说明节温器主阀门卡住不开启,无大循环。

(2)在发动机高温时检查。若冷却系统冷却液充足、冷却液泵及散热器工作正常,则运转发动机。当发动机很热时,检测缸盖冷却液出口处和散热器进口处,若两者温度差值很大,说明冷却液不能进入大循环,节温器失效。

2)拆下检查法

将节温器拆下,进入可调温的热水容器中,测量节温器主阀门开启温度、全开温度及全开升程,检验节温器性能,不同车辆的节温器性能会有所不同。节温器性能检验若不符合要求,则必须更换。

4. 水泵性能检查

冷却系统水泵常见故障为:水泵工作状态不正常;水泵皮带轮打滑使泵水量与转速不成正比;水泵密封圈泄漏。

1)水泵工作状态检查

(1)打开散热器加水口盖,使发动机缓慢加速,察看加水口内冷却液的循环;若不断加快,则水泵工作正常,皮带轮也不打滑;反之,水泵有故障。

(2)使运转至正常工作温度的发动机熄火,并迅速拆下汽缸盖通往散热器上水室接头的胶管,再用布团将上水室接头塞住;然后,从加水口向散热器内加注冷却液,再起动发动机。如汽缸水套内和散热器中的水被水泵泵出胶管口外200mm左右,说明水泵工作正常,皮带轮也不打滑;反之,水泵有故障。

2)水泵流量试验

水泵流量试验须在专用试验台上进行,由试验台驱动装置带动水泵转动,观察排水量是否符合制造厂的标准,或者是否有漏水现象。

5. 发动机冷却系统常见故障诊断

1)发动机温度过高

(1)故障现象。

汽车行驶过程中,冷却液温度表指示值过高,或冷却液温度报警灯闪烁,发动机过热,冷却液沸腾。

(2)故障原因。

冷却液量不足;散热器风扇电动机或温控开关出现故障,风扇不转或转速过低;节温器失效,冷却液不能大循环;冷却液泵堵塞、损坏,吸水能力低,冷却液不循环或循环量小;散热器内芯管水垢过多,散热片倾倒过多,散热器散热效率下降;缸体内水套水垢过多,缸体传热差;汽缸垫烧穿,或缸盖出现裂缝,高温气体进入冷却系统。

(3)故障诊断方法。

①检查冷却液量。检查散热器的冷却液面,若液面高度低于标准值较多,说明冷却液量不足,导致冷却系统散热差。此时,冷却系统多数有渗漏故障,应在排除故障后,再添加冷却液。若液面高度正常,则进行下一步检查。

②检查冷却液流动状况。发动机运转过程中,当温度表指示90℃左右时,检查缸盖和散热器进液口处的温差。若温差不大,同时发动机加速时,散热器进液管处冷却液的流动随发动机转速的增加而加快,则说明冷却液循环良好,否则说明冷却液泵性能不佳或吸水能力低,压力不足。若两处温差很大,则说明冷却液循环不良,节温器可能有故障;若节温器正常,则说明冷却液泵有故障。当冷却液流动正常时,可进行下一步检查。

③检查散热器风扇的转动状况。现代汽车多采用电动双速风扇,其转速变化率取决于冷却液温度,以富康轿车为例,在冷却液升温过程中,温度高于97℃时,风扇以低速运转,当温度达到101℃时,风扇以高速运转。实际检查时,先使发动机冷起动运转,在发动机由环境温度升高至过热温度的过程中,观察散热器风扇的转动情况。如风扇不转或转速太低,则应检查风扇电动机及其温控开关的好坏;若风扇转动正常,则应进行下一步检查。

④检查散热器表面状况。查看散热器散热片是否倾倒过多,是否脏污,表面状况不良时应进行维护或更换。若散热器表面正常则应进行下一步检查。

⑤检查冷却系统内漏。拆下散热器盖,使发动机运转,若加液口处有高温气体涌出或有大量气泡,则可能是汽缸垫烧坏或者汽缸体、汽缸盖有裂纹漏气。若冷却系统无内漏,而长期未清洗发动机水垢,则可能是水套内、散热器积垢太多导致发动机过热,可采用化学溶剂法清洗水垢。

⑥检查非冷却系统故障。若发动机冷却系统正常,但发动机仍然过热,则应检查发动机其他系统的技术状况。例如:检查点火时刻是否过晚、混合气成分是否过稀、燃烧室内积炭是否过多、油底壳内机油是否充足等。此外,汽车爬长坡,顺风行驶或在高温季节长时间低速行驶等,也会引起发动机过热。

2)发动机温度过低

(1)故障现象。

汽车在低温条件下运行时,发动机冷却液达不到正常工作温度或暖车时间过长;发动机动力不足,油耗增加。

(2)故障原因。

节温器失效,主阀门卡在全开位置,使冷却系统无小循环;散热器风扇电动机的温控开关故障,风扇在低温时就运转或风扇总在高速运转;环境温度太低且逆风行驶。

(3)故障诊断方法。

①检查散热器风扇的转动状况。起动发动机,在冷却液升温过程中观察风扇转动情况。若在温度表指示值很低时,风扇即开始运转,或低温时风扇以高速运转,则可能是散热器风扇温控开关失效,需要更换;若风扇转动正常,则应进行下一步检查。

②检查节温器工作状况。起动发动机,在冷却液温度低于节温器主阀门开启温度下,检查缸盖出液口处与散热器进液口处的温差。若两者无温差或温差很小,则可能节温器主阀门卡住长开,使冷却系统在低温时即进入大循环,可拆检节温器确认故障。

复习题

1. 发动机功率的基本测试方法是如何区分的?各有什么特点?
2. 发动机无负荷测功的基本原理和方法是什么?
3. 检测发动机单缸功率的方法有哪些?
4. 评价发动机汽缸密封性的检测指标有哪些?
5. 用汽缸压力表检测汽缸压缩压力的方法,影响检测结果的因素是什么?
6. 如何用汽缸压力的检测结果进一步判断汽缸的密封性?
7. 发动机曲轴箱窜气量的基本检测方法有哪些?
8. 发动机汽缸漏气量的检测方法有哪些?
9. 发动机进气管真空度及影响因素是什么?
10. 发动机进气管真空度测量时发动机的工况是什么?
11. 发动机触点式点火系统的电压波形是怎样的?
12. 什么是重叠角、闭合角、点火提前角?
13. 测量发动机点火提前角的方法和原理是什么?
14. 电子点火系统点火波形与触点式点火系统点火波形有什么区别?
15. 简述发动机电子点火系统的常见故障现象及原因分析。
16. 电控燃油喷射系统的燃油压力检测内容和方法有哪些?
17. 电控燃油喷射系统喷油器的控制信号波形的分析描述。
18. 简述汽油机电控燃油喷射系统常见故障诊断分析。
19. 简述柴油机燃油供给系统的压力波形的描述与分析。
20. 柴油机供油正时的检测原理和方法是什么?
21. 简述柴油机燃油供给系统的压力典型故障波形分析。
22. 发动机润滑系统的检测评价指标有哪些?
23. 简述发动机润滑系统常见故障分析。
24. 发动机冷却系统的密封性检测项目有哪些?
25. 如何检查发动机冷却系统节温器的性能?

第三章　汽车底盘技术状况检测与诊断

汽车底盘由车架、车身、转向系统、传动系统、制动系统、行驶系统等组成,汽车底盘各系统、总成的技术状况决定着汽车行驶的操纵稳定性、安全性、传动效率和行驶阻力,还会影响汽车的动力性和燃油经济性。

汽车底盘的技术状况既可以通过道路试验检测和诊断,又可以采用室内台架试验检测和诊断。本章以台架试验检测方法为主介绍汽车底盘各主要系统的检测与诊断。

第一节　汽车底盘输出功率检测

汽车的动力性既可以通过整车道路试验测定,也可以用驱动车轮输出功率或驱动力作为参数,在室内条件下通过底盘测功试验台检测,即汽车底盘输出功率检测。

一、汽车底盘测功机功能与结构

汽车底盘测功机是一种不解体检测汽车驱动轮输出功率的设备,也可以作为辅助加载设备进行汽车经济性和排放等性能的检测。它通过在室内台架上模拟汽车道路行驶工况的方法来检测汽车动力性,而且还可以测量多工况排放指标及油耗。同时能方便地进行汽车的加载调试和诊断汽车负载条件下出现的故障。

(一)汽车底盘测功机的功能

1. 设定道路行驶阻力并进行汽车滑行台架试验

汽车的滑行性能是指行驶中的汽车将变速器置于空挡,依靠本身惯性克服道路阻力的能力。在底盘测功机上进行滑行试验,可以检查被试车辆底盘的技术状况和调整状况。因此,能否正确地模拟汽车道路行驶阻力及在底盘测功机上设定和再现汽车行驶阻力,将直接影响底盘测功机的测试结果。因此试验前,首先要测量并设定汽车的行驶阻力,通过底盘测功机自动化系统的调节,使得道路上测出的汽车行驶阻力在底盘测功机上得以再现。

2. 汽车动力性能台架检测

在底盘测功机上,可以测试汽车驱动轮的输出功率、测试汽车的加速能力、测试汽车传动系统的传动效率、间接测试发动机的功率等汽车动力性能评价指标。

3. 辅助进行汽车综合性能检测

辅助以燃油流量计、排放分析仪、故障诊断仪等其他设备,可进行汽车燃料经济性、排放分析、异响等故障诊断等,还可以辅助进行车速表、里程表的校正、发动机冷却系统试验等。

(二)汽车底盘测功机的结构

汽车底盘测功机主要由道路模拟系统、数据采集与控制系统、安全保障系统、举升及滚筒锁定系统等构成。

1. 道路模拟系统

底盘测功机的道路模拟系统由滚筒装置、功率吸收装置、惯性模拟装置等组成,图3-1所示为道路模拟系统结构示意图。

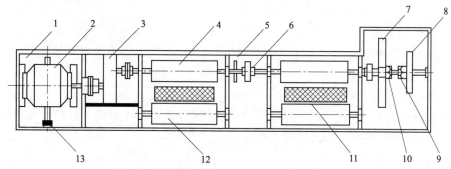

图3-1 汽车底盘测功机道路模拟系统结构示意图

1-机架;2-功能吸收装置;3-变速器;4-滚筒;5-速度传感器;6-联轴器;7、8-飞轮;9、10-电磁离合器;11-举升器具;12-从动滚筒;13-压力传感器

1)滚筒

底盘测功机的滚筒分为单滚筒和双滚筒。单滚筒底盘测功机的滚筒直径大(1500～2500mm),制造和安装费用大,但测试精度高;双滚筒底盘测功机的滚筒直径小(180～500mm),成本低,使用方便,但测试精度差。滚筒的材质一般为钢。

2)功率吸收装置(加载装置)

底盘测功机的功率吸收装置常见的是水冷式电涡流功率吸收装置,其基本结构如图3-2所示。

电涡流式功率吸收装置主要由转子、定子、励磁线圈、支承轴承、冷却风扇叶片、力传感器等组成,其工作原理如下。

当定子上的励磁线圈通以直流电时(以电涡流测功器为例),所产生的磁场的磁力线通过转子、空气隙、涡流环和定子构成闭合磁路。磁通的强弱与激磁线圈匝数和所通过的电流强弱有关。由于通过转子齿顶的磁通量比通过齿槽的磁通量大,因此转子旋转时,通过定子内圈涡流环上某点的磁通呈周期性变化。通过涡流环的磁通量的周期性变化将在定子涡流环内产生周期性感应电流,以阻止磁通的变化。由于定子涡流环是整体式的,因此产生的感应电流是封闭的,称为涡电流。涡电流产生的磁场与励磁磁场相互作用,产生了与转子旋转方向相反的转矩,从而对滚筒起到了加载作用。

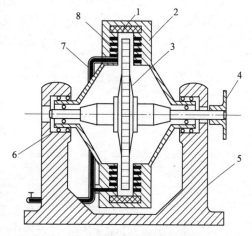

图3-2 水冷式电涡流功率吸收装置

1-励磁线圈;2-定子;3-转子;4-联轴器;5-底座;6-轴承;7-冷却水管;8-涡流环

3)惯性模拟装置

汽车在道路上行驶时汽车本身具有一定的惯性能,即汽车的动能。而汽车在底盘测功

机上运行时车身静止不动,是车轮带动滚筒旋转,在汽车减速工况时,由于系统的惯量比较小,汽车很快停止运行,所以检测汽车的减速工况和加速工况时,汽车底盘测功机必须配备惯性模拟系统。汽车底盘测功机台架转动惯量是通过飞轮来实现的,目前由于对汽车台架的惯量没有制定相应的标准,因而国产底盘测功机所装配的惯性飞轮的个数不同,且飞轮惯量的大小也不同,飞轮的个数越多,则检测精度越高。

2. 采集与控制系统

底盘测功机的采集与控制系统包括车速信号采集系统、驱动力信号采集、加载装置控制系统等。

1) 车速信号采集系统

汽车底盘测功机所采用的车速信号采集的传感器主要有光电式车速信号传感器、磁电式车速传感器、霍尔传感器和测速电动机等。

2) 驱动力信号采集

汽车底盘测功机驱动力传感器可分为拉压传感器和位移传感器两种,它们一边连接功率吸收装置的外壳,另一边连接机体。

功率吸收装置在工作过程中,无论是水力式、电涡流式,还是电力式功率吸收装置,其外壳都是浮动的。以电涡流式为例,当线圈通过一定的电流时,就产生一定的涡流强度。对转子来说,电磁感应产生的力偶的作用方向与其转动的方向相反。当传动器固定后,外壳上的力臂对传感器就有一定的拉力或压力(与安装的位置有关),拉压传感器在工作时,传感器受力产生应变,通过应变放大器可得到一定的输出电压,这样将力信号转变成电信号来处理,通过标定,可以得到传感器的受力数值。

3) 加载装置控制系统

汽车在行驶过程中存在滚动阻力、加速阻力和坡道阻力,其中加速阻力是通过惯性飞轮来模拟;通过台架模拟道路必须选用加载装置,要想控制它,就必须知道控制电压及电流。电涡流式加载装置控制系统的框图如图3-3所示。

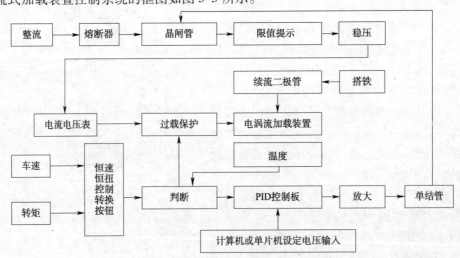

图3-3 电涡流式加载装置控制系统框图

汽车底盘测功机常见的位控信号有举升机升降控制或滚筒锁定控制、电磁阀控制、飞轮控制、车辆检测灯控制、手动或自动控制等信号,它们常常通过计算机或单片机 I/O 输出板,再经过信号放大、驱动来实现。

3. 安全保障系统

安全保障系统包括左右挡轮、系留装置、发动机与车轮冷风机等。左右挡轮的目的是防止汽车车轮在旋转过程中,在侧向作用力的作用下驶出滚筒,对前驱动车辆更应注意;系留装置是指地面上的固定盘与车辆相连,以防车辆高速行驶时,由于滚筒的卡死飞出滚筒;发动机与车轮冷却风机是防止车辆在运行过程中发动机和车轮过热。

4. 举升及滚筒锁定系统

1) 举升装置

升降系统的类型较多,底盘测功机常见类型有气压式升降装置和液压式升降装置。

(1) 气压式升降机如图 3-4 所示。它是由电磁阀、气动控制阀及双向气缸或橡胶气囊组成,在气压力的作用下,气缸中的活塞便可上下运动以实现升降目的。

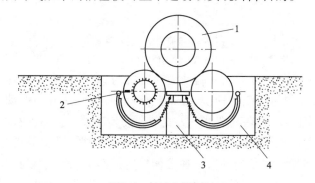

图 3-4 气压式升降机

1-车轮;2-滚筒转速传感器;3-举升器;4-滚筒制动装置

(2) 液压式举升装置通常由磁阀、分配阀、液压举升缸等组成。在液压作用下,举升缸活塞向上移动,实现举升目的。

2) 滚筒锁止系统

棘轮棘爪式锁止系统装置如图 3-5 所示。它由双向气缸、棘轮、棘爪、复位弹簧、杠杆及控制器组成,通过控制器控制压缩空气的通断。当某一方向通气后,空气推动气缸活塞运动控制棘爪与棘轮离合以达到锁止或放松的目的。

二、汽车底盘测功机工作原理

汽车在道路运行过程中存在着运动惯性和行驶阻力,要在试验台上模拟汽车道路运行工况,首先要解决模拟汽车整车的运动惯性和行驶阻力问题,这样才能用台架测试汽车运行状况的动态性能。为此,在试验台上可利用惯性飞轮的转动惯量来模拟汽车旋转体转动惯量及汽车直线运动惯量,采用电磁离合器自动或手动切换飞轮的组合,在允许的误差范围内满足汽车惯量模拟。至于汽车在运行中所受的空气阻力、非驱动轮的滚动阻力及爬坡阻力等,则采用功率吸收加载装置来模拟。路面模拟是通过滚筒来实现的,即以滚筒表面取代路面,滚筒的表面相对于汽车作旋转运动。

测功试验时,驱动轮驱动滚筒旋转,并经滚筒带动测功器的转子旋转,功率吸收装置(电涡流测功机)的工作原理前已述及。测出该转矩和转子转速,便可据此换算得到由驱动轮通过滚筒传递给测功器转子的驱动功率。

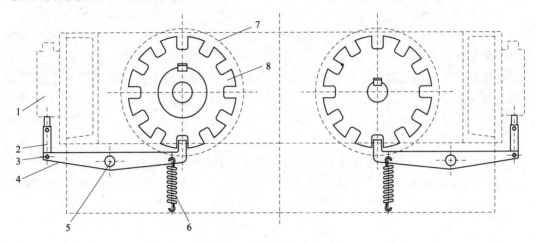

图 3-5　滚筒锁止系统示意图

1-双向气缸;2-拉杆;3-连接销;4-棘爪;5-固定销;6-复位弹簧;7-滚筒;8-棘轮

汽车驱动轮通过滚筒对转子施加制动力矩的同时,定子受到与制动力矩大小相同但方向相反的力矩作用,力图使可绕主轴摆动的定子顺着转子旋转方向摆动。在测功机定子上安装一定长度的测力杠杆,并在其端部下方安装压力传感器,压力传感器便会受压力作用而产生与其成正比的电信号。显然,该压力与杠杆长度(压力传感器至测功器主轴的距离)之积便是定子(或转子)所受力矩的数值。在滚筒稳定旋转时,该力矩与驱动轮驱动力对滚筒的驱动力矩相等。据此,可求出车轮作用在滚筒(其半径为已知常数)上的驱动力的大小。

底盘测功机的测速装置和测距装置可以测出滚筒的旋转速度或车速以及驱动轮在滚筒上驶过的距离。由压力传感器和测速传感器传来的电信号输入到控制装置,经计算机处理后,在指示装置上显示出驱动轮输出功率 $P_k(kW)$、驱动轮驱动力 $F(N)$ 或滚筒驱动力矩 M_b $(N \cdot m)$ 和车速 $v(km/h)$ 或滚筒转速 $n(r/min)$ 的数值。驱动轮输出功率 $P_k(kW)$ 为

$$P_k = \frac{F \cdot v}{3600} = \frac{M_b \cdot n}{9545} \tag{3-1}$$

三、驱动轮输出功率检测

1. 驱动轮输出功率的检测工况与环境条件

底盘测功的环境条件要求为:环境温度为 0～40℃;环境湿度小于 85%;大气压力为 80～100kPa。

根据《汽车动力性台架试验方法和评价指标》(GB/T 18276—2000)的规定,在底盘测功机上检测驱动轮输出功率时,检测工况为汽车额定转矩和额定功率工况,即发动机为全负荷,发动机额定转矩转速和额定功率转速所对应的直接挡(无直接挡时,指传动比最接近于 1 的挡)车速构成的工况。

2. 实测驱动轮输出功率

实测驱动轮输出功率指在实际环境状态下,利用底盘测功机测得的汽车驱动轮的输出

功率。

3. 驱动轮输出功率的校正。

发动机额定功率为在标准环境状态和额定转速下输出的功率。标准环境状态为：大气压 $P=100\mathrm{kPa}$；相对湿度为30%；环境温度 $T=298\mathrm{K}(25℃)$；干空气压 $P=99\mathrm{kPa}$。其中：干空气压是基于总气压 $100\mathrm{kPa}$ 经计算而得到的。

因实际测试环境与标准环境差别较大，在不同测试环境下测得的驱动轮输出功率将明显不同。因此，须将驱动轮输出功率实测值校正为标准环境状态下的功率，以保证汽车驱动轮功率检测结果的可靠性。其校正公式为

$$P_0 = \alpha \cdot P$$

式中：P_0——校正功率，即标准环境状态下的功率，kW；

α——校正系数，汽油机 α_a、柴油机 α_d 可用计算法或图表法求得；

P——实测功率，kW。

(1) 汽油车驱动轮输出功率校正系数 α_a。

计算公式为

$$\alpha_a = \left(\frac{99}{p_s}\right)^{1.2} \cdot \left(\frac{T}{298}\right)^{0.6} \tag{3-2}$$

$$p_s = p - \phi \cdot p_{sw} \tag{3-3}$$

式中：p_s——试验时的干空气压，kPa；

T——试验时的环境温度，K；

p——测试环境下的大气压，kPa；

ϕ——测试环境下的大气湿度，%；

p_{sw}——测试环境下的饱和蒸气压，kPa。

(2) 柴油车驱动轮输出功率校正系数 α_d。

计算公式为

$$\alpha_d = (f_a)^{f_m} \tag{3-4}$$

$$f_a = \left(\frac{99}{p_s}\right)^{1.2} \cdot \left(\frac{T}{298}\right)^{0.7} \tag{3-5}$$

$$f_m = \frac{0.036 \cdot g_c}{r - 0.04} \tag{3-6}$$

式中：f_a——大气因子；

f_m——发动机因子；

g_c——矫正的比排量循环供油量，mg/(L·循环)；

r——增压比，压缩机出口压力与进口压力之比（自然吸气发动机 $r=1$）。

4. 计算校正驱动轮输出功率与相应发动机输出总功率的百分比

采用规定工况下校正驱动轮输出功率与相应发动机输出总功率的百分比来评价汽车的动力性，即

$$\eta_{VM} = \frac{P_{VMO}}{P_M} \tag{3-7}$$

$$\eta_{VP} = \frac{P_{VPO}}{P_e} \tag{3-8}$$

式中：η_{VM}——汽车在额定转矩工况下的校正驱动轮输出功率与额定转矩时发动机功率的百分比，%；

η_{VP}——汽车在发动机额定功率工况下的校正驱动轮输出功率与额定功率的百分比，%；

P_{VMO}——汽车在发动机额定转矩工况下的校正驱动轮输出功率，kW；

P_{VPO}——汽车在发动机额定功率工况下的校正驱动轮输出功率，kW；

P_M——发动机在额定转矩工况下的输出功率，kW；

P_e——发动机的额定输出功率，kW。

5. 在用汽车动力性的评价

驱动轮输出功率的检测值取决于发动机输出功率、传动系统传动效率、滚动阻力损失功率和底盘测功机传动效率等因素。由于受滚筒表面曲率的影响，驱动轮在测功机滚筒上滚动时的滚动阻力比在良好路面上行驶时的滚动阻力大，所消耗的功率可达所传递功率的15%~20%。在传动系统技术状况良好的情况下，汽车传动系统的功率损失占发动机输出功率的10%~20%。

把汽车在规定检测工况下的校正驱动轮输出功率与相应发动机输出总功率的百分比与标准进行比较可以评价在用汽车的动力性。

根据《汽车动力性台架试验方法和评价指标》(GB/T 18276—2000)，在用汽车动力性应满足的条件为

$$\eta_{VM} \geq \eta_{Ma} \quad 或 \quad \eta_{VP} \geq \eta_{Pa}$$

式中：η_{Ma}——汽车在发动机额定转矩工况下的校正驱动轮输出功率与额定转矩时发动机功率的百分比的允许值，%；

η_{Pa}——汽车在发动机额定功率工况下的校正驱动轮输出功率与发动机额定功率的百分比的允许值，%。

根据《道路运输车辆综合性能要求和检验方法》(GB 18565—2016)，从事道路运输经营的车辆，其动力性以 GB/T 18276—2000 中规定的驱动轮轮边稳定车速进行评价，即额定功率工况下，驱动轮轮边稳定车速应不小于额定功率车速，如式(3-9)所示。

$$V_W \geq V_e \tag{3-9}$$

式中：V_W——驱动轮轮边稳定车速，km/h；

V_e——额定功率车速，km/h。

额定转矩工况下，驱动轮轮边稳定车速应不小于额定转矩车速，如式(3-10)所示。

$$V_W \geq V_m \tag{3-10}$$

式中：V_W——驱动轮轮边稳定车速，km/h；

V_m——额定转矩车速，km/h；

驱动轮轮边稳定车速——在额定功率（或额定转矩）工况和规定的负荷下，驱动轮轮边的稳定线速度。

四、汽车加速能力和滑行能力检测

用台架试验检测汽车加速能力和滑行距离时，其测试精度首先取决于飞轮机构、滚筒装置及其他旋转部件的旋转动能与汽车行驶动能的接近程度。

道路试验时,车速与汽车动能的关系为

$$A = \frac{1}{2}mv^2 + \frac{1}{2}(J_k + J_r)\omega^2 + A_0 \tag{3-11}$$

式中:m——汽车质量,kg;
　　　ω——车轮角速度,rad/s;
　　　J_k——前车轮转动惯量,kg·m^2;
　　　J_r——后车轮转动惯量,kg·m^2;
　　　A_0——汽车传动系统旋转动能,J。

台架试验时,汽车及滚筒、飞轮机构和其他主要旋转零件具有的动能 A' 为

$$A' = \frac{1}{2}J\omega_f^2 + \frac{1}{2}J_0\omega_0^2 + \frac{1}{2}J_h\omega_h^2 + \frac{1}{2}J_r\omega^2 + A_0$$

式中:J——飞轮转动惯量,kg·m^2;
　　　ω_f——飞轮角速度,rad/s;
　　　J_0——滚筒转动惯量,kg·m^2;
　　　ω_0——滚筒角速度,rad/s;
　　　J_h——测功器转子转动惯量,kg·m^2;
　　　ω_h——转子角速度,rad/s。

令 $A = A'$,$\dfrac{\omega_0}{\omega} = \dfrac{r}{r_0} = K_0$,$\dfrac{\omega_f}{\omega_0} = K_f$,$\dfrac{\omega_h}{\omega_0} = K_h$ 注意到:$v = r \cdot \omega$,则飞轮机构的转动惯量应满足

$$J = \frac{mr^2 + J_k - J_0 K_0 - J_h K_h^2 K_0^2}{K_f^2 K_0^2} \tag{3-12}$$

式中:r、r_0——车轮滚动半径、滚筒半径,m;
　　　K_0——滚筒与车轮间速比;
　　　K_f——飞轮与滚筒间速比;
　　　K_h——测功机转子与滚筒间速比。

汽车在底盘测功机上试验时,驱动轮驱动滚筒旋转但整车处于静止状态。要测试汽车在一定速度区间内的加速时间,必须以具有相应转动惯量的飞轮机构模拟汽车行驶时的动能。汽车在滚筒上加速时,滚筒及飞轮机构转速的提高使滚筒及飞轮机构的旋转动能相应增加,从而消耗驱动轮输出功率,表现为汽车的加速阻力。滚筒圆周速度从某一值上升到另一值的时间与汽车路试时在相应速度区间的加速时间相对应。加速时间的长短则反映其加速能力的大小。

滑行距离指汽车加速至某一预定车速后挂空挡,利用汽车具有的动能来行驶的距离。同理,以汽车底盘测功机滚筒机构作为活动路面,由于滚筒装置和飞轮机构具有的动能与汽车道路试验时具有的动能相等,因此摘挡滑行后,储存在滚筒装置、飞轮机构中的动能释放出来驱动汽车驱动轮和传动系统旋转,滚筒继续转过的圆周长度与汽车路试时的滑行距离相对应。

汽车在底盘测功机滚筒上作滑行试验时,滚动阻力与道路试验时的滚动阻力有一定差别。用底盘测功机检测滑行距离时应遵循的要求为:汽车轮胎气压应符合规定值,传动系统润滑油油温不低于50℃;同时,应根据测试汽车的基准质量选定底盘测功机飞轮的相应当量

惯量,当底盘测功机所配备的飞轮系统的惯量级数不能准确满足测试汽车的当量惯量需要时,可选配与测试汽车整备质量最接近的转动惯量级,但应对检测结果作必要的修正;将试验车辆驱动轮置于底盘测功机的滚筒上,起动汽车,按引导系统提示加速至高于规定车速(30km/h)后,置变速器于空挡,利用汽车试验台系统存储的功能,使其运转直至车轮停止转动;记录汽车从 30km/h 开始的滑行距离。测得的滑行距离应满足的规定值见表 3-1。

车辆滑行距离规定值　　　　　表 3-1

汽车整备质量 M(kg)	双轴驱动车辆的滑行距离(m)	单轴驱动车辆的滑行距离(m)
M<1000	≥104	≥130
1000≤M≤4000	≥120	≥160
4000≤M≤5000	≥144	≥180
5000≤M≤8000	≥184	≥230
8000≤M≤11000	≥200	≥250
M>11000	≥214	≥270

第二节　汽车传动系统的检测与诊断

传动系统是汽车底盘的主要组成部分,一般由离合器、变速器、传动轴、主传动轴、差速器和半轴等构成。越野车、工程车和特殊用途车等还包括分动器,其作用是把发动机输出的动力传给驱动轮。

传动系统技术状况不良,将使汽车的动力性、燃油经济性和滑行性能变差;同时,起步能力变坏和超车能力不足易造成安全行车隐患;离合器、变速器等主要部件性能不良,对汽车的操纵方便性也有极大影响。

一、传动系统的基本要求

根据《机动车运行安全技术条件》(GB 7258—2017),汽车传动系统应满足如下要求。

1. 离合器

(1)机动车的离合器应接合平稳,分离彻底,工作时不应有异响、抖动或不正常打滑等现象。

(2)踏板自由行程应与该车型的技术要求一致。

(3)离合器彻底分离时,踏板力不应大于 300N(拖拉机运输机组不应大于 350N),手握力不应大于 200N。

2. 变速器和分动器

(1)换挡时齿轮应啮合灵便,互锁、自锁和倒挡锁装置应有效,不得有乱挡和自行跳挡现象;运行中应无异响;换挡杆及其传动杆件不应与其他部件干涉。采用自动变速器的机动车,应通过设计保证只有当变速器换挡装置处于驻车挡("P"挡)或空挡("N"挡)时方可起动发动机(具有自动起停功能时在驱动挡"D"挡也可起动发动机);变速器换挡装置换入或经过倒车挡("R"挡),以及由驻车挡("P"挡)位置换入其他挡位时,应通过驾驶人的不同方向的两个动作完成。

(2)在换挡装置上应有驾驶人在驾驶座位上即可容易识别变速器和分动器挡位位置的标志。如换挡装置上难以布置,则应布置在换挡杆附近易见部位或仪表板上。

(3)有分动器的机动车,应在挡位位置标牌或产品使用说明书上说明连通分动器的操作步骤。

(4)如果电动汽车是通过改变电动机旋转方向来实现倒车行驶,且前进和倒车两个行驶方向的转换仅通过驾驶人的一个操作动作来完成,应通过设计保证只有在车辆静止或低速时才能够实现转换。

3. 传动轴

传动轴在运转时不得发生振抖和异响,中间轴承和万向节不得有裂纹和/或松旷现象。发动机前置后驱动的客车的传动轴在车厢地板的下面沿纵向布置时,应有防止传动轴滑动连接(花键或其他类似装置)脱落或断裂等故障而引起危险的防护装置。

4. 驱动桥

驱动桥壳、桥管不得有变形和裂纹,驱动桥工作应正常且不得有异响。

5. 超速报警和限速功能

车长大于或等于6m的客车应具有超速报警功能,当行驶速度超过允许的最大行驶速度(允许的最大行驶速度应小于或等于100km/h)时,能通过视觉或声觉信号报警。公路客车、旅游客车和危险货物运输车及车长大于9m的未设置乘客站立区的公共汽车应具有限速功能,否则应配备限速装置。限速功能或限速装置应符合GB/T 24545—2009《车辆车速限制系统技术要求》的要求,且限速功能或限速装置调定的最大车速对公路客车、旅游客车和未设置乘客站立区的公共汽车不得大于100km/h,对危险货物运输车不得大于80km/h。专用校车应安装符合GB/T 24545—2009《车辆车速限制系统技术要求》要求的限速装置,且调定的最大车速不得大于80km/h。

6. 车速受限车辆的特殊要求

低速汽车、轻便摩托车、正三轮摩托车、拖拉机运输机组等车速受限车辆应在设计及技术特性上确保其实际最大行驶速度在满载状态下不会超过其最大设计车速,在空载状态下不会超过其最大设计车速的110%。(注:实际最大行驶速度是指车辆在平坦良好路面行驶时能达到的最大速度。)

《道路运输车辆综合性能要求和检验方法》(GB 18565—2016)中,对从事道路运输营运的车辆的传动系统的技术要求和检验方法如下。

(1)GB 18565—2016技术要求:离合器接合平稳、分离彻底、操作轻便,工作时无异响、打滑、抖动和沉重等现象;变速器操纵轻便、挡位准确,无异响和滴漏油现象;传动件运转时,传动轴、主减速器和差速器不应有异响;万向节、中间轴承无松旷、无裂纹。

(2)GB 18565—2016检验方法:包括离合器、变速器及传动件异响的检查和万向节与轴承、变速器的密封性检查。

①离合器、变速器及传动件异响的检查包括:

a. 进行换挡操作,检查离合器接合是否平稳、分离是否彻底、操作是否轻便,有无异响、打滑、抖动和沉重等现象。

b. 进行换挡操作,检查变速器操纵是否轻便、挡位是否准确,有无异响。

c. 检查传动轴、主减速器和差速器有无异响。

②万向节与轴承、变速器的密封性检查需要在地沟内进行,包括:

a. 晃动传动轴,检视万向节、中间轴承有无松旷及可视的裂损。

b. 检视变速器有无滴漏油现象。

传动系统技术状况检测有经验检测法和仪器检测法两类。经验检测法是从有关规定和所测车型的有关技术数据出发,通过观察和实际操作,按一定步骤凭经验检测传动系统技术状况,如离合器踏板自由行程,变速器漏油、异响、跳挡、乱挡等。某些检测项目也可采用仪器检测。以下主要介绍利用仪器对传动系统技术状况进行检测的方法。

二、传动效率检测

汽车传动系统的功率损失可在具有反拖装置的底盘测功机上对其进行反拖试验而测得;根据所测得的驱动轮输出功率和传动系统功率损失,可换算出汽车传动系统的传动效率。在具有储能飞轮的底盘测功机滚筒上进行滑行试验,可测得汽车的滑行距离,可间接反映汽车传动系统传动阻力和功率损失的大小,并间接评价汽车传动系统的传动效率。

传动功率损失、传动效率和滑行距离可反映汽车传动系统的综合技术状况,但不能评价传动系统各组成部分的技术状况。

1. 检测原理

发动机发出的功率 P_e 经传动系统传至驱动轮的过程中,若传动系统损失的功率为 P_T,则传动系统的传动效率为 η_T

$$\eta_T = \frac{P_e - P_T}{P_e} \tag{3-13}$$

由式(3-11)知,只要测取 P_e 和 P_T,即可求出传动效率 η_T。在具有反拖装置的底盘测功机上,可间接测得 P_e 和 P_T。若设底盘测功机传动系统消耗功率为 P_c,驱动轮滚动阻力消耗为 P_f,实测驱动轮输出功率为 P,反拖传动系统的功率为 P_r,显然有 $P_r = P + P_f + P_c$,则可推得汽车传动系统传动效率的计算公式为

$$\eta_T = \frac{P + P_f + P_c}{P + P_r} \tag{3-14}$$

因此,利用底盘测功机在相同转速工况下,测取 P、P_r、P_f 和 P_c,即可求出传动系统传动效率 η_T。

2. 检测方法

在具有反拖装置的底盘测功机上,检测传动效率的方法如下:

(1) 测取驱动轮输出功率。将被测车辆驱动轮置于底盘测功机滚筒上,使汽车运转,在汽车和底盘测功机运转部件温度正常的情况下,重复三次测出规定挡位选定车速下的实测驱动轮输出功率 P。

(2) 测取反拖传动系统的功率。驱动轮输出功率测完后,发动机熄火,将变速器置于原挡位,踩下离合器踏板,起动底盘测功机反拖装置,以与检测 P 时相同的速度带动滚筒、驱动轮以及汽车传动系统转动,重复三次测出其反拖功率,该功率即为 P_r。

(3) 测取驱动轮滚动阻力和底盘测功机传动系统消耗的功率。测取 P、P_r 后,使底盘测

功机滚筒停转,拆下两侧驱动轮半轴,起动底盘测功机反拖装置,以与检测 P 时相同的速度带动滚筒和驱动轮转动,重复三次测出其反拖功率,该功率即为 $P_f + P_e$。对于轿车来说,由于驱动轮载荷与从动轮载荷相差不多,因此检测 $P_f + P_e$ 时,可在底盘测功机上用反拖从动轮的功率来代替 $P_f + P_e$,这样不需拆下驱动轮半轴,使检测方便、快捷。

(4)计算传动效率。将 P、P_r 和 $P_f + P_e$ 三次测取的均值代入式(3-14),求出传动效率 η_T。

3. 检测标准

传动系统传动效率的正常值见表3-2。若被检汽车传动系统传动效率低于正常值,则说明其传动系统消耗的功率过大,传动系统的技术状况较差。传动效率低的原因可能是传动系统部件装配调整不当、润滑不良所致。

汽车传动系统传动效率　　　　　　表3-2

汽车类型		传动效率 η_T
轿车		0.90~0.92
载货汽车和客车	单级主减速器	0.90
	双级主减速器	0.84
4×4越野汽车		0.85
6×4越野汽车		0.80

汽车传动系统损耗的功率主要集中在各运动件的摩擦损耗和搅油损耗上。为此,通过正确的调整和合理的润滑,机械传动效率会得到提高。新出厂或新竣工的大修车的机械传动效率并不是最高,只有传动系统进行走合运行后,配合副经摩擦后配合良好,使摩擦消耗减小,才使得机械传动效率达到最高状态。此后,随着车辆继续使用,由于磨损逐渐增大,配合情况逐渐恶化,造成摩擦损失不断增加,机械传动效率也就随之降低。所以,定期对车辆底盘测功,计算机械传动效率,能为评价底盘传动系技术状况提供重要依据。

三、传动系统游动角度检测

在汽车使用过程中,传动系统因传递动力,且配合表面或相啮合零件间有相对滑移而产生磨损,从而使间隙增大,如变速器、主传动装置、差速器中的齿轮啮合间隙,传动轴、半轴的花键连接间隙,十字轴颈与滚针轴承间的间隙及滚针轴承与万向节间的间隙等。这些间隙都可使相关零件间产生相对角位移或角间隙,其角间隙之和构成传动系统的总角间隙。

研究表明,传动系统各总成和机件的磨损与其间隙存在密切关系,总角间隙随汽车行驶里程近似呈线性增长。所以,总角间隙可作为诊断参数评价传动系统的技术状况。由于角间隙可分段检测,因此角间隙还可用于对传动系统有关总成或机件的技术状况进行检测。

传动系统角间隙检测所用仪器有指针式角间隙测量仪和数字式角间隙测量仪两种。

1. 指针式角间隙检测仪及检测方法

指针式角间隙检测仪由指针、指针式扭力扳手和刻度盘构成,如图3-6所示。使用时,指针固定在主传动器主动轴上,而刻度盘固定在主传动器壳体上,如图3-6a)所示。指针式扭力扳手钳口可卡在传动轴万向节上,扳手上带有刻度盘和指针,以便指示出测力扳手所施加的力矩。测量角间隙时,指针式扭力扳手应从一个极限位置转至另一个极限位置,施加力矩不应小于30N·m,角间隙的数值即为指针在刻度盘上的指示值。传动系统角间隙的检测可分段进行。

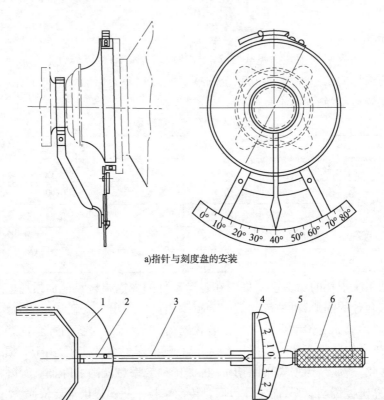

图3-6 指针式角间隙检测仪
1-卡嘴;2-指针座;3-指针;4-刻度盘;5-手柄;6-手柄套筒;7-定位销;8-可换钳口

(1)驱动桥角间隙检测。驱动桥角间隙包括主传动器、差速器和半轴花键处的角间隙。测试时,车轮处于制动状态,变速器挂空挡,指针式扭力扳手卡在主传动器主动轴的万向节上,使其从一个极限位置转至另一个极限位置,从刻度盘上读取角间隙值。

(2)万向传动装置的角间隙检测。万向传动装置角间隙的检测与驱动桥角间隙的检测方法基本相同,将指针式扭力扳手卡在变速器后端万向节主动叉处,左、右转至极限位置可测出万向传动装置和驱动桥角间隙的和,再减去驱动桥角间隙后即为万向传动装置角间隙。

(3)离合器和变速器各挡位的角间隙检测。放松制动踏板,离合器处于接合状态,指针式扭力扳手作用于变速器后端万向节主动叉上,即可测得不同挡位下从离合器至变速器输出轴的角间隙。

以上三段角间隙之和即为所检测的传动系统总的角间隙。

2. 数字式角间隙检测仪及检测方法

数字式角间隙检测仪由用电缆连接的倾角传感器和测量仪构成。倾角传感器的作用是将传感器感受到的倾角变化转变为线圈电感量的变化,从而改变检测仪电路的振荡频率。因此,传感器实际上是一个倾角—频率转换器。传感器外壳是一个上部带有 V 形缺口,并配有带卡扣尼龙带的长方形壳体,可方便的固定在传动轴上,检测时可与传动轴同轴摆动;传感器内部结构是一个中心插有弧形磁棒的线圈,如图 3-7 所示,其核心部件是弧形线圈、弧形磁棒和摆杆。弧形磁棒由摆杆和芯轴支承在夹板的两轴承上,可绕芯轴轴线转动。在重力作用下,摆杆始终偏离垂线某一固定角度 α。弧形线圈则固定在外壳中的夹板上,当外壳随传动轴摆动时,线圈也随之摆动,因而线圈与磁棒的相互位置发生变化,从而改变了线圈电感量及电路的振荡频率,振动频率的变化量则反映了传动轴的摆动量。

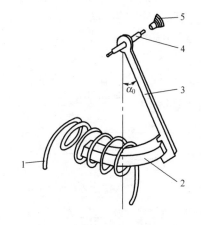

图 3-7 倾角传感器结构示意图
1-弧形线圈;2-弧形磁棒;3-摆杆;4-芯轴;5-轴承

当线圈作为检测仪振荡电路中的一个元件时,传动轴的摆动引起线圈电感量的变化,因此改变了电路的振荡频率。可见该仪器的核心部分是一个倾角—频率转换器。

数字式角间隙检测仪实际上是一台专用的数字式频率计,采用与传感器特性相应的门时并可初始置数,通过标定可直接显示出倾角大小。测量仪采用 PMOS 数字集成电路,由传感器输出的振荡信号经计数门进入主计数器,在初始置数的基础上累计脉冲数。计数结束后,在锁存器接收脉冲作用下,将主计数器的结果送入寄存器,并由荧光数码管将结果显示出来。使用时,把角间隙两个极端位置的倾角相减,其差值即为角间隙值。

在进行传动系统间隙角检测时,先将倾角传感器固定于传动轴上,用电缆把测量仪和传感器连接好并接好电源;然后按照使用说明书的要求对仪器进行自校,再讲转换开关拨到"测量"位置。

利用数字式角间隙检测仪检测传动系统角间隙时,也必须逐段检测。

(1)万向传动装置角间隙检测。驻车制动器处于制动状态,传动轴转至驱动桥角间隙中间位置(驱动桥角间隙一般远大于其他部位的角间隙),把传感器固定在传动轴上,左、右旋转传动轴至极端位置,测量仪便显示出在该两个位置时传感器的倾斜角度,两个角度之差即为万向传动装置的角间隙。

(2)离合器和变速器各挡位的角间隙检测。接合离合器,变速器挂入预选挡位,放松驻车制动器操纵杆,传动轴位于驱动桥角间隙中间位置,左、右转动传动轴至极限位置,测量仪显示出的该两位置时传感器倾斜角之差减去已测得的万向传动装置角间隙,即为从离合器至变速器输出轴的角间隙。

(3)驱动桥间隙检测。放松驻车制动器操纵杆,变速器挂入空挡,行车制动器处于制动状态时,左、右旋转传动轴至极限位置,测量仪上所显示两角度之差则为驱动桥角间隙与传动轴至驱动桥间万向节角间隙之和。

对于多桥驱动的汽车,分别将传感器固定在变速器与分动器之间的传动轴、前桥传动轴、中桥传动轴和后桥传动轴上,可以检测每段传动轴的角间隙。

在测量仪上读取数值时应注意,显示的角度值在 0°~30°内有效,出现大于 30°的情况,可将固定在传动轴上的传感器适当转过一定角度。若其中一极限位置为 0°,另一极限位置超过 30°,说明该段间隙角已大于 30°,超出了仪器的测量范围。

3.诊断参数标准

目前,我国尚无间隙角的诊断参数标准,根据国外参考资料,中型载货汽车传动系统间隙角及各分段间隙角度不应大于表 3-3 所列数据。

传动系统角间隙参考数据　　　　　　　　　表3-3

部 位	间 隙 角（°）
离合器与变速器	≤5~15
万向传动装置	≤5~6
驱动桥	≤55~65
传动系统	≤65~86

四、传动系统常见故障诊断

离合器的技术状况会随着汽车行驶里程的增加而逐渐变差,离合器常见故障有起步发抖、离合器打滑、离合器分离不彻底、离合器异响等。

（一）离合器常见故障诊断

1.离合器打滑

1）故障现象

汽车低速挡起步时,离合器接合后,汽车仍不起步或起步很不灵敏;汽车加速行驶时,行驶车速不能随发动机转速提高而提高,且伴有离合器发热、异味等现象。离合器打滑的故障现象主要变现为以下几点:

(1)汽车起步困难。

(2)汽车加速行驶时,车速不能随发动机转速的升高而升高,感到行驶无力。

(3)汽车满载上坡行驶时深感动力不足。

(4)汽车行驶过程中伴随有离合器发热、产生糊味或冒烟等现象。

(5)在拉紧驻车制动器操纵杆的情况下,汽车低挡起步时发动机不熄火。

2）故障原因

离合器打滑的根本原因是压盘不能牢固地压在从动盘摩擦片上,或摩擦片与压盘及飞轮之间的摩擦系数减小,造成离合器摩擦力矩不足,其原因如下。

(1)离合器操纵系统调节不当,使离合器踏板没有自由行程。

(2)从动盘的摩擦片、压盘或飞轮严重磨损,导致分离轴承压在分离杠杆上,导致离合器踏板没有自由行程。

(3)从动盘的摩擦片油污、烧焦、表面硬化、表面不平或铆钉头露出,使离合器摩擦副的摩擦系数减小。

(4)离合器的压力弹簧(包括膜片压力弹簧)退火、疲劳、弹力不足或断(开)裂。

(5)离合器盖与飞轮之间加有调整垫片或两者的固定螺钉松动。

(6)压盘、飞轮、从动盘变形,所能传递的转矩下降。

(7)分离轴承运动受阻而不能回位。

3)故障诊断方法

汽车静止时,分离离合器,起动发动机,拉紧驻车制动器操纵杆,把变速器换入一挡,缓抬离合器踏板使离合器逐渐接合,同时踩下加速踏板,若发动机无负荷感,汽车不能起步,发动机又不熄火,说明离合器打滑;汽车在行驶中,急踩加速踏板,若发动机转速提高而车速不变,则表明离合器钉滑。当离合器打滑时,可按下述方法诊断故障的具体原因。

(1)检查离合器踏板自由行程。若无自由行程,则应检查离合器操纵系统是否调整不当,踏板复位弹簧是否疲劳或折断,踏板操纵杆系是否卡滞,分离轴承是否不能复位,分离杠杆内端是否调整过高。若自由行程正常,则进行下一步检查。

(2)检查从动盘摩擦片。拆下离合器壳底板,挂空挡并踩下离合器踏板,转动从动盘摩擦片查看是否有烧损、硬化、铆钉外露或油污等现象。若有,则应更换从动盘摩擦片;若从动盘摩擦片完好,则进行下一步检查。

(3)拆下离合器检查。检查压紧弹簧是否变形损坏或弹力不足,检查压盘、飞轮、从动盘是否变形,以确定故障部位。

4)离合器滑转的仪器检测

离合器滑转指离合器接合传力时,离合器从动盘摩擦片在压盘与飞轮之间滑动的现象。汽车在使用过程中,经常需要踩下和松开离合器踏板,使离合器分离与接合。因此,离合器的技术状况会随汽车行驶里程的增加而逐步变坏,严重时会造成离合器打滑、分离不彻底、发响和抖动等异常现象,使离合器不能正常工作。

离合器滑转(俗称打滑)使发动机动力不能有效地传递至驱动轮,汽车动力性下降,摩擦片磨损严重,影响汽车的正常行驶。如:汽车起步困难;加速时,车速不能随发动机转速的提高而迅速上升;负载上坡传递大转矩时,离合器滑转更为明显,严重时会烧坏摩擦片。

采用离合器滑转测定仪可对离合器滑转进行检测,该仪器由透镜、闪光灯、高压电极、电容、电阻等构成,以汽车蓄电池作为电源,以发动机的点火脉冲作为闪光灯触发信号,如图3-8所示。离合器滑转测定仪的基本工作原理是频闪原理,即如果在精确的确定时刻,相对转动零件的转角照射一束短暂(约1/5000s)的频率与转动零件的旋转频率相同的光脉冲时,由于人们的视觉暂留现象,似乎觉得零件静止不动。检测离合器滑转时,可把驱动轮置于底盘测功机或车速表试验台滚筒上,或支起驱动桥;汽车变速器挂直接挡,起动发动机并使之稳定运转。此时,若离合器不滑转,发动机转速与传动轴转速相同。为增大离合器滑转的概率,在检测过程中,可用行车制动器或驻车制动器增大传动系统负荷和离合器所传递的转矩。离合器滑转测定仪由发动机火花塞或1缸点火高压线通过电磁感应给测定仪的高压电极输入信号脉冲,以控制闪光灯的闪光时刻。因此,闪光灯的闪光频率与发动机转速成正比。若把闪光灯发出的光脉冲投射到传动轴某一点,当传动轴与发动机转速相同时,光脉冲每次都照射该点的位置不变,使人感到传动轴并不旋转。离合器滑转时,传动轴转速比发动机转速慢,光脉冲每次照射点均位于上次照射点的前部,位置发生变化,使人感觉着传动轴慢慢向相反方向转动,转动的快慢即可反映离合器滑转的严重程度。

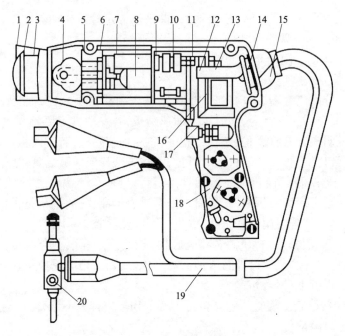

图 3-8　离合器滑转测定仪

1-卡环;2-透镜;3-框架;4-闪光灯;5-护板;6、9、11、12、18-隔板;7-电阻器;8、10-电容器;13-二极管;14-支持器;15-座套;16-变压器;17-开关;19-导线;20-传感器

2. 离合器起步发抖

1) 故障现象

汽车起步出现振抖,起步伴有轻微冲撞,不能平顺起步,严重时甚至全车抖动。

2) 故障原因

其根本原因是从动盘摩擦片表面与压盘表面、飞轮接触表面不能同时进入接触,接触表面间正压力分布不均,使得主、从动盘接触不平顺引起发抖。具体原因如下:

(1) 从动盘或压盘翘曲变形,飞轮工作端面的轴向圆跳动超标。

(2) 从动盘上的缓冲片破裂、减振弹簧疲劳或折断。

(3) 从动盘的摩擦片厚度不均、表面硬化、表面不平、铆钉头漏出、铆钉松动或切断。

(4) 分离杠杆调整不当或变形,各分离杠杆内端的后端面不在同一平面。

(5) 压紧弹簧弹力不均匀,个别弹簧折断或弹力减弱。

(6) 发动机支架、飞轮、离合器壳或变速器固定螺钉松动。

(7) 从动盘毂花键槽与变速器第一轴花键齿磨损过甚、间隙过大。

3) 故障诊断方法

使发动机怠速运转,挂低速挡,缓慢放松离合器踏板并轻踏加速踏板,使汽车起步,若有振动感即为离合器发抖。当离合器发抖时,可按下述方法诊断故障的具体原因。

(1) 检查分离杠杆内端的后端面是否在同一平面。如不在同一平面,则会使主、从动盘接触不平顺引起离合器振动,应按规定进行调整。

(2) 检查发动机前后支架、变速器与飞轮壳、飞轮与离合器盖的紧固螺栓是否松动。如松动,则离合器接合时的冲击载荷会引起松动部件的振动,应按规定力矩拧紧。

(3)若上述情况良好,则应拆卸离合器,检查压盘及从动盘是否翘曲、摩擦片是否破裂、厚度不均、表面不平、铆钉松动,压紧弹簧或膜片弹簧是否断裂,减振弹簧是否失效,从动盘毂花键槽与变速器第一轴花键齿配合是否松旷等。

3. 离合器分离不彻底

1)故障现象

离合器分离不彻底是指在离合器踏板踩到底时,离合器处于半接合状态,其从动盘没有完全与主动盘分离的现象。离合器分离不彻底的故障现象主要表现为以下几点。

(1)发动机怠速运转,踩下离合器踏板挂挡时,挂挡困难且有齿轮撞击声。

(2)情况严重时,原地挂挡后发动机熄火。

(3)汽车在行驶过程中换挡困难且有齿轮撞击声。

2)故障原因

离合器分离不彻底的根本原因是离合器踏板踩到底时,其压盘离开从动盘的移动量过小,或离合器主、从动件变形导致压盘与从动盘摩擦片有所接触不能分离。其具体原因如下。

(1)离合器踏板自由行程太大,使踏板工作行程变小。

(2)离合器分离杠杆调整不当,使分离杠杆内端高度太低或内端不在平行于飞轮的同一平面上。

(3)压盘受热变形,翘曲超限。

(4)从动盘翘曲变形、铆钉松动或摩擦片破裂。

(5)从动盘沿花键轴的轴向移动不灵活。

(6)液压传动离合器的液压传动系统漏油、油液不足或液压管道内有空气。

(7)双片离合器中间压盘调整不当,中间压盘个别支撑弹簧疲劳或折断,中间压板轴向移动不灵活。

3)故障诊断方法

先将变速器处于空挡,使发动机运转,再踩下离合器踏板,进行挂1挡试验。若换挡困难并伴有齿轮撞击声,强行挂入挡位后汽车前冲,发动机熄火,则说明离合器分离不彻底。当离合器分离不彻底时,可按下述方法诊断故障的具体原因。

(1)检查离合器操纵机构是否卡滞,传动是否失效,工作是否正常。

(2)检查离合器踏板自由行程。若自由行程过大,则调整离合器自由行程至正常值,然后起动发动机检验调整后的状况。此时若离合器工作正常,则说明其故障原因是离合器踏板自由行程过大。若自由行程正常,则进行下一步检查。

(3)检查分离杠杆内端的后端面是否在同一平面。用手扳动分离拨叉,使分离轴承前端轻轻靠在分离杠杆内端。转动离合器一周,察看其接触情况。若只有部分分离杠杆内端与分离轴承接触,则离合器分离时,其压盘会失去对于飞轮的平行状态,从而造成离合器分离不彻底。此时,需重新调整分离杠杆。若各分离杠杆内端的后端面在同一平面则进行下一步检查。

(4)检查分离杠杆内端高度是否过低。若过低,则故障可能由此引起,其原因是分离杠杆内端高度调整不当或磨损过甚,应重新调整分离杠杆。

(5)对于双片式离合器,还应检查中间压盘的分离情况。若在离合器分离过程中,中间压盘及其从动盘无轴向活动量,说明故障在此,应重新调整。若调整后故障仍未排除,则可能是中间压盘支撑弹簧折断、过软或中间压盘本身轴向移动卡滞所造成。

(6)经上述检查和调整后,若离合器分离仍不彻底,则可能原因是:从动盘翘曲变形严重、从动盘铆钉松脱、摩擦片松动、从动盘摩擦片过厚、从动盘花键滑动卡滞。

(7)对于离合器液压操纵机构,若在排除空气和添足油液后,离合器能分离彻底,则故障原因是液压操纵机构内有空气或油液不足,导致踩离合器踏板无力,有效行程减小。

4. 离合器异响

1)故障现象

离合器分离或接合时发出不正常响声。

2)故障原因

离合器产生异响的根本原因在于离合器部分零件严重磨损,及主、从动件传力部位松旷。当离合器主、从动件接合或分离的瞬间,由于惯性冲击的作用,在松旷处造成金属零件之间不正常摩擦或撞击而产生异响,具体原因如下:

(1)分离轴承磨损严重、损坏或缺少润滑剂。

(2)分离轴承与分离杠杆内端间隙太小,运转中二者之间时有碰撞现象。

(3)分离轴承套筒与其导管之间油污、尘腻严重或分离轴承复位弹簧、离合器踏板复位弹簧脱落、疲劳、折断使分离轴承复位不佳,与分离杠杆内端有碰擦现象。

(4)分离杠杆与离合器盖的连接松旷或分离杠杆支撑弹簧疲劳、折断、脱落。

(5)双片式离合器中间压盘的传动销与销孔磨损松旷。

(6)从动盘毂花键槽与变速器第一轴花键齿磨损松旷。

(7)从动盘铆钉头外露、钢片断裂、减振弹簧折断或失效。

3)故障诊断方法

(1)在变速器挂入空挡、发动机怠速运转时,控制离合器踏板,利用离合器分离与接合时发出的响声诊断异响部位。

①踏下离合器踏板少许,使分离杠杆与分离轴承接触。若听到有"沙沙"的响声,则为分离轴承响;若润滑分离轴承后仍然发响,则说明轴承磨损松旷。若连续踩下离合器踏板,并略提高发动机转速,如金属摩擦的响声增大,则说明分离轴承损坏。

②将离合器踏板踩到底时,若听到一种"咔啦、咔啦"的响声,并且当反复改变发动机转速时,其响声会更明显;而松开离合器踏板后,其响声消失。对于双片式离合器来说,其异响多为中间压盘销孔与传动销磨损松旷撞击所致;而对于单片式离合器,其异响多为离合器压盘与盖配合传力处松旷撞击所致。

(2)在汽车起步时,控制离合器踏板,根据离合器发出的响声诊断其故障部位。

①逐渐放松离合器踏板,在离合器将要接合时听到尖锐啸叫,随即踏下离合器踏板,响声消失,放松离合器踏板响声又出现,这是从动盘钢片破碎或铆钉头外露刮碰压盘或飞轮所致。

②松开离合器踏板,在离合器接合、汽车起步时,若发出金属撞击声,且重车起步时更为

明显,则为从动盘毂花键槽与变速器输入轴花键齿配合松旷,或从动盘减振器弹簧折断所致。

(二)手动变速器常见故障诊断

变速器在使用过程中,随着汽车行驶里程增长,变速器内部各零件的磨损、变形也随之增大,使各零部件的配合关系变差,使其技术状况逐渐变差,故障增多。手动变速器常见典型故障有漏油、变速器脱挡、变速器乱挡、变速器换挡困难和异响等。

1. 变速器跳挡

1)故障现象

汽车以某挡行驶时,变速杆自动跳到空挡位置,换挡啮合副自动脱离啮合状态。

2)故障原因

变速器跳挡的根本原因是换挡啮合副在传递动力时,产生的轴向力大于自锁装置的锁止力与齿面摩擦力之和,导致啮合副脱离啮合位置。其具体原因如下:

(1)自锁装置的凹槽和钢球严重磨损或自锁弹簧疲劳、断裂。

(2)换挡拨叉及拨叉轴磨损或弯曲变形严重,换挡拨叉与拨叉槽配合间隙过大。

(3)换挡齿轮、齿圈或齿套,在啮合部位磨损严重。

(4)变速器轴与轴承磨损导致松旷,壳体变形,啮合齿轮的轴线不平行。

(5)滑动齿轮与轴的花键磨损严重,配合间隙过大。

(6)变速器轴向间隙过大。

3)故障诊断

汽车在中、高速行驶时,采用突然加、减速的方法,使齿轮承受较大的交变负荷,检查是否跳挡;逐挡进行路试,若变速杆在某挡自动跳回空挡,即诊断该挡跳挡。具体诊断方法如下:

(1)检查该挡的自锁能力。用手扳动变速杆作挂、退挡的手感检查,若感觉阻力很小,则说明该挡位的自锁能力差,故障在自锁装置,如拨叉轴凹槽和钢球磨损严重或自锁弹簧疲劳、折断等。如自锁能力正常,则进行下一步检查。

(2)检查换挡齿轮的啮合。将变速杆重新挂入该挡,然后拆下变速器盖查看换挡齿轮的啮合情况。若换挡齿轮或齿套未完全啮合,则用手推动跳挡的齿轮和齿套,如能正确啮合,则故障为换挡拨叉及拨叉轴弯曲或磨损过大,换挡拨叉与拨叉槽配合间隙过大,换挡拨叉固定螺栓松动所致。若换挡齿轮啮合良好,则进行下一步检查。

(3)检查换挡齿轮的磨损情况。用手将换挡滑动齿轮或齿套退回空挡位置,检查其啮合部位沿齿长方向是否磨成锥形,若为锥形,则容易跳挡;若齿形良好,则进行下一步检查。

(4)检查换挡齿轮的配合间隙。用手晃动换挡齿轮,检查花键槽和花键的配合是否松旷,检查啮合齿轮的轴向、径向间隙是否过大,若配合松旷或间隙过大,则容易跳挡。若间隙正常,则进行下一步检查。

(5)检查变速器轴与轴承的磨损情况。当轴与轴承的磨损严重,轴向间隙过大时,则容易导致跳挡。当轴与轴承间隙正常时,则故障可能是变速器壳体变形、轴线不平行所致。

当出现变速器自动跳挡时,可按图3-9所示的检查路线进行诊断,确定故障的原因。然后,可根据表3-4的流程进行故障排除。

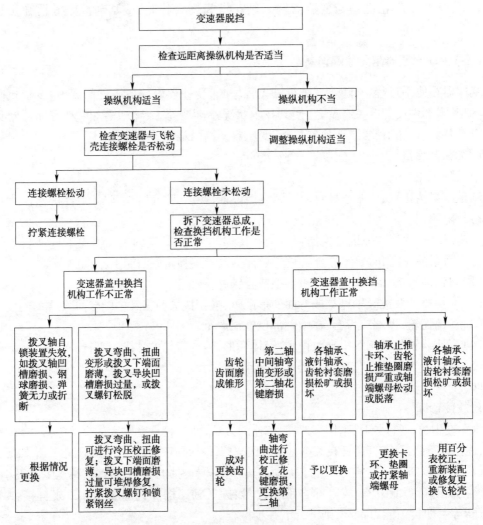

图 3-9　变速器脱挡的故障诊断流程图

变速器脱挡的故障排除方法　　　　　　　　　　　　　　　　　表 3-4

故障原因	排除方法
变速器远距离操纵机构,如拉杆长度、摆杆调整不当,使变速器内齿轮啮合长度不够,由于汽车行驶时的抖动和晃动引起脱挡	检查远距离操纵机构的拉杆长度是否合适,连接螺栓和接头是否松动,摇臂、摆杆运动行程是否足够,予以调整
变速器盖中拨叉轴自锁装置钢球、弹簧、拨叉轴凹槽磨损松旷,不能可靠地锁止,产生脱挡	拆下变速器盖,检查拨叉轴凹槽、钢球、弹簧是否磨损过量,根据检查结果,更换新件
拨叉弯曲变形,或拨叉导块凹槽磨损及拨叉下端面磨薄,使齿轮啮合的稳定性不好,造成脱挡	拨叉弯曲后进行校正,凹槽及拨叉下端面磨损可焊合后修复
拨叉固定螺钉脱落,齿轮前后窜动或晃动引起脱挡	拧紧拨叉螺钉,穿好锁止钢丝

续上表

故 障 原 因	排 除 方 法
变速器齿轮沿齿长度方向磨成锥形,齿轮啮合时产生轴向分力,当其大于自锁能力时,造成脱挡	成对更换齿轮
轴承磨损松旷,引起第二轴与中间轴轴线不平行,齿轮倾斜,啮合不良,产生脱挡	更换轴承
变速器第二轴与中间轴弯曲变形	冷压校正或更换新件
轴承止推卡环、齿轮止推垫圈磨损严重,轴端锁紧螺母松动或脱落	更换止推卡环、止推垫圈,拧紧轴端锁紧螺母
齿轮衬套及齿轮滚针轴承磨损松旷	更换零件
变速器与飞轮壳连接螺栓松动	拧紧连接螺栓

2. 变速器乱挡

1) 故障现象

在离合器彻底分离的情况下,挂挡时挂不上或要摘挡时摘不下;有时要挂某挡,结果挂在别的挡位上;有时同时挂上两个挡。

2) 故障原因

变速器乱挡的根本原因是变速杆与选挡装置的挡位不对应,其具体原因如下:

(1) 变速器互锁装置失效。

(2) 变速杆下端长度不足、下端工作面磨损过甚或变速叉轴导块的导槽磨损过大。

(3) 变速杆球头定位销松旷、折断或球、球头座磨损过大。

3) 故障诊断与排除

出现变速器乱挡故障时,可按图3-10所示检查路线进行诊断,确定故障原因;然后,按表3-5进行故障排除。

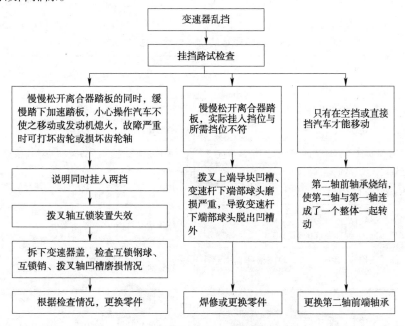

图3-10 变速器乱挡故障诊断流程图

变速器乱挡故障排除方法　　　　　　　　　　　　　表3-5

故 障 原 因	排 除 方 法
变速器盖中互锁装置失效,如互锁销、互锁钢球和拨叉轴上的互锁凹槽严重磨损,导致乱挡或同时挂入两挡	若发现挂入两挡,应小心谨慎操作。拆下变速器盖,检查互锁装置,更换新件
拨叉上端导块凹槽磨损过量,或变速杆下端球头磨损过度	堆焊修复或更换新件
第二轴前端轴承烧结,使第二轴与第一轴连成一体转动,变速器在空挡位置也能移动	更换第二轴前端滚针轴承

3. 变速器换挡困难

1)故障现象

不能挂入所需变速器挡位,或换挡时产生齿轮撞击声,而挂入后不易脱出。

2)故障原因

变速器换挡困难的根本原因是汽车换挡时待啮合齿的圆周速度不相等,或拨叉轴移动时的阻力过大。其具体原因如下:

(1)变速杆弯曲变形及操纵机构调整不当。

(2)拨叉弯曲、固定螺钉松脱、拨叉下端磨损严重,换挡杆头部、导块凹槽磨损过量。

(3)拨叉轴弯曲变形,拨叉轴与其导向孔的配合过紧。

(4)变速器自锁装置失效。

(5)具有同步器的变速器,同步套和同步键不良,弹簧弹力不足。

(6)严寒地区冬季,使用齿轮油牌号不正确,齿轮油产生凝固。

3)故障诊断

变速器换挡困难故障时,可按图3-11所示检查路线进行诊断,确定故障原因;按表3-6进行故障排除。

换挡困难的故障排除方法　　　　　　　　　　　　　表3-6

故 障 原 因	排 除 方 法
离合器分离不彻底导致挂挡困难	检查调整离合器
变速器远距离操纵机构调整不当,挂不上挡位	检查调整远距离操纵机构
变速器盖紧固螺栓松动	拧紧螺栓
自锁装置卡死,如拨叉与钢球锈蚀、钢球破裂、弹簧过硬,使拨叉轴不能轴向移动,造成挂挡困难	拆下变速器盖,检查拨叉轴的移动情况,根据检查结果进行修复或更换新件
拨叉轴弯曲变形,在变速器盖孔内移动困难,难以挂挡	校正或更换拨叉轴
拨叉弯曲变形或松脱,拨叉下端面严重磨损,使齿轮不能正确对位或脱开啮合,引起挂挡或摘挡困难	校正拨叉、堆焊下端面并修复,不能修复时应更换
变速杆下端部球头磨损,拨叉上端导块凹槽磨损引起换挡困难	修复或更换
同步器磨损严重,失去锁止作用,导致换挡困难	更换同步器
冬季使用齿轮油规格不正确,难以换挡	更换规定牌号的齿轮油

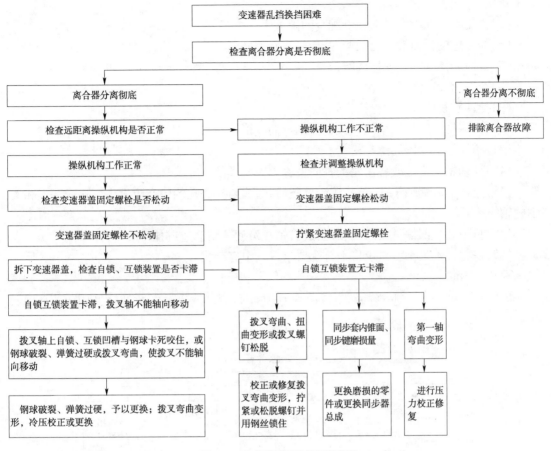

图 3-11 换挡困难故障诊断流程图

4．变速器异响

1）故障现象

变速器异响具有以下不同情形。

（1）空挡异响。发动机怠速运转时，变速器处于空挡时有异响，而踏下离合器踏板后响声消失。

（2）直接挡无异响，其他挡均有响声。

（3）低速挡时有异响，高速挡时响声消失或减轻。

（4）汽车行驶中个别挡有异响。

（5）汽车以在任一挡行驶时，变速器均有异响。车速越高，响声越大。

2）故障原因

变速器异响的根本原因是由于轴承磨损松旷和齿轮啮合失常或润滑不良所致。其具体原因如下：

(1) 第一轴前导轴承缺油。

(2) 轴承的滚珠圆度误差太大，滚道有麻点、脱层、伤痕，内、外滚道在轴上或壳体内转动。

(3) 滚动轴承的轴向间隙、径向间隙太大。

(4) 齿轮加工精度差或热处理工艺不当，造成齿轮径向圆摆差、端面圆摆差太大或齿形发生变化。

(5) 齿轮啮合间隙太大或花键配合间隙太大。

(6) 修复过的齿面没有对毛刺、凸起等进行修整。

(7) 齿面剥落、脱层、缺损或磨损过甚。

(8) 个别轮齿断裂。

(9) 换件修复中未成对更换齿轮。

(10) 第一轴、第二轴、中间轴或倒挡轴弯曲变形。

(11) 第二轴后端紧固螺母松动。

(12) 各轴轴向定位或各齿轮的轴向位置偏差太大。

(13) 壳体前后端轴承孔、镗孔镶套修复后,造成与相关孔的中心距发生变化或造成相关轴的轴线不平行。

(14) 自锁装置凹槽、钢球磨损过甚或自锁弹簧疲劳则会造成挂挡时越位。

(15) 齿轮轴不足、变质、规格不符合要求或油中有杂物。

3) 故障诊断

出现变速器换挡异响故障时,可按图 3-12 所示检查路线进行诊断,确定故障原因;按表 3-7 进行故障排除。

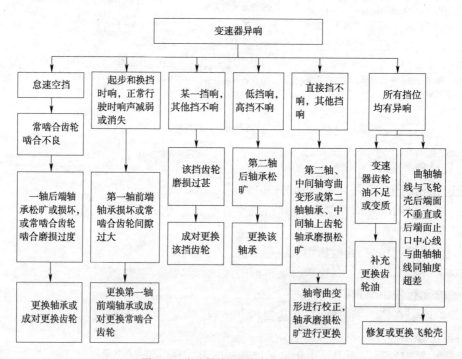

图 3-12 变速器异响的故障诊断流程图

变速器异响的故障诊断与排除　　　　表 3-7

故 障 原 因	排 除 方 法
变速器内齿轮油不足或齿轮油变质	检查齿轮油数量、质量,进行补充或更换
各连接部位螺栓松动	检查并拧紧螺栓

续上表

故障原因	排除方法
新更换的齿轮副不匹配	磨合或重新进行选配
常啮合齿轮磨损	更换常啮合齿轮
变速器齿轮磨损、齿隙过大	成对更换齿轮
变速器轴上轴承磨损或损坏	更换轴承
变速器第二轴、中间轴弯曲，引起两轴上齿轮间隙过大或过小	进行校正或更换
第二轴花键与滑动齿轮毂配合松旷	予以更换
变速器内掉入异物	检查并排除
拨叉弯曲或扭曲，使齿轮不能保持在正常位置上，发生齿轮端面与其他端面相摩擦	校正拨叉
飞轮壳后端面与曲轴轴线垂直度超差，飞轮壳后端面止口中心与曲轴同轴度超差	修复或更换飞轮壳体

5．变速器漏油

1）故障现象

变速器盖、侧盖、轴承盖和一、二轴回油螺纹或油封处有明显漏油痕迹。

2）故障原因

(1) 各接合平面变形、加工粗糙或密封垫片太薄、硬化或损坏。

(2) 变速器盖、侧盖、轴承盖等处固定螺钉松动或拧紧顺序不符合要求。

(3) 油封轴颈与油封不同轴或轴颈出沟槽。

(4) 油封装反或磨损、硬化，弹簧失效。

(5) 回油螺纹沟槽内沉积过多污物或有加工毛刺阻碍回油。

(6) 加注润滑油过多或通气孔堵塞。

(7) 加油口、放油口螺塞松动或螺纹损坏。

(8) 变速器壳体有铸造缺陷或裂纹。

3）故障诊断

变速器漏油故障表现在变速器内的齿轮油从上盖、前后轴承或其他部位渗、漏油。其原因和诊断方法见表3-8。

变速器漏油的故障原因和诊断　　　　表3-8

故障原因	排除方法
油面太高或品质不佳	放掉多余的油或更换新油
衬垫、油封磨损或损坏	更换衬垫、油封
轴承固定螺母松动	按规定力矩紧固
变速器壳体有裂纹	检修壳体

（三）自动变速器的检查

采用自动变速器实现自动换挡，是提高车辆使用性能和降低驾驶人劳动强度的有效措施。进入20世纪70年代后期,以微型计算机为控制核心的电控自动变速器得到了迅速发展。至20世纪90年代末期,美国已有98%的汽车装用了电控自动变速器,欧洲和日本也达到了80%的普及率,逐渐淘汰了液控自动变速器等其他类型的自动变速器。电控自动变速器一般由液力变矩器、行星齿轮变速器、液压机构、电控系统、冷却系统、工作液、壳体和手动操纵机构等组成。

自动变速器的检查试验分为基础检查、失速试验、挡位试验、液压试验和道路试验等,其目的是发现和找出存在的问题,确定故障所在部位。

1. 基础检查

对自动变速器进行故障诊断,首先,对自动变速器进行基本的检验与调整。在发动机工作正常、底盘性能良好,特别是制动性能良好的条件下进行;否则,有可能将发动机加速不良、车轮制动器拖滞等问题误判为自动变速器的故障。基础检验由下列项目组成。

1)自动变速器油液位检查

检查自动变速器油液位置是否在规定的范围和变速器油的状况。一般可用自动变速器上的油位刻度尺或其上的溢油孔进行检查。

若油面过低,应自加油管补充自动变速器油,直至油面高度符合标准为止。同时,使发动机运转,检查自动变速器油底壳、油管接头等处有无漏油。如有漏油,应立即予以修复。

自动变速器油的状态是自动变速器工作状态的集中反映,故应经常观察自动变速器油的颜色和气味的变化,并据此判断自动变速器油品质好坏和能否继续使用。表3-9列出了自动变速器油的状态与常见故障原因。

自动变速器油的状态与常见故障原因   表3-9

油液状态	原因及处理方法
透明、呈粉红色	正常
颜色发白、浑浊	油中含有水分。应检查密封件,特别是处于散热器下水室内的油液冷却器是否锈蚀腐烂
黑色、黏稠状、油尺上粘有胶质油膏	变速器油温过高
油液颜色呈深褐色、棕色	油液使用时间过长,更换新油;长期大负荷运转,或某些部件打滑、损坏,引起变速器过热
油中含有金属屑或黑色颗粒	离合器片、制动带、单向离合器磨损严重
油液有烧焦味	油温过高,油面过低;油液冷却器、滤清器或管路堵塞
油液从加油管溢出	油面过高;通气塞脏污、堵塞。进行清洁、疏通

油温是影响自动变速器油和自动变速器使用寿命的又一重要因素。影响油温的主要原因有液力变矩器故障,离合器、制动器打滑或分离不彻底,单向离合器打滑及油冷却器堵塞等。油温过高将使油液黏度下降、性能变坏,产生沉淀物和积炭,堵塞细小量孔,阻滞控制滑阀,降低润滑冷却效果,破坏密封件等,最终导致故障。

2)发动机怠速检验

发动机怠速不正常,会影响自动变速器的正常工作。若怠速过低,选挡手柄从"N"位换至"R""D""2"或"1"位时,会使汽车整车产生振动,严重时则在选挡手柄位置变换时,使发动机熄火;反之,若发动机怠速偏高,则会产生换挡冲击,引发异常的车辆蠕动。发动机怠速检验,即检查当自动变速器选挡手柄置于"N"位置时,发动机的怠速是否在规定的范围之内。通常,装有微机控制自动变速器的汽车发动机怠速转速为750r/min左右,怠速过高或过低均应调整。

怠速检验时,发动机应处于正常工作状况。待发动机温度达正常工作温度后,将自动变速器置于空挡,开始进行检查。

3)节气门阀拉索的检验

节气门阀拉索检验主要是检查表征发动机负荷大小的节气门开度,是否准确地反映到自动变速器内部的节气门阀处。即节气门阀能在拉索的带动下,随发动机节气门从最小开度准确地运动到最大开度。拉索检查主要是观察拉索有无破损、是否固定良好,与车身上的固定部分有无弯折,拉索的根部与变速器壳体之间的连接是否良好等。将加速踏板放松,使节气门处于怠速位置,然后,用手指按动拉索,检查节气门摇柄处的露出部分,拉索不能过紧或过松。

4)选挡机构的检查

选挡机构的作用是把操作者的意愿输送给变速器液压控制装置的选挡控制阀(手动阀),传递执行命令。若选挡控制阀处"挡位"不良,将使其后面所处的元件不能正常工作,变速器也就不能正常工作。选挡机构检查的方法有目视检查法、手柄试验法和断开分段检查法。

(1)目视检查法。通过眼睛观察选挡机构连接传动系统杆件等是否变形或与其他零件发生干涉,拉索是否弯曲、破损及折叠,各连接处是否固定良好、有无脱落等。

(2)手柄试验法。将选挡手柄分别按正常操作方法挂入每一个挡位,在操作的同时用手感来判断选挡机构工作是否正常。例如:手柄进入每个挡位时是否都灵活自如,挂挡时手柄移动阻力是否合适,进入挡位后手柄是否也位于正确位置,且手柄是否稳定在该位置而不会被轻易地移动。

(3)断开分段检查法。将选挡机构的某些连接部位断开,然后分段对各部分进行检查。不同车型的断开部位不同,但一般可采用两点断开式。即将选挡机构的信号传递系统从两处断开,分为3段,逐段进行检查。一个断开点在变速器转轴上的摇柄与传动拉索(或拉杆)的连接处,将此处断开后用手扳动转轴上的摇柄,检查是否每个挡位都能进入,且进入后能否被内部的锁止弹簧正确地锁住,在该位置能否轻易地被扳入其他位置。通过此检查可判断出故障发生在变速器内部还是在变速器外部。另一个断开点在选挡手柄杠杆末端与拉索(或拉杆)连接处,从此处断开后按正常操作,扳动手柄检查是否能正确完成选挡工作。

一般选挡机构的调节部位在变速器壳体外选挡转轴摇柄的连接处和选挡手柄杠杆末端与拉索(或拉杆)的连接处,主要类型有锁紧螺母式、环槽式和锁紧螺钉式。调节时,同时移动两只锁紧螺母,改变杆系中传动件之间的联系位置,即可实现对杆系位置的调节。

5)空挡起动开关检查

空挡起动开关检查的目的是核查该车的发动机是否仅在自动变速器选挡手柄处于"N"或"P"位时方可起动,以及倒车灯是否仅在选挡手柄置于"R"位时才接通,从而使倒车灯亮。检查时若发现发动机在选挡手柄被置于除"N"和"P"位以外的其他位置(如"D""2""1"位等)时也能起动,则应进行调整。如图3-13所示,拧松空挡起动开关螺栓,然后将选挡手柄设定在"N"位,再将空挡起动开关上的空挡基准线与凹槽对齐,并保持其位置不动,拧紧螺栓至规定力矩。

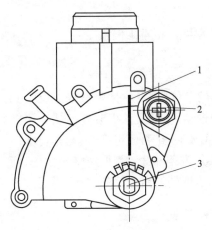

图3-13 空挡起动开关的调整
1-空挡基准线;2-螺栓;3-凹槽

6)超速挡控制开关检查

检查的目的主要是确认自动变速器超速挡是否正常。检查时自动变速器油温度应处于正常状态(70~80℃),然后发动机熄火,打开点火开关,按动超速挡(O/D)控制开关,察听位于变速器内的相应电磁阀有无动作时发出的"咔嗒"声,如有"咔嗒"声,则说明被检查自动变速器的超速挡电控系统工作正常。

7)强制降挡开关检查

检查主要包括传感电路部分,强制降挡开关安装位置,开关接通时节气门开度。一般强制降挡开关都安装在加速踏板下面的底板上或加速踏板杠杆上端的支架上。先检查强制降挡开关是否用锁紧螺旋副(或其他方式)良好地固定在底板或支架上,导线的连接是否良好。然后用万用表对线路的电阻和电压进行测量。正常情况下,开关的电阻值只有小阻值(3~10Ω)和大阻值(30Ω以上)两种状态。电压值则因车型不同而异,但开关接通与断开时电压值应有明显的改变才属于正常。

2. 道路试验

道路试验是驾驶汽车在道路上行驶,让故障重现,由此判断汽车技术状况的一种检验方法。道路试验用以检验各制动器、离合器是否打滑,并观察换挡情况,它是诊断、分析微机控制自动变速器故障的最有效手段之一。

在道路试验前,首先应对汽车外观及安全项目进行检查,并对发动机润滑油和自动变速器油进行检查和处理;然后让汽车以中低速行驶5~10 min,使发动机和自动变速器都达到正常工作温度。在道路试验中,如无特殊要求,通常应将超速挡开关置于"ON"位置(即超速挡指示灯熄灭),并将模式选择开关置于普通模式或经济模式位置。

道路试验的主要内容是检查换挡车速、换挡质量以及换挡执行元件有无打滑。道路试验一般进行如下项目的检验。

1)起步工况检验

踏住制动踏板,将选挡手柄置于前进挡的任一挡(应对"D""2""L"挡逐一进行检查)或"R"挡,等2~3s松开驻车制动器操纵杆与制动踏板后,汽车应开始慢慢向前爬行,再慢慢踩加速踏板,汽车应随之提高车速,不应有任何阻滞和延迟的感觉。

2)汽车加速驱动传动性能试验

在汽车正常起步后,踏下加速踏板,使汽车加速行驶,观察车速是否随发动机的转速升高而正常增加,同时观察汽车在高速时,加速性能是否良好,急加速时,是否存在驱动打滑现象。

3)匀速行驶传动系统性能试验

选择交通和道路状况良好的路段,用巡航系统将汽车设定在某一车速,让汽车以稳定速度行驶,此时检查汽车的行驶状况、发动机转速表的变化情况、变速器有无特殊的情况与响声、自动换挡性能等。

4)大负荷高速行驶传动系统性能试验

选择坡道或汽车重载的情况下,加速发动机使之大负荷工作。检测发动机转速、声音、车速的状况,并判断变速器的传动系统有无打滑现象,及在坡道上是否能用 2 挡稳定行驶等。也可以在道路状况良好(如高速公路上)情况下,以 100km/h 以上的车速行驶,通过发动机的转速、声音变化,以及车速情况来判断变速器的传动系情况。

5)汽车变速器减速滑行性能试验

使车速升高到 80km/h 以上,或让变速器进入超速挡工作;放松加速踏板,让汽车自由滑行。先用"N"挡滑行,检查行驶系统与传动系统是否工作正常;然后,将选挡手柄置于正常前进挡位"D"或"3"位,让汽车高速行驶;再放松加速踏板,着重检查自动变速器的情况。放松加速踏板后,观察自动换挡动作是否平顺、发动机转速是否有明显的变化、滑行是否良好,且当再次加速前进时,是否存在冲击与打滑现象。

6)自动换挡试验

自动换挡包括自动升挡、自动降挡及挡位保持三种状态。自动换挡试验有空负荷和带负荷两种试验检验方法。带负荷试验时,应选择合适的路段,从零车速开始,按慢加速、正常加速和急加速三种状态加速行驶。加速过程中,观察发动机转速和发动机负荷与车速的变化情况。当车速随发动机转速上升到某一数值时,发动机的转速突然下跌 200~300r/min,同时车速上升,表明自动变速器内部发生了升挡的换挡过程。随着车速的上升,自动变速器的挡位自动升到最高挡位。将加速踏板放松到怠速状态,当车速降低到某一数值时,便会出现发动机转速突然上升,而车速反而下降的现象,此时即表明实现了降挡。

自动换挡过程中,应注意检查有无换挡冲击或打滑、有无异常的振动和噪声以及换挡点是否满足要求。

7)发动机制动性能试验

首先,在汽车下坡时,将选挡手柄置于"L"位,观察汽车的滑行情况;然后,在平路上将车速升高到 60km/h 左右,将选挡手柄置于"2"位;当车速为 40km/h 左右时;再将选挡手柄置于"L"位,观察车速是否下降过多。或将选挡手柄拨至前进低挡("S""L"或"2""1")位置,在汽车以"2"挡或"1"挡行驶时,突然松开加速踏板,检查是否有发动机制动作用。若松开加速踏板后,车速即随之下降,则说明有发动机制动作用;否则,说明控制系统或前进挡离合器有故障。

8)强制降挡功能检验

首先,在交通情况较好的道路上,在节气门开度为一半以下的状态下,使汽车在"D"位自动换入三挡以上的挡位工作。然后,迅速将加速踏板踏到底,通过发动机转速变化情况检查自动变速器是否发生了强制降低一个挡的情况。在强制降挡时,发动机转速会突然上升至 4000r/min 左右,并随着加速升挡,转速逐渐下降。若踩下加速踏板后,没有出现强制降挡,则说明强制降挡功能失效;若在强制降挡时,发动机转速升高反常,达 5000~6000r/min,并在升挡时出现换挡冲击,则说明换挡执行元件打滑,应拆修自动变速器。

9)液力变矩器锁止功能检验

保持发动机冷却液温度和自动变速器油温正常,在平坦的路面上使汽车加速到 60~

80km/h,自动变速器自动换入三挡或四挡。迅速踏下加速踏板,观察发动机的转速是否有明显的升高现象。若锁止离合器已经锁止,则发动机转速没有明显的升高。在液力变矩器锁止离合器后,微踩制动踏板,使制动开关接通,但不要使汽车制动,观察发动机的转速是否下降为怠速转速。若下降为怠速转速,即表明正常。

3. 挡位试验

挡位试验包括手动进挡试验、挡位接合时滞试验、前进挡换挡试验、手动换挡试验等,目的是检查自动变速器各个挡位的工作情况是否良好。

1)手动选挡试验与挡位接合时滞试验

(1)手动选挡试验主要是检验正常操纵选挡手柄时,在用手移动选挡手柄到正确的挡位后,是否有明显的到位锁定感。

(2)时滞试验主要检测从选挡到执行动作命令发出后,到变速器内部执行机构活塞动作这一过程所需的时间。为防止安全事故和机械事故发生,此试验要在汽车的驻车制动和行车制动正常的情况下进行。

变速器油温正常后,将汽车停在平地上,拉好驻车制动器操纵杆;在"N"位时起动发动机,踩住制动踏板,将选挡手柄推入"R"或"D"位的瞬间按下秒表开始计时,直至感到有振动时按下秒表终止计时。然后将选挡手柄置于"N"位,放松制动踏板。反复进行几次取平均值作为测量结果。一般车辆自动变速器的时滞"N"位至"D"位应小于1.2s,"N"位至"R"位应小于1.5s。

2)手动换挡试验

手动换挡试验时,不采用自动变速器的自动换挡功能,使之成为手动换挡状态。其目的是区分变速器液压系统与机械系统的故障,还是电控部分的故障。手动换挡试验的步骤如下:

(1)脱开微机控制自动变速器的所有换挡电磁阀线束插头,使电磁阀失去控制功用,此时变速器各前进挡位便固定于某一挡不发生变化。

(2)起动发动机,将选挡手柄拨至不同位置,然后作道路试验(也可以将驱动轮悬空进行台架试验)。

(3)观察发动机转速和车速的对应关系,以判断自动变速器所处的挡位。

(4)若选挡手柄位于不同位置时,自动变速器所处的挡位与规定挡位若两者相同,则说明微机控制自动变速器的阀板及换挡执行元件基本上工作正常;否则,说明阀板或换挡执行元件有故障。

(5)试验结束后,接上所有换挡电磁阀的线束插头。

(6)清除 ECU 中的故障码,防止因脱开换挡电磁阀线束插头而产生的故障码储存在 ECU 中影响故障自诊断系统的工作。

若每一挡动作都正常,则说明故障出在微机控制系统;若有某一挡动作异常,则说明故障是机械或液压部分引起的,应进行机械试验。

3)前进挡换挡试验

主要检查变速器内自动换挡功能是否正常,可采用以下方法:

(1)空负荷试验。将汽车用举升机举起,使驱动轮离地(有防滑装置者起到断开其防滑装置作用),挂上前进挡位,若是后驱动则松开驻车制动器操纵杆。加速发动机使车速提升,并观察发动机转速与车速之间的变化关系。

(2)负荷试验。汽车在道路上行驶,观察发动机转速、负荷与车速之间的关系。

4. 失速试验

失速试验是检查发动机功率大小、液力变矩器性能好坏及自动变速器中有关换挡执行元件的工作是否正常的一种常用方法。自动变速器失速试验是在车速为零的状态下,测试发动机转速的试验。其目的是通过测取选挡手柄置于"D"位或"R"位时的失速转速,用来检查自动变速器和发动机的整体性能。

失速试验之前应确认发动机加速性能良好,变速器内的油面及油温正常,车轮制动器与驻车制动器的性能良好,并用三角木等将车轮挡住,汽车的周围不应有影响安全的人或障碍物。若车上无发动机转速表,须加装发动机转速表。

试验时,拉紧驻车制动器操纵杆,同时将制动踏板踩到底。起动发动机,将选挡手柄拉到"D"位,右脚迅速将加速踏板踏到最大加速位置,使发动机转速上升,当发动机转速上升到最高时,此转速即是失速转速。不同发动机、不同的液力变矩器的失速转速是不相同的,但一般的自动变速器失速转速都在1500~3000r/min之间。

失速试验持续时间不能过长,一般应控制在5s之内,即读完数据后立即放松加速踏板。在完成试验后,应使发动机怠速运转几分钟,以使变矩器产生的热量散失;然后,再关闭发动机或进行下一次试验。同时,试验时应注意倾听发动机及自动变速器的内部声音变化。在试验过程中,踩下加速踏板时,发动机和变矩器会发出很大的轰鸣声,但决不可以听到任何的金属撞击声和尖锐的杂声。

5. 液压试验

液压试验是在自动变速器工作时,通过测量液压控制系统各回路的压力来判断各元件的功能是否正常的试验。目的是检查液压控制系统各管路及元件是否漏油及各元件(如液力变矩器、蓄压器等)工作是否正常,是判断故障在液压控制系统还是在机械系统的主要依据。

测试的基本操作:首先使发动机熄火,将变速器挡位置于"P"位;拆下需要测试油压的接点堵头,再接上油压测试管接头;然后,接上油压软管及油压表(量程根据车型而异,一般为0~3MPa,个别车为0~7MPa)。接好后检查油管与导线,避免与车辆和发动机的转动机件接触。起动发动机,使变速器处于油压被测状态,检查管接头及油管的连接是否可靠,有无漏油。待变速器的油温达到正常工作温度后,在各种工况下测试并记录油压标定数值,通过比较测量值与标准值的差异,判断系统的工作情况。

测试的项目如下。

1)主油路压力

主油路压力包括怠速或发动机转速为1000r/min空负荷油压、行驶挡位发动机怠速与零车速油压、主油路行驶挡失速油压、主油路全负荷油压。不同自动变速器其主油路压力值不同,具体检测时应与标准相对照。表3-10为几种自动变速器的主油路压力。

几种自动变速器的主油路压力值   表3-10

变速器类型		挡位或测试条件	怠速时主油路压力(kPa)	全负荷时主油路压力(kPa)
福特4EAT		OD、D、L位	434~455	876~1041
		R位	600~931	1655~2000
通用4T65—E		D位2、3、4档	512~592	1153~1400
		D位1挡	1005~1289	1005~1289
		P、N、R位	542~696	540~1869
丰田	A140E	D位	360~420	750~900
		R位	620~715	1370~1600
	A341E	D位	380~440	1260~1400
		R位	640~715	1720~2080
	A540E	D位	360~420	900~1050
		R位	620~790	1600~1900

2)发动机负荷信号油压测试

一些自动变速器上设有发动机负荷信号油压测试点,用来检查其压力是否正常。测试时,一般先使节气门或节流阀移动,观察压力是否随之相应地变化,从而大致判断节流阀的调压作用是否正常;然后根据不同的车型进行检测,读取数据。

3)车速信号油压测试

测试时,可通过道路行驶或在举升机上空负荷进行。观察油压是否随车速的变化而变化,判断调速阀是否在作相应的动作。然后,根据该车型油压为正常值时的相应状态操作汽车,读取油压值。

4)液力变矩器油压测试

在"D"挡位时,使发动机驱动车轮转动。在怠速状态、自动变速器从1挡到最高挡位的几种工作状态下,分别测取油压值,然后分别在"R""N""2""L"各挡位进行测试。

(四)自动变速器的故障诊断

自动变速器电控系统是自动变速器故障较为频繁的系统,因此以下主要介绍该系统的故障诊断和自动变速器常见典型故障的诊断。

1. 自动变速器电控系统元件的故障诊断

电控系统线束导线及各插接件的断路、短路、搭铁和接触不良等问题,以及各电控元件是否损坏或失效等,都会造成自动变速器不能正常工作,引发故障的产生。电控元件的诊断检测内容和方法根据车型不同而异,以下主要介绍通用元件故障的检查方法。

1)车速传感器

车速传感器损坏或有故障时可能使自动变速器只能以1挡行驶,不能升挡;或有时能升挡,有时却不能升挡,严重时出现频繁跳挡。

车速传感器损坏的原因通常是受外力碰撞及挤压、自然老化等,使感应线圈短路、断路或接触不良;维修时受损、异物撞击等,使传感器轮齿缺损;由于固定螺栓松动或轮齿摆动等,使传感器的磁极与轮齿齿顶间隙发生变化。

检查时,首先目测有无受伤变形等;然后用万用表测量传感器的线圈电阻是否正常。其电阻值因车型不同有所不同,一般在几百欧姆至几千欧姆之间。

2)换挡电磁阀

换挡电磁阀有故障时,会引起不能升挡或不能降挡,使换挡点不正确或缺挡,或引起频繁换挡的故障等。

换挡电磁阀故障及其原因:受外力碰撞及挤压、自然老化等,造成感应线圈短路、断路或接触不良;自动变速器油中杂质太多或线圈老化,使电磁阀阀芯卡滞;由于阀球磨损、复位弹簧损坏等使电磁阀漏气。

检查时,测量线圈两端的电阻值,其正常值应为 $10 \sim 30\Omega$;在电磁阀的进油口吹入压缩空气,比较在电磁阀两端加 12V 电压前后,出油口气流的变化,以此检查阀芯是否卡滞、漏气。电磁阀不通电(关闭)时应不漏气,电磁阀通电(接通)时气流应畅通。

3)油压控制电磁阀

油压控制电磁阀用来控制油路中的油压,结构与换挡电磁阀相似,其不同之处是控制电磁阀工作的信号不是恒定不变的电压信号,而是脉冲电信号。电磁阀在脉冲信号的作用下反复开、关卸油孔,以此控制油路压力。当其出现故障时,会引起油路的压力过高或过低。

油压过高易引起换挡冲击,过低则易引起自动变速器打滑、频繁跳挡等故障。油压控制电磁阀损坏的原因:电磁阀电路断路、短路或接触不良;电磁阀阀芯卡滞及密封不严等。

检查时,应测量电磁阀线圈两端的电阻值,一般为 $3 \sim 5\Omega$。在电磁阀线圈的两端接上可调电源,逐渐升高电压,电磁阀阀芯应向外移动;降低电压时,阀芯应向内移动,否则即表明电磁阀损坏。

4)控制开关

自动变速器的控制开关较多,有超速挡开关、模式开关、挡位开关、制动灯开关、强制降挡开关等。

超速挡开关故障会使自动变速器无超速挡;模式开关故障则不能进行自动变速器经济模式和动力模式的转变;挡位开关的内部有多组触点,当其出现故障时,可能使起动机不工作、倒车灯不亮、挡位指示不准等。有些自动变速器的挡位开关不良,还能引起不能升挡的故障;制动灯开关故障会引起选挡手柄不能从"P"挡跳出等故障;强制降挡开关不良会使自动变速器无强制降挡功能。

造成这些开关故障的原因:一是开关安装位置不当,将会引起开关信号不正确;二是使用时间长后引起内部触点接触不良。检查控制开关时,应该采用万用表测量两端子的通、断情况。挡位开关有多组触点,应分别测量。

5)油温传感器

油温传感器的损坏形式一般是断路或短路,以及传感器的电阻、温度值与标准不符。当出现这些情况后,会影响自动变速器的换挡品质、锁止离合器的工作,甚至还会引起无超速挡故障。

检查温度传感器时,应先将其放入专用的容器内加热,测量不同温度下的电阻值,并与标准值对比。若电阻值异常,则需更换温度传感器。

2. 自动变速器常见典型故障诊断

汽车自动变速器的常见故障有汽车无法行驶、自动变速器打滑、换挡冲击、升挡过迟、不能升挡、频繁跳挡、不能强制降挡、挂挡后发动机易怠速熄火、无超速挡、无前进挡、无锁止和倒挡、自动变速器异响等。下面介绍几种常见典型故障的现象、原因及诊断方法。

1）汽车无法行驶

（1）故障现象。

无论选挡手柄位于哪一个挡位,汽车都无法行驶;汽车冷车起动后,车辆无法行驶,待自动变速器油温上升后方可行驶;汽车冷车起动后,车辆能行驶一小段路程,但稍一热车就不能行驶。

（2）故障原因。

①自动变速器油底壳被撞坏,自动变速器油泄漏。

②选挡手柄及手动滑阀摇臂之间的连杆或拉锁松脱,手动滑阀保持在空挡或停车位置。

③变矩器故障,如涡轮花键严重磨损或断裂,自动变速器没有动力输入。

④控制系统故障,包括电控和液控系统故障。

⑤油泵进油滤网堵塞。

⑥主油路严重损坏。

⑦油泵损坏。

（3）故障诊断。

当出现汽车不能行驶故障时,按图3-14所示流程进行故障的诊断。

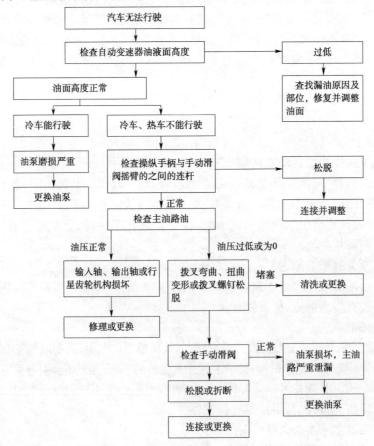

图3-14　汽车无法行驶的故障诊断流程

2)变速器打滑

(1)故障现象。

变速器打滑时驱动无力,具体表现为:汽车起步时,踩下加速踏板,发动机的转速很快升高,但车速升高缓慢;加速时,发动机转速不能与车速同步提高;在平坦道路上,汽车行驶基本正常,但上坡无力,且发动机转速异常高。

(2)故障原因。

①自动变速器油面太低。

②自动变速器油面太高,运转中被行星齿轮机构剧烈搅动后产生大量气泡。

③离合器或制动器摩擦片、制动带磨损过甚或烧焦。

④油泵磨损过度或主油路泄漏,造成供油压力过低。

⑤单向离合器打滑。

⑥离合器或制动器活塞密封圈损坏,导致漏油。

(3)故障诊断。

首先应对自动变速器作基本检查;然后按图3-15所示的程序进行检查。

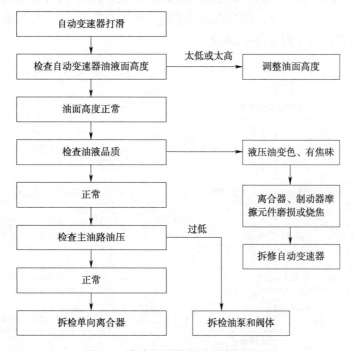

图3-15 自动变速器打滑的故障诊断流程

3)自动变速器换挡冲击过大

(1)故障现象。

在汽车起步时,由停车挡("P"位)或空挡("N"位)挂入前进挡("D"位)或倒挡("R"位)时,汽车自动变速器的动作不良,汽车产生很大的冲击振动现象;在汽车行驶过程中,汽车自动变速器各挡的升挡、降挡、换挡出现较大的冲击现象。

(2)故障原因。

①发动机怠速调整过高。

②节气门拉索或节气门位置传感器调整不当,或主油路调压电磁阀有故障,使主油路压力过大,液压系统工作不良。'

③变速器与发动机的支承胶垫损坏、连接螺栓松动、传动系统的间隙过大或松旷。

④蓄压器故障及作用在蓄压器背部的减振缓冲油压不正常。

⑤换挡执行元件故障:如制动器、离合器的摩擦元件的工作间隙不正常;有关的单向离合器打滑或锁止不良而出现运动干涉;换挡前的离合器或制动器的分离时间过长或分离不彻底。

⑥自动变速器的换挡点不正确。

⑦油压电磁阀不工作。

⑧电控部分故障。

(3)故障诊断。

导致自动变速器换挡冲击故障的原因很多。若故障由调整不当引起,只需进行调整即可排除;若故障由自动变速器内部的控制电磁阀或换挡执行元件的故障引起,须分解自动变速器予以修理;若故障由自动变速器电子控制系统的故障引起,则需对电控系统进行检修。因此,在故障诊断过程中,必须循序检查自动变速器的各个部分,有针对性地进行分解处理。其具体故障原因的诊断流程如图3-16所示。

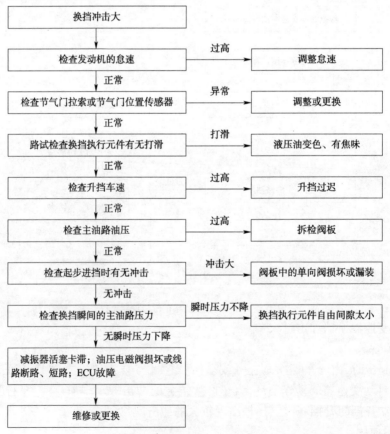

图3-16 自动变速器换挡冲击大的故障诊断与排除流程

4) 自动变速器异响

(1) 故障现象。

汽车在行驶中,自动变速器内始终有异响,而停车挂空挡后异响消失。

(2) 故障原因。

①油泵磨损过度、自动变速器油面过高或过低。

②液力变矩器的锁止离合器、导轮单向离合器等损坏。

③行星齿轮机构技术状况不良。

④换挡执行元件技术状况不良。

(3) 故障诊断。

自动变速器异响发生在机械和液压两个系统。异响源有齿轮机构、轴承、油泵、液流噪声、摩擦片及压板的振动声,液力变矩器、主减速差速器以及共振的轰鸣声。异响诊断时,首先应确定异响声源,然后进行相关零部件的故障排除。异响故障的诊断与排除流程如图3-17所示。

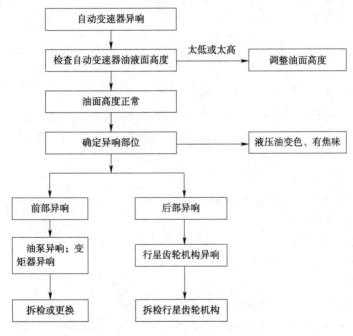

图3-17 自动变速器异响的诊断流程

(五) 万向传动装置常见故障诊断

1. 传动轴发抖

1) 故障现象

汽车在行驶过程中,感觉有明显的振动,严重时车身发抖,车门、转向盘等振感强烈。

2) 故障原因

传动轴发抖的根本原因是传动轴平衡运转的条件被破坏。其具体原因如下:

(1) 传动轴弯曲变形。

(2)传动轴上的平衡片脱落或轴管损伤有凹陷。

(3)传动轴安装时,未按标记装配。

(4)传动轴两端的万向节叉未装在同一平面内。

(5)传动轴万向节滑动叉花键配合松旷。

(6)万向节配合处磨损松旷。

(7)中间支承轴承磨损松旷。

3)故障诊断

(1)若汽车在中高速行驶时呈周期性振动,且车速越高振动越强,则说明传动轴动不平衡。其故障可能是传动轴弯曲、装配标记未对正、平衡片脱落、传动轴管凹陷等。停车后,可逐项检查确定故障原因。

(2)若汽车在各种车速下行驶时呈连续性振动,则说明传动轴转动松旷或转动轴运转不匀速。其故障可能是万向节配合处、滑动叉花键配合处、中间支承轴承等磨损松旷;或滑动叉安装错位使传动轴两端的万向节叉不在同一平面。停车后,可逐项检查确定故障所在。

2. 万向传动装置异响

1)故障现象

汽车在行驶过程中,异常声响不断,且异声特征的变化与汽车行驶的工况具有密切关系。

2)故障原因

万向传动装置异响的根本原因:万向传动装置的连接处磨损松旷、装配不当以及传动轴弯曲和动平衡破坏,使其工作条件恶化,而当传递大转矩和剧烈的冲击载荷时,产生异响。

(1)万向节处异响的原因如下:

①万向节十字轴及其轴承磨损松旷。

②万向节叉孔与其轴承套筒磨损松旷。

③凸缘盘连接螺栓松动。

④万向节轴承润滑不良。

(2)传动轴处异响的原因如下:

①传动轴弯曲或装配不当。

②传动轴上的平衡片脱落或轴管损伤有凹陷。

③传动轴两端的万向节叉未装在同一平面。

④传动轴万向节滑动叉花键配合处磨损松旷。

(3)中间支承处异响的原因如下:

①中间支承轴承磨损过甚或润滑不良。

②中间支承支架安装偏斜,使橡胶垫环损坏。

③中间支承支架固定螺栓松动。

3)故障诊断

当万向传动装置异响时,可根据汽车不同的运行工况及异响特征诊断万向传动装置的异响故障。

(1)汽车起步或车速突然变化时,如发出较强的金属敲击声,而当车速稳定时,其响声较轻微,可能是个别凸缘盘连接螺栓松动,万向节滑动叉花键配合松旷,十字轴轴承磨损松旷所致。

(2)汽车行驶时,如传动轴发出刺耳的噪声,其频率随车速的增加而增大,一般是万向节轴承或中间轴承润滑不良或损坏所致。

(3)汽车中高速行驶时,如发出周期性异响,且车速越高响声越大,达到一定车速时车身振抖。此时,脱挡滑行,则振抖更强烈,可能是传动轴弯曲、平衡片脱落、轴管损伤、装配不当,使传动轴动不平衡引起惯性力冲击所致。

(4)汽车在各种车速下行驶时,如发出连续性异响,且车速越高响声越大,可能是中间轴承支架垫环径向间隙过大、中间轴承松旷、中间支架固定螺栓松动、传动轴两端的万向节叉未装在同一平面,引起振动冲击所致。

(六)驱动桥故障诊断

1.驱动桥异响

1)故障现象

汽车行驶时,驱动桥内出现较大噪声,尤其在车速急剧改变时响声明显,且车速越高,响声越大。

2)故障原因

驱动桥产生异响的根本原因:驱动桥的传动部件磨损松旷、调整不当或润滑不良。当驱动桥承受较大动载荷工作时,技术状况变坏的传动部件发出不正常的响声,其具体原因如下:

(1)由于齿轮或轴承的磨损,使配合间隙过大,产生松旷。

(2)主、从动齿轮啮合不良。

(3)主、从动齿轮间隙或轴承间隙调整不当。

(4)差速器行星齿轮、半轴齿轮与垫片磨损严重,轮齿折断,半轴齿轮花键槽与半轴花键齿磨损松旷。

(5)差速器壳连接螺栓松动。

(6)主减速器润滑油量不足或油质不符合要求。

3)故障诊断

当驱动桥有异响时,可根据汽车路试的行驶工况、驱动桥声响的特征及其变化情况诊断故障部位。

(1)汽车行驶时,若在车速急剧变化的瞬间或车速不稳定时,驱动桥发出的金属撞击声较强烈,多为主减速器齿轮啮合间隙过大所致。

(2)汽车挂挡行驶时,如驱动桥发出连续的混浊噪声,而脱挡滑行时,响声减弱或消失,多为主减速器锥齿轮正面磨损严重、齿面损伤、啮合印痕调整不当使齿轮啮合不良所致。

(3)汽车挂挡行驶时,如驱动桥发出一种杂乱的"哗啦、哗啦"噪声,且车速越高,响声越大,而汽车脱挡滑行时声音减小或消失,多为主减速器轴承磨损松旷所致。如汽车加速、滑行时都响,多为轴承预紧度调整不当或轴承缺油引起轴承烧蚀所致。

(4)汽车转弯行驶时,如驱动桥发响,而直线行驶时响声减弱或消失,则是行星齿轮、半轴齿轮的齿面严重磨损、损伤,轮齿变形所致。

(5)汽车挂挡行驶时,如驱动桥突然发出连续、强烈的金属碰击声,多为其齿轮的轮齿折断。

2. 驱动桥过热

1)故障现象

汽车行驶一定里程后,驱动桥温度过高,用手触摸时有烫手感觉。

2)故障原因

驱动桥过热的根本原因是驱动桥工作时的摩擦阻力过大,其具体原因如下:

(1)轴承装配过紧,或轴承预紧度过大。

(2)齿轮啮合间隙过小。

(3)驱动桥润滑油量太少,油质太差,润滑油黏度过大或过小。

(4)油封过紧。

3)故障诊断

汽车行驶一定里程后(一般为30~60km),检查驱动桥壳各个部位,若轴承或油封处局部过热,则故障为轴承装配过紧或油封过紧所致;若驱动桥壳整体过热,则先检查润滑油的数量、质量及润滑油的黏度。当不符合要求时,换油后再进行试验。若故障消失,则说明驱动桥润滑不良是故障产生的原因;若故障未消除,说明故障原因是齿轮啮合间隙过小。

3. 驱动桥漏油

1)故障现象

驱动桥加油口螺塞、放油口螺塞、油封处或各接合面处有明显的漏油痕迹。

2)故障原因

(1)加油口螺塞或放油口螺塞松动。

(2)油封损坏或油封与轴径不同轴。

(3)油封轴径因磨损而出现槽沟。

(4)各接合平面的平面度误差过大或密封垫片损坏。

(5)两接合平面的紧固螺钉拧紧方法不符合要求或松动。

(6)通气孔堵塞。

(7)桥壳有铸造缺陷或裂纹。

第三节 汽车转向系统检测与诊断

转向系统是汽车底盘的重要组成部分,其技术状况的变化对汽车的操纵稳定性和高速行驶的安全性有直接影响,同时对转向车轮的行驶阻力有很大影响。

转向系统性能好坏直接影响汽车的行车安全,其技术状况常用转向盘自由行程、转向角和转向力作为诊断参数进行检测诊断。

一、转向盘自由转动量检测

1. 转向盘自由转动量

转向盘自由转动量指汽车转向轮位于直线行驶状态时,转向盘可自由转动的转角。当转向盘自由转动量过大时,说明从转向盘至转向轮运动传递链中的若干配合副因磨损过度而出现松旷现象。因此转向盘自由转动量为一综合诊断参数。根据《机动车运行安全技术条件》(GB 7258—2017)的规定,机动车转向盘的最大自由转动量限值见表3-11。

机动车转向盘的最大自由转动量 表3-11

车辆类型	最大设计车速大于或等于100km/h的机动车	三轮汽车	其他汽车
转向盘最大自由转角(°)	15	35	25

2.转向盘自由转动量的检测

转向盘自由转动量采用专用的检测仪检测。简易的转向盘自由转动量检测仪由刻度盘和指针两部分组成,如图3-18所示。刻度盘通过磁座吸附在仪表板或转向柱管上,指针固定于转向盘外缘,也可相反。检测转向盘自由转动量时,汽车处于直线行驶位置,把转向盘转至空行程极端位置后,调整指针使之指向刻度盘零度。而后把转向盘转至另一侧极限位置,其自由转动量即为指针所指刻度。转向盘自由转动量也可用转向参数测量仪或转向测力仪检测。

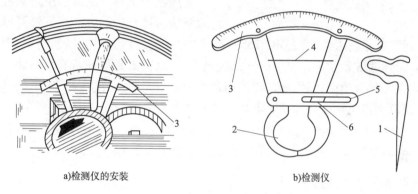

a)检测仪的安装　　　　b)检测仪

图3-18　简易转向盘自由转动量检测仪
1-指针;2-夹臂;3-刻度盘;4-弹簧;5-连接板;6-固定螺钉

二、转向盘转向力检测

1.转向盘转向力与转向轻便性

操纵稳定性优良的汽车,应有适度的转向轻便性。转向沉重,易使驾驶人疲劳或转向不正确、不及时而影响行车安全;转向太轻,则驾驶人路感太弱,方向漂移而不利于安全行车。

转向轻便性可用转向角和转向力作为诊断参数。可在动态或静态情况下,用转向参数测量仪或转向测力仪等仪器,测得转向力和对应转角的大小。

2.转向盘转向力的检测

1)检测仪器

图3-19所示为ZC-2型转向参数测量仪,该仪器由操纵盘、主机箱、连接叉和定位杆四部分组成,具有测试转向盘自由行程、转向角和转向力的功能。操纵盘实际上是一个附加转向盘,用螺栓固定于三爪底板上,底盘与连接叉间装有力矩传感器,以测出转向时的操纵力矩;连接叉通过装在其上的长度可伸缩的活动卡爪与被测转向盘连接;主机箱固定在底盘中央,内装力矩传感器、接口板、微机板、转角编码器、打印机和电池等;从底板下伸出的定位

杆,通过磁座吸附在驾驶室内仪表板上,其内端与装在主机箱下部的光电装置连接。使用时,把转向测量仪对准被测转向盘中心,调整好三只伸缩爪的长度,使之与转向盘牢固连接后,转动操纵盘的转向力通过底板、力矩传感器、连接叉传递到被测转向盘上,使转向轮偏转实现汽车转向。此时,力矩传感器把转向力矩转变成电信号,定位杆内端所连接的光电装置将转向角的变化转化为电信号。传感信号输送至主机箱后,由装在其内的微机自动完成数据采集、转角编码、运算、分析、存储、显示并打印出所测结果。

2)检测方法

转向盘转向力一般可采用路试检测法和原地检测法两种方法测试。路试检测可按国家标

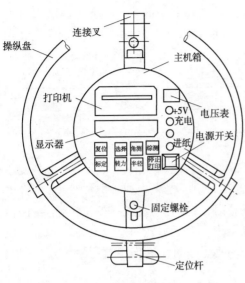

图3-19 转向参数测量仪

准《机动车运行安全技术条件》(GB 7258—2017)的规定,机动年在平坦、硬实、干燥和清洁的混凝土或沥青道路上行驶,以10km/h的速度在5s之内沿螺旋线从直线行驶过渡到外圆直径为25m的车辆通道圆行驶,施加于转向盘外缘的最大切向力应小于或等于245N。原地检测可按《道路运输车辆综合性能要求和检验方法》(GB 18565—2016)的规定,汽车转向轮置于转角盘上,转动转向盘使转向轮达到原厂规定的最大转角,在全过程中用转向力测试仪测得的转动转向盘的最大操纵力,即转向盘转向力不得大于120N。

三、转向系统常见故障诊断

(一)机械转向系统常见故障诊断

机械转向系统的常见故障主要包括转向沉重和转向不灵敏。下面以广泛采用的齿轮齿条式机械转向系统为例说明其诊断方法。

1. 转向沉重故障诊断

1)故障现象

汽车转向时,转动转向盘感到沉重费力。

2)故障原因

(1)转向器齿轮与齿条啮合间隙过小或齿轮、齿条损坏。

(2)齿条顶块调节过紧,或转向器齿条弯曲。

(3)转向器齿轮轴的轴承调整过紧或损坏。

(4)转向器壳体严重变形。

(5)转向器、转向轴、万向节、转向拉杆球头润滑不良及润滑油脏污或调节过紧。

(6)转向轴或转向柱管弯曲变形严重。

(7)转向节推力轴承润滑不良或损坏。

(8) 主销内倾、后倾角变大或前束不符合要求；车架、前梁或前悬架变形而导致前轮定位失准。

(9) 前轮胎气压不足，导致转向阻力过大。

3) 故障诊断方法

(1) 顶起汽车前部，使两前轮悬空，转动转向盘，若感到转向轻便，则故障部位可能在前轮、前桥或前悬架。因为顶起前桥后，车轮与路面不再接触而无转向阻力。此时应检查前轮胎气压是否过低，前轴或前悬架杆件是否变形损坏，必要时还须检查前轮定位中的主销后倾角、主销内倾角与前轮前束值。

(2) 顶起汽车前部，若转向仍感沉重，则说明故障在转向器和转向传动机构。此时，将转向横拉杆从转向节臂上拆下，再进行转向盘转动检查。若将转向盘从一个极限位置转到另一个极限位置，感到轻便灵活，则故障在横拉杆至前轮的连接及支承部位，应检查各球头销是否装配过紧或推力轴承是否缺油损坏。

(3) 拆下拉杆后，若转向仍然沉重，则故障位于转向器或转向器至转向盘的连接件。此时，转动转向盘倾听转向轴与柱管有无摩擦声，以确定转向柱管是否弯曲；检查万向节是否装配过紧，若其连接件正常，则故障在转向器。

(4) 检查转向器。首先检查转向器是否缺油，若正常，则重新调整转向器。调整转向器齿条顶块，使转向齿条与转向齿轮的间隙适当，再转动转向盘，若轻便灵活，则说明转向器调整不当；若转向仍然沉重，则应拆下转向器进行检查。此时应重点察看转向器齿轮与齿条是否损坏，齿条是否严重弯曲，齿轮轴轴承是否过紧或损坏，转向器壳体是否严重变形等。

2. 转向不灵敏故障诊断

1) 故障现象

汽车转向时，需用较大的幅度转动转向盘，才能控制汽车的行驶方向；直线行驶时，汽车行驶不稳定。

2) 故障原因

转向盘自由转动量过大是转向不灵敏的根本原因，其故障的具体原因如下：

(1) 转向轴与转向盘配合松动。

(2) 万向节、传动轴花键磨损松旷。

(3) 转向器内齿轮与齿条的啮合间隙过大。

(4) 转向机构各连接部件间隙过大，或连接松动。

(5) 万向节主销与衬套磨损松旷；前轮毂轴承间隙过大。

3) 故障诊断方法

(1) 检查转向盘自由转动量。若转向盘自由转动的角度正常，则故障原因可能是前轮毂轴承间隙过大、主销与转向节衬套间隙过大。此时应进一步架起前桥，而后用手扳动前轮以检查前轮毂轴承间隙、万向节主销与衬套的配合间隙，以确定故障部位。若转向盘自由转动量过大，则故障部位在转向器内部或转向传动机构，此时应采取分段检查法确定具体故障位置。

(2) 检查转向操纵机构和转向器。转动转向盘，若转向盘、转向轴、万向节、传动轴的传动松旷，故障在转向操纵机构；否则，检查转向器。固定转向横拉杆，转动转向盘，若自由转动量过大,故障在转向器;否则,进行下一步检查。

(3)检查转向传动机构。转动转向盘,观察各拉杆球头销的运动情况,以确定转向传动机构连接部件间隙过大或连接松动的具体故障。

当汽车行驶不稳定,并伴有前轮胎异常磨损时,还应检查前轮定位值是否符合标准。

(二)普通液力式动力转向系统检测与故障诊断

普通动力转向系统是在机械转向系统的基础上增加转向助力装置构成的。常用的转向助力装置大多为液力式,主要由动力转向泵、动力油缸、转向控制阀、转向储油罐和油管等组成。

1. 液力式动力转向系统技术状况检测

1)储油罐液面检查

合理的液面高度和良好的油质是保证液压动力转向系统正常工作的前提,其检测方法和步骤如下:

(1)将汽车停放在平坦的地面上。

(2)在发动机怠速时,转动转向盘至左右极限位置数次,使转向油液温度达到80℃左右。

(3)检查转向液是否起泡或乳化,转向液起泡或乳化说明已渗入空气,应进行排气操作。

(4)检查转向液油质,若其已经变质或已到达使用期限,则应更换。

(5)检查储油罐液位高度是否在规定的液位上、下限之间。若油液没有变质且没有渗入空气,仅油面高度低于液位下限,则可能有泄漏。此时,应检查并修理泄漏部位,按需添加推荐使用的油液,使液位升至上限附近。

2)动力转向液压系统中气体检查

当动力转向液压系统中渗入空气后,因其具有可压缩性,易引起转向系统内的液压波动,汽车转向操作不稳,影响汽车的转向安全性。因此,应对动力转向液压系统是否渗入空气进行仔细检查。

检查时,发动机怠速运转。首先,在转向盘位于居中时,查看转向储油罐液位;然后,在转向盘向左或向右转到极限位置时,查看转向储油罐液位有无变化。若系统内有空气,转向盘转动时,系统内油压升高,空气被压缩,则储油罐的液位将明显降低;若系统内无空气,由于液体不可压缩,则储油罐的液位变化很小。另外,如系统内有空气,当转向盘向左或向右转到极限位置时,泵内或转向器内有时会产生异常响声。当转向液压系统内有空气时,应将空气予以排出。

3)动力转向泵传动带紧度检查

动力转向泵的驱动力来自发动机,通过传动带传递。若传动带过松,传动带易打滑,会导致动力转向泵供油量降低,动力转向液压系统的油压过低,转向沉重;传动带过紧,动力转向泵轴及轴承受力增大,零件磨损加快,机件及传动带的使用寿命降低,同时发动机的功率损失也相应提高。因此,动力转向泵传动带的松紧度应适当。其检测方法如下:

(1)传动带张紧力规检测法。在动力转向泵的传动带上安装传动带张紧力规,测量其张紧力。其张紧力应符合所测车型的规定,否则应予以调整。

(2)传动带静挠度检测法。在动力转向泵传动带的中部施加 100N 的力,测量其静挠度。其挠度值应符合所测车型的规定,否则应予以调整。

(3)传动带运转检测法。油液升至正常温度后,左右转动转向盘。当转向盘转到极限位置时,动力转向泵输出油压最高,传送带的负荷最大。如果传动带打滑,则说明其紧度不够或动力转向泵有故障。

4)动力转向泵输出压力检测

检测动力转向泵的输出油压,可判定动力转向泵或转向器是否有故障。检测时,首先应使储油罐液位正常,传动带的张紧力符合规定。由于不同车型动力转向系统的结构形式不同,因而检测动力转向泵输出压力时应采用厂家推荐的检测步骤,并根据压力规定值对检测结果进行评价。其一般检测步骤如下:

(1)准备工作。首先,将压力表连接在动力转向泵与转向控制阀的压力管道之间,完全开启压力表阀门;然后,起动发动机使其怠速运转,将转向盘在左、右转动极限位置之间连续转动 3~4 次,以提高转向液温度并排出系统内的空气。检测中应确保转向液温度升至 80℃以上。

(2)动力转向泵输出压力检测。发动机怠速运转,关闭压力表阀门,观察压力表读数,如图 3-20 所示,其压力应不低于标准值;否则,说明动力转向泵有故障。

(3)转速变化时动力转向泵输出压力差检测。将压力表阀门全开,如图 3-21 所示,分别检测发动机在规定的低转速(如 1000r/min)和某一高转速(如 3000r/min)时动力转向泵的输出压力,两者之差不应超过规定值;否则,说明动力转向泵的流量控制阀有故障。

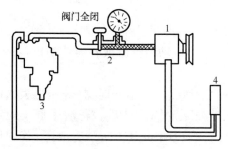 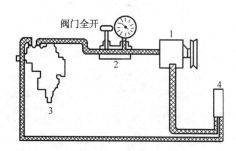

图 3-20 转向泵输出压力检测　　　　　图 3-21 转向器加油压检测
1—转向泵;2—压力表;3—转向器;4—储油罐　　1—转向泵;2—压力表;3—转向器;4—储油罐

(4)极限位置时动力转向泵输出压力检测。发动机怠速运转且压力表阀门全开,如图 3-21 所示,在转向盘转至左、右极限位置时,测试动力转向泵的输出压力,并与规定值比较。若压力太低,则意味着转向器有内部泄漏故障。

2. 液力式动力转向系统常见故障诊断

液力式动力转向系统的常见故障是转向沉重、行驶车辆发飘和转向噪声等。诊断的重点为液力转向助力系统。涉及机械转向系统的诊断参见本节有关内容。

1)转向沉重故障诊断

(1)故障原因。

采用动力转向的汽车,转向应很轻便。若转向困难、沉重,一般是由于液压转向助力系统失效、助力不足、机械传动机构损坏或调整不当所致,具体原因如下:

①储油罐油液高度低于规定要求。
②油管接头处密封不良,有泄漏。
③液压回路中渗入空气,油管变形、油路堵塞。
④动力转向泵传动带张紧力不足,传动带打滑。
⑤动力转向泵内部磨损、泄漏严重,输出压力降低。
⑥动力转向泵内调压阀失效,使输出压力过低。
⑦转向控制阀、动力油缸内部泄漏,转向齿轮机构损坏或调整不当。

（2）诊断方法。

①检查轮胎气压是否正常,按规定气压充气。

②检查液压转向系统各油管接头是否泄漏,检查油管有无损坏、变形或裂纹。一旦发现油管有缺陷,应予以更换;若油管接头泄漏,应予以拧紧,必要时更换、重接油管。

③检查储油罐内的油液质量和液面高度。若油液变质,则应重新按规定更换油液;若液面低于规定高度,则应找出油液液面过低的原因,重新加注使液面达到规定的液面高度。

④检查油路中是否渗入空气。若储油罐油液中有气泡时,应检查空气渗入系统内的原因。检查内容包括:油管接头是否松动、油管是否裂纹、密封件是否损坏、储液罐液面是否过低等情况并排除故障。然后,对液压系统进行排气操作,最后加注转向液至规定的液面高度。

⑤检查动力转向泵传动带的张紧程度,若有打滑、损坏等问题,按规定调整传动带紧度或更换新传动带。

⑥就车复检。起动发动机,将转向盘在左、右极限位置间往返转动,若转向轻便,说明故障已经排除;若转向仍然沉重,则故障可能在动力转向泵、动力油缸或转向传动机构;若左、右转向助力不同,则故障可能在转向控制阀。

⑦检测动力转向泵输出油压,确定故障部位。发动机怠速运转时,打开压力表阀门至全开,转动转向盘至左或右极限位置,测量动力转向泵的输出油压。若油压低于规定压力,且在逐步关闭压力表阀门时,油压也不能提高,则说明动力转向泵有故障;若油压虽低,但逐步关闭压力表阀门的过程中油压有所提高,且可达到规定值,则说明动力转向泵良好,故障位于转向控制阀或动力油缸;若检测时油压正常,则故障部位在转向传动机构或转向器。

⑧检查转向传动机构和转向器。转动转向盘,检查与转向柱轴相连的元件转动是否灵活;检查万向节、各传动杆件球头连接部位是否过紧;检查转向节推力轴承是否损坏或润滑不良;检查齿轮齿条转向器,调整齿条顶块的压紧力,使齿条与齿轮的侧向间隙正常,保证齿条移动自如,对弯曲的齿条应予以更换。

2）车辆行驶发飘故障诊断

车辆行驶发飘故障是指:转向盘居中,汽车向前行驶时,行驶方向从一侧偏向另一侧的现象。

（1）故障原因。

行驶车辆发飘故障形成的一般原因如下:

①转向控制阀扭力杆弹簧损坏或太软,难以克服转向器逆传动阻力,使控制阀不能及时复位。

②油液脏污,使阀芯对于阀套的运动受到阻滞。

③转向控制阀阀芯偏离中间位置,或与阀套槽肩两边的缝隙大小不一致。

④转向传动机构连接处间隙过大,或连接件松动,或过度磨损。

⑤车轮定位不当。

⑥轮胎压力或规格不正确。

(2)诊断方法。

①首先检查转向传动机构的连接件是否松动,间隙是否过大,排除转向传动机构的故障。

②检查轮胎尺寸,调节轮胎气压。

③检查油液是否被污染,油液被污染时应进行更换。

④检查转向控制阀。在不起动发动机的情况下转动转向盘,感觉判断转向控制阀是否开启或运动自如,如有问题,进行拆卸检查。

⑤排除以上原因后,若仍然发飘,则应检查悬架元件是否损坏,车轮定位是否正确,车轮转动是否阻滞。

3)转向噪声故障诊断

汽车转向时,转向系统有轻微噪声是正常现象;低温条件下起动发动机后,转向泵在起初2～3min内有噪声也是正常现象。转向噪声故障指汽车转向时出现过大噪声的故障现象。

(1)故障原因。

转向噪声故障的主要原因如下:

①转向传动机构松动导致转向噪声过大。

②动力转向泵损坏或磨损严重。

③动力转向泵传动带轮松动或打滑引起噪声过大。

④转向控制阀性能不良。

⑤油管接头松动或油管破裂,液压系统渗入空气导致噪声过大。

⑥滤清器滤网堵塞,或是液压回路中沉积物过多。

(2)诊断方法。

①若转向噪声呈"咔嗒"声,通常是转向柱轴接头松动、横拉杆松动或球形接头松动、转向器安装过松所致。应检查上述部位,发现故障时应进行紧固或更换损坏的部件。另外,转向泵皮带轮松动也会发出"咔嗒"声。

②若转向噪声呈"嘎嘎"声,且转向盘从一侧极限位置转到另一侧极限位置时,噪声更大,通常是动力转向泵传动带打滑所致。此时,可检查传动带松紧程度及磨损情况,视需要张紧或更换传动带。

③若转向噪声呈"咯咯"声,则可能是转向液中有气泡,油液流动时产生的气动噪声。此时,首先应检查液面高度,若液面过低,则应检查、排除泄漏故障,加注油液到正确位置。然后检查软管是否破损或卡箍是否松动。确定动力转向液压系统内有空气渗入后,应进行排

除,以消除气动噪声。若转向泵发出"嘶嘶"声或尖叫声,而转向液压系统无漏气现象,且传动带张紧度正常,则油路可能堵塞或转向泵严重磨损及损坏,应进行修复或更换。

④当转向盘处于极限位置或原地慢慢转动转向盘时,若转向器发出严重的"嘶嘶"异响声,则可能为转向控制阀性能不良,应更换控制阀进行对比检查,以确定故障原因。

(三)电子控制液力式动力转向系统检测与故障诊断

1. 电子控制液力式动力转向系统技术状况检测

电子控制液力式动力转向系统通过控制系统的油压来控制转向助力。因此,可以用转向油压和转向盘转向力反映其电控组件的技术状况。电子控制动力转向系统的形式不同时,其检测方法和标准也不同。以下用皇冠轿车电子控制动力转向系统为例说明其基本检测原理。

1)转向盘转至极限位置时的油压检测

(1)检测前的准备。先将压力表连接在动力转向泵与转向控制阀之间的压力管道中,如图 3-22 所示,使压力表阀门全开;起动发动机,使其怠速运转;将转向盘在左、右转动的极限位置连续转动 3~4 次,以提高转向油液温度并排出系统内的空气。使转向油液温度升至 0℃以上,确保液面高度正常。

(2)动力转向泵输出压力检测。检测方法如前述。在确定动力转向泵的输出油压正常时,再进行以下步骤的检测。

(3)转向盘转至极限位置时的油压检测。将转向盘转至极限位置,拨下电磁阀插接器,如图 3-22a)所示;然后,起动发动机。使其转速稳定在 1000 r/min,测量动力转向泵的输出油压,其最低压力应为 7355 kPa;否则,说明转向器内部有泄漏或电磁阀有故障。

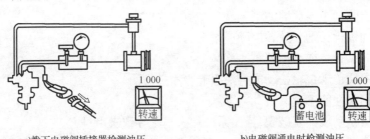

a)拨下电磁阀插接器检测油压　　b)电磁阀通电时检测油压

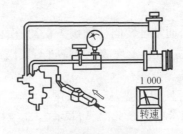

c)装上电磁阀插接器检测油压

图 3-22　电子控制动力转向系的油压检测

按图 3-22b)所示方法,把蓄电池电压加在电磁阀两接线端,再测量动力转向泵的输出油压,其最大油压应为 3924kPa。压力过高时,说明电磁阀有故障。应注意的是:给电磁阀线圈加蓄电池电压的时间不要超过 30s,以防烧毁电磁阀线圈;重新测试时,则应在电磁阀线圈降温后进行。

按图 3-22c)所示方法,插好电磁阀插接器,重新测量动力转向泵输出油压,其最低压力应为 7355kPa。若压力过低,则说明电子控制动力转向系统有故障。

2)转向盘转向力检测

检测转向盘转向力的步骤如下:

(1)使转向盘位于汽车直线行驶位置,且发动机怠速运转。

(2)在电磁阀线圈断电情况下,用测力计测量转向盘沿两个方向转动时的转向阻力,最大转向阻力不应大于 39N。

(3)在电磁阀线圈通电情况下,再用测力计重测沿两个方向的转向阻力,其最大转向阻力约为 118N 或满足规定。

正常情况下,电磁阀线圈通电后,节流面积增大,转向助力减少,转向盘转向力增大。若通电后转向阻力没有增大,则说明电磁阀存在故障。

2. 电子控制液力式动力转向系统故障诊断

1)电子控制液力式动力转向系统的故障自诊断

电子控制动力转向系统一般具有故障自诊断功能,以监测、诊断系统的工作情况。电子控制系统出现故障时,其普通转向系统仍能正常工作,但是电子控制系统将停止对转向动力的控制。同时,电控单元将故障信息以代码的形式储存于存储器内备查。故障诊断时,通过专用解码器或人工方法读取故障码,以便快速、准确地确定故障类型和故障部位。

不同的车型,其故障码的含义也各不相同。表 3-12 为三菱轿车电子控制动力转向系统的故障码及含义。

三菱轿车电子控制动力转向系统故障码表   表 3-12

故　障　码	故障可能部位	故　障　码	故障可能部位
11	主计算机电源不良	13	电磁阀工作不良
12	车速信号不良	14	主计算机故障

2)电子控制液力式动力转向系统故障诊断

电子控制动力转向系统的机械及油路的故障诊断,可参考普通动力转向系统的故障诊断方法进行。以下以皇冠轿车电子控制动力转向系统为例对其电控部分的故障诊断方法进行说明。图 3-23 所示为电控部分控制电路和电控单元(ECU)插接器示意图。

(1)故障现象。

电子控制液力式动力转向系统的常见故障现象是在怠速或低速行驶时,其转向沉重;在高速行驶时,其转向太灵敏。

(2)故障原因。

①动力转向系统机械及油路故障。

②动力转向的 ECU-IG 熔断丝烧毁。

③动力转向的 ECU 插接器接触不良。

④车速传感器线束有断路或短路故障。

⑤动力转向电磁阀线圈有断路或短路故障。
⑥动力转向ECU故障。

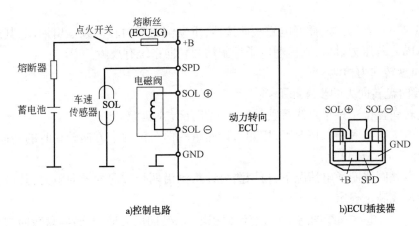

图3-23 电子控制动力转向系统控制电路及ECU插接器

(3) 故障诊断方法。

①检查转向系统的机械及油路故障。如轮胎气压、前轮定位、悬架与转向连接件之间的连接情况及动力转向泵的输出油压等。机械及油路正常或排除故障后仍不能消除故障现象,则应进行下一步检查。

②点火开关处于ON位置,检查ECU-IG熔断丝是否完好。若熔断丝烧毁,应更换后重新检查。若熔断丝再次烧毁,则表明此熔断丝与动力转向ECU的+B端子之间的电路有搭铁故障;若熔断丝完好,则进行下一步检查。

③拔下动力转向ECU插接器,按图3-24a)所示方法,检查动力转向ECU插接器的+B端子与车身搭铁处之间的电压是否为正常值(10~14V)。若无电压,则表明ECU-IG熔断丝与ECU的+B端子之间的线束有断路故障;若电压正常,则进行下一步检查。

④按图3-24b)所示方法,检查动力转向ECU插接器的GND端子与车身搭铁处之间的电阻是否为零。若电阻不为零,则表明ECU插接器的GND端子与车身搭铁处之间线束断路或接触不良;若电阻为零,则应进行下一步检查。

⑤顶起汽车一侧前轮并使之转动,按图3-24c)所示方法,用欧姆表测量ECU插接器的SPD端子和GND端子之间的电阻。车轮转动时,其正常的电阻值应在0~∞之间交替变化;否则,说明ECU的SPD端子与车速传感器之间的线束有断路或短路故障,或车速传感器有故障。若电阻值正常,则应进行下一步检查。

⑥按图3-24d)所示方法,检查动力转向ECU插接器的SOL(+)端子或SOL(-)端子与GND端子之间是否导通。若相通,则表明SOL(+)端子或SOL(-)端子与GND端子之间的线路发生短路,或电磁阀有故障;若不导通,则进行下一步检查。

⑦按图3-24e)所示方法,用欧姆表检查SOL(+)端子与SOL(-)端子之间的电阻,其正常值应为6~11Ω。若阻值不正常,则表明SOL(+)端子与SOL(-)端子之间的线路有断路,或电磁阀有故障;若阻值正常,则可能是动力转向ECU故障,必要时可对ECU进行替换检查。

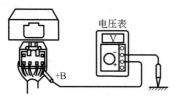
a)检查+B端子与车身接铁处之间的电压

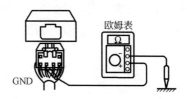
b)检查GND端子与车身接铁处之间的电阻

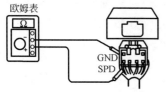
c)检查SPD端子与车身接铁处之间的电阻

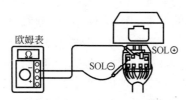
d)检查SOL(+)端子或SOL(-)端子与GND端子之间的电阻

e)检查SOL(+)端子与SOL(-)端子之间的电阻

图 3-24　电子控制动力转向系故障诊断

3）电磁阀和电控单元（ECU）的故障诊断

（1）电磁阀的故障诊断。

电磁阀主要由线圈、针阀、固定孔和流动孔等组成，是动力转向电控部分的执行元件，其技术状况直接关系到电子控制动力转向系统的性能。电磁阀的节流面积由针阀的开启程度决定。针阀开启时，油道中的电磁阀起旁路作用，使转向助力发生变化。其开启程度依据车速传感器的信号，由动力转向ECU进行控制。车速越高，流过电磁阀电磁线圈的电流越强，开启程度就越大，旁路液压油的流量越大，从而液压转向助力减小，以适应转向要求。电磁阀常见故障是电磁线圈短路或断路，以及针阀的位置不当，其诊断方法和步骤如下：

①检测电磁阀电磁线圈电阻。拆下线束插接器，用欧姆表测量两端子之间的电阻，其阻值应为 $6.0 \sim 11.0 \Omega$；否则，说明电磁阀有故障，应予以更换。

②检测电磁阀的工作状况。从转向器上拆下电磁阀，其 SOL(+) 端子接蓄电池正极，SOL(-) 端子接蓄电池负极。此时，电磁阀的针阀应缩回2mm，否则，电磁阀存在故障，应予以更换。

（2）电控单元（ECU）的故障诊断。

电控单元（ECU）是电子控制动力转向系的核心部件，其损坏会导致系统功能完全丧失，其故障诊断的方法和步骤如下：

①顶起汽车并稳固的支承，拆下ECU，起动发动机。

②在不拔下ECU插接器，且发动机处于怠速运转的情况下，用电压表测量ECU的SOL(-)端子和GND端子间的电压。然后，使发动机驱动车轮以60km/h的车速转动，再次测

量该两端子间电压。其电压值应比第一次的测量值提高 0.07~0.22V。若所测电压值为零，则应更换 ECU 重试，以便确定故障原因。

第四节 汽车制动系统的检测与诊断

汽车制动系统是汽车底盘的重要组成部分，其技术状况和性能的变化直接影响汽车的使用安全，是汽车行驶和驻车安全重要因素之一。汽车制动系统的检测与诊断包括制动系统性能的检测参数和标准、制动系统常见故障的诊断分析方法和制动系统主要元件的检测与诊断方法。

一、制动性能检测参数和标准

《机动车运行安全技术条件》(GB 7258—2017)，规定了汽车制动系统所应满足的基本要求，从行车制动系统、应急制动系统、气压制动系统、液压制动系统、储气筒、制动管路和制动报警装置等方面规定了具体的要求。针对不同的检测参数可以选择台式制动性能检测和路试制动性能检测，即台试主要检测制动力、制动协调时间和左右轮制动力差；路试既可以检测制动距离和制动稳定性，也可以检测制动减速度、制动协调时间和制动稳定性。检测汽车制动性能时，采用制动距离法、制动减速度法、制动力法三类检测指标之一进行检测，可选择路试或台试两种检测方法之一，但当机动车经台架检测后对其制动性能有质疑时，可用规定的路试检测进行复试，并以满载路试的检测结果为准。

《道路运输车辆综合性能要求和检验方法》(GB 18565—2016)针对在用营运道路运输车辆规定了基本要求和性能要求，明确了检测设备要求和检验方法等。

1. 制动距离法检测标准

用制动距离和制动稳定性评价汽车的制动性能，规定要求见表3-13。制动距离检测法主要适用于制动性能检测的道路试验，试验应在平坦、硬实、清洁、干燥且轮胎与路面间的附着系数不低于0.7的混凝土或沥青路面上进行，主要检测仪器是能够测出车辆的行驶距离、时间、速度和制动初速度、制动距离、制动时间的五轮仪、非接触式多功能速度检测仪等。

表3-13　制动距离和制动稳定性要求

机动车类型	制动初速度(km/h)	空载检验制动距离要求(m)	满载检验制动距离要求(m)	试验通道宽度(m)
三轮汽车	20	≤5.0		2.5
乘用车	50	≤19.0	≤20.0	2.5
总质量不大于3500kg的低速货车	30	≤8.0	≤9.0	2.5
其他总质量不大于3500kg的汽车	50	≤21.0	≤22.0	2.5
铰接客车、铰接式无轨电车、汽车列车	30	≤9.5	≤10.5	3.0
其他汽车	30	≤9.0	≤10.0	3.0

使用能够准确模拟汽车行驶动能并以滚筒作为活动路面的惯性式制动试验台，也可在室内台架试验条件下测得汽车的制动距离。

1)制动距离要求

制动距离 s 指在规定的初速度下急踩制动踏板时,从脚接触制动踏板(或手接触制动手柄)起至机动车停住时止机动车驶过的距离,包括在制动器起作用时间内驶过的距离 s_2 和在汽车以最大减速度持续制动时间内所驶过的距离 s_3。

2)制动稳定性要求

制动稳定性要求是指制动过程中机动车的任何部位不允许超出规定宽度的试验通道的边缘线。

2. 制动减速度法检测标准

用制动减速度、制动协调时间和制动稳定性评价汽车的制动性能。汽车道路试验中,在规定初速度下急踩制动踏板时,充分发出的平均减速度 FMDD 和制动稳定性应满足的要求见表 3-14。可采用速度分析仪、制动减速度仪测出有关参数后,再计算出充分发出的平均减速度。

制动减速度和制动稳定性要求 表 3-14

机动车类型	制动初速度 (km/h)	空载检验充分发出的平均减速度 (m/s²)	满载检验充分发出的平均减速度 (m/s²)	试验通道宽度 (m)
三轮汽车	20	≥3.8		2.5
乘用车	50	≥6.2	≥5.9	2.5
总质量不大于3500kg的低速货车	30	≥5.6	≥5.2	2.5
其他总质量不大于3500kg的汽车	50	≥5.8	≥5.4	2.5
铰接客车、铰接式无轨电车、汽车列车	30	≥5.0	≥4.5	3.0
其他汽车	30	≥5.4	≥5.0	3.0

1)制动减速度要求

用制动减速度评价汽车的制动性能,是以汽车充分发出的平均减速度 FMDD 作为参数的,即

$$FMDD = \frac{v_b^2 - v_e^2}{25.92 \times (s_e - s_b)}$$

式中:v_b——$0.8v_0$,试验车速,km/h;

v_e——$0.1v_0$,试验车速,km/h;

s_b——试验车速从 v_0 到 v_b 之间车辆驶过的距离,m;

s_e——试验车速从 v_0 到 v_e 之间车辆驶过的距离,m。

FMDD 是机动车制动过程中制动减速度的一个较稳定的平均值。当制动过程比较平稳,制动减速度比较稳定时,也可以认为充分发出的平均减速度是采样时段的平均加速度,即

$$FMDD \approx \frac{v_b - v_e}{3.6 \times t_{bm}}$$

式中:t_{bm}——车速由 v_b 降至 v_e 所用的时间,s。

2)制动协调时间要求

制动协调时间是在急踩制动踏板时,从脚接触制动踏板(或手触动制动手柄)时起至机

动车减速度(或制动力)达到标准中规定的机动车充分发出的平均减速度(或制动力)的75%时所需的时间。

制动协调时间的规定是:液压制动的汽车不应大于0.35s;气压制动的汽车不应大于0.60s;汽车列车和铰接客车、铰接式无轨电车不应大于0.80s。

3)制动稳定性要求

制动过程中,机动车的任何部位不允许超出表3-14中规定宽度的试验通道的边缘线。

制动减速度法也主要适用于汽车制动性能的道路试验,主要检测仪器是五轮仪、非接触式多功能速度检测仪和减速度仪等。

使用能够准确模拟汽车行驶动能并以滚筒作为活动路面的惯性式制动试验台,也可在室内台架试验条件下测得汽车的制动减速度。

4)制动踏板力或制动气压要求

进行制动性能检验时的制动踏板力或制动气压应符合以下要求:

(1)满载检验时。

气压制动系:气压表的指示气压≤额定工作气压。

液压制动系:乘用车踏板力≤500N;其他机动车踏板力≤700N。

(2)空载检验时。

气压制动系:气压表的指示气压≤750kPa。

液压制动系:乘用车踏板力≤400N;其他机动车踏板力≤450N。

3. 制动力法检测标准

汽车制动距离取决于制动力的大小和制动器起作用时间的长短,因此可以采用制动力和制动协调时间评价汽车的制动性能;同时,为使汽车具有良好的制动稳定性,左、右车轮的制动力必须满足平衡要求。利用制动力作为诊断参数时,可以通过台架试验分别对汽车的行动制动性能和驻车制动性能进行检测。

1)制动力要求

汽车、汽车列车在制动试验台上测出的制动力应符合表3-15的要求。对空载检验制动力有质疑时,可用表中规定的满载检验制动力要求进行检测。

台试检测制动力要求 表3-15

机动车类型	制动力总和与整车质量的百分比(%)		轴制动力与轴荷[a]的百分比(%)	
	空载	满载	前轴[b]	后轴[b]
三轮汽车	—	—	—	≥60[c]
乘用车、其他总质量不大于3500kg的汽车	≥60	≥50	≥60[c]	≥20[c]
铰接客车、铰接式无轨电车、汽车列车	≥55	≥45	—	—
其他汽车	≥60	≥50	≥60[d]	≥50[d]

注:a 用平板制动检验台检验乘用车时应按左右轮制动力最大时刻所分别对应的左右轮动态轮荷之和计算。

b 机动车(单车)纵向中心线中心位置以前的轴为前轴,其他轴为后轴;挂车的所有车轴均按后轴计算;用平板制动试验台测试并装轴制动力时,并装轴可视为一轴。

c 空载和满载状态下测试均应满足此要求。

d 满载测试时后轴制动力百分比不做要求;空载用平板制动检验台检验时应大于或等于35%;总质量大于3500kg的客车,空载用反力滚筒式制动试验台测试时应大于或等于40%,用平板制动检验台检验时应大于或等于30%。

2）制动力平衡要求

在制动力增长全过程中同时测得的左右轮制动力差的最大值，与全过程中测得的该轴左右轮最大制动力中大者（当后轴及其他轴，制动力小于该轴轴荷的60%时为与该轴轴荷）之比，对新注册车和在用车应分别符合表3-16的规定。

台试检验制动力平衡要求　　　　　　表3-16

机动车类型	前轴	后轴（及其他轴）	
		轴制动力大于或等于该轴轴荷60%时	制动力小于该轴轴荷60%时
新注册车	≤20%	≤24%	≤8%
在用车	≤24%	≤30%	≤10%

3）制动协调时间要求

液压制动的汽车不应大于0.35s；气压制动的汽车不应大于0.60s；汽车列车和铰接客车、铰接式无轨电车不应大于0.8s。

4）车轮阻滞率要求

进行制动力检验时，汽车、汽车列车各车轮的阻滞力应小于或等于轮荷的10%。

5）驻车制动性能要求

机动车空载且乘坐一名驾驶人，使用驻车制动装置制动时，驻车制动力的总和应大于或等于该车在测试状态下整车质量的20%，但总质量为整备质量1.2倍以下的机动车应大于或等于15%。

利用台架试验检测汽车制动性能时，由于可测出车轮制动力大小，因此可据此分别分析各车轮的制动能力和制动器的技术状况。同时，台架试验速度快，占地面积小。因此，在汽车检测站广泛采用制动试验台以制动力为参数来检测汽车的制动性能。

4．制动系统密封性要求

《道路运输车辆综合性能要求和检验方法》（GB 18565—2016）针对在用道路运输车辆制动系统密封性进行了规定。

（1）采用气压制动的车辆，当气压升至600kPa时，空气压缩机停止运转3min，其气压降低值应不大于10kPa。在气压600kPa的情况下，空气压缩机停止运转，将制动踏板踩到底，待气压值稳定后观察3min，单车气压降低值应不大于20kPa；汽车列车气压降低值不得超过30kPa。

（2）采用液压制动的车辆，发动机在怠速运转状态下，将制动踏板踩下，保持550N的踏板力并持续1min，踏板不应有向地板移动的现象；采用真空辅助的系统，当残留的真空耗尽且在制动踏板上持续施加220N（乘用车为110N）的力，在发动机起动时制动踏板应轻微地下降。

5．起步气压建立时间

《道路运输车辆综合性能要求和检验方法》（GB 18565—2016）针对在用道路运输车辆制动性规定了起步气压建立时间的要求。即采用气压制动的车辆，发动机在75%的额定转速下，车载气压表的指示气压从零升至起步气压的时间，汽车列车不大于6min，其他车辆不大于4min，未标起步气压按400kPa计。

6. 汽车列车制动力分配

《道路运输车辆综合性能要求和检验方法》（GB 18565—2016）针对在用道路运输车辆制动性规定汽车列车制动力的分配要求，即：牵引车（挂车）整车制动力与汽车整车制动力的比值不应小于牵引车（挂车）质量与汽车列车质量比值的90%，也即：牵引车（挂车）的整车制动率不应小于汽车列车整车制动率的90%。

二、汽车制动性能的台试检测

汽车制动性能试验台是对汽车制动性能进行检测的设备，根据测试原理不同，汽车制动试验台可分为反力式和惯性式；按检测台支撑车轮形式不同，汽车制动试验台可分为滚筒式和平板式；滚筒式试验台按检测车轴数，可分为单轴式、双轴式、多轴式。下面介绍几种常用的汽车制动性能检测试验台的结构和工作原理。

（一）单轴反力式滚筒制动试验台的结构和工作原理

1. 单轴反力式滚筒制动试验台的结构组成

反力式滚筒制动试验台由滚筒装置、驱动装置、举升装置、测量装置、指示与控制装置等组成，如图 3-25 所示。为同时测试左、右车轮的制动力，滚筒装置、驱动装置和测量装置是左、右对称，独立设置的，而控制装置和显示装置则是公用的。

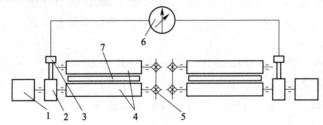

图 3-25　反力式滚筒制动试验台

1-电动机；2-减速器；3-测量装置；4-滚筒装置；5-链传动；6-指示与控制装置；7-举升装置

1）滚筒装置

滚筒装置由左、右独立设置的两对滚筒构成，滚筒两端由滚筒轴承支承并安装在机架上，前、后滚筒间常采用链传动。驱动装置驱动后滚筒，并通过链条带动前滚筒旋转。滚筒装置作为活动路面，支撑被测车辆，传递动力，使车轮旋转，并在制动试验时传递制动力。

滚筒直径一般在 105～300mm；其线速度在 0.1～5km/h。滚筒直径大时，轮胎在滚筒上滚时变形小，滚动阻力小，但所需电动机功率大、体积大；滚动直径小时，则体积小，电动机功率小，但车轮滚动阻力大。为提高滚筒与轮胎的附着系数，需对滚筒表面进行专门处理。

有的滚筒制动试验台在主、从动滚筒之间设置一直径较小，既可自转又可上下摆动的第三滚筒，平时由弹簧使其保持在最高位置。在检测时被检车辆的车轮置于主、从动滚筒上同时压下第三滚筒，并与其保持可靠接触。控制装置通过转速传感器，即可获知被测车轮的转动情况。当被检车轮制动，转速下降至接近抱死时，控制装置根据转速传感器送出的相应电信号使驱动电动机停止转动，以防止滚筒剥伤轮胎，并保护驱动电动机。第三滚筒除了上述作用外，有的试验台上还将其作为安全保护装置使用，只有当两个车轮制动测试单元的第三滚筒同时被压下时，制动试验台驱动电动机的电路才能接通。

2) 驱动装置

驱动装置由电动机和减速器(扭力箱)构成,减速器外壳由轴承浮动安装在支架上,可以绕后滚筒中心线摆动,如图 3-26 所示。电动机输出的转矩和转速经减速器减速增扭后,驱动滚筒装置的后滚筒旋转,前滚筒与后滚筒由链传动连接而同步旋转。

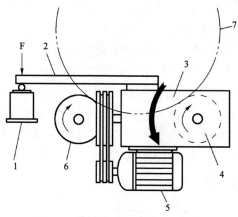

图 3-26 测力装置和驱动装置示意图
1-压力传感器;2-测力杠杆;3-减速器;4-主动滚筒;5-电动机;6-从动滚筒;7-车轮

3) 举升装置

主、从动滚筒之间设置有举升装置,便于汽车驶入、驶出制动试验台。该装置通常由举升器、举升平板和控制开关等组成。常用的举升器有气压式、电动螺旋式和液压式三种形式。

4) 测量装置

制动力测量装置主要由测力杠杆和传感器组成,如图 3-26 所示。测力杠杆一端与传感器连接,另一端与减速器壳体连接。被测车轮制动时,测力杠杆与减速器壳体将一起绕主动滚筒(或绕减速器输出轴)轴线摆动。传感器将测力杠杆传来的与制动力成比例的力(或位移)转变成电信号输送到指示与控制装置。传感器有电阻应变片式、自整角电动机式、电位计式和差动变压器式等多种类型。

5) 控制与指示装置

现代制动试验台的电子控制装置主要由计算机、放大器、A/D 转换器、数字显示器和打印机等组成,其控制流程如图 3-27 所示。

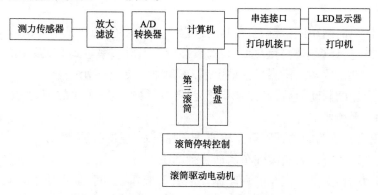

图 3-27 计算机控制流程框图

2. 单轴反力式滚筒制动试验台工作原理

汽车制动性能检测过程及工作原理如图 3-28 所示。被检汽车驶上制动试验台，车轮置于主、从动滚筒之间，放下举升器（或压下第三滚筒，装在第三滚筒支架下的行程开关被接通）；起动电动机，经减速器、链传动和主、从动滚筒带动车轮低速旋转，待车轮转速稳定后，驾驶人踩下制动踏板。车轮在车轮制动器的摩擦力矩 T_μ 的作用下开始减速旋转。此时电动机驱动的滚筒对车轮轮胎周缘的切线方向作用制动力 T_{x1}、T_{x2}，以克服制动器摩擦力矩，维持车轮继续旋转。与此同时，车轮轮胎对滚筒表面切线方向附加一个与制动力反向等值的反作用力 F'_{x1}、F'_{x2}，在 F'_{x1}、F'_{x2} 形成的反作用力矩作用下，减速器壳体与测力杠杆一起朝滚筒转动相反方向摆动，测力杠杆一端的力或位移经传感器转换成与制动力大小成比例的电信号。从测力传感器送来的电信号经放大滤波后，送往 A/D 转换器转换成相应数字量，经计算机采集、存储和处理后，检测结果由指示装置显示或打印出来。在制动过程中，当左、右车轮制动力大于某一值时，计算机即开始采集数据。经历了规定的采集时间（如 3s）后，计算机发出指令使电动机停转，以防止轮胎剥伤。

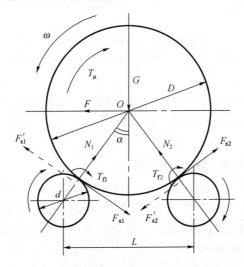

图 3-28 车轮在试验台上试验时的受力简图

G-车轮所受的荷载；F-车桥对车轮轴的水平推力；N_1、N_2-滚筒对车轮的支反力；F_{x1}、F_{x2}-滚筒对轮胎的切向摩擦力；$F = N\varphi$；F'_{x1}、F'_{x2}-车轮对滚筒的切向反作用力；φ-滚筒与车轮表面的摩擦系数；T_μ-制动器摩擦力矩；T_{f1}、T_{f2}-车轮的滚动阻力矩；α-安置角

在有第三滚筒的制动试验台上，在制动过程中，第三滚筒的转速信号由传感器转变成电信号后输入计算机，计算车轮与滚筒之间的滑移率。当滑移率达到一定值（如 20%）时计算机发出指令使电动机停转。检测过程结束后，车辆即可驶出制动试验台。

测出左右车轮的制动力后，经控制装置运算便可得到左右车轮的制动力差，以评价汽车是否满足制动力平衡要求。

显然，在反力式滚筒制动试验台上检测汽车驻车制动性能的基本原理与之类似，其不同点仅在于此时汽车的制动力是由驻车制动装置产生的。

车轮阻滞力的检测是在汽车的行车制动装置和驻车制动装置均处于完全释放状态，变速器置于空挡位置时进行的。此时，电动机通过减速器、链传动及滚筒来带动车轮维持稳定旋转所需的力,即为车轮的阻滞力。

制动协调时间是从驾驶人踩下制动踏板的瞬间作为起始计时点。为此,在制动测试过程中,必须由驾驶人通过套装在汽车制动踏板上的脚踏开关向试验台控制装置发出一个"开关"信号,开始时间计数,直至制动力达到标准中规定制动力75%时的瞬间为止。这段时间历程即为制动协调时间,通常可以通过试验台的计算机执行相应程序来实现。

3. 反力滚筒式制动试验台的使用特点

由于反力滚筒式制动试验台测试条件稳定,检测结果重复性较好,能定量检测汽车各个车轮的制动力和其他参数,且试验台结构简单、使用方便,检测过程迅速、经济、安全,不受外界条件限制,因此得到了广泛应用。

但反力滚筒式制动试验台有以下局限性,主要表现为:

(1)由于制动测试时滚筒的转动速度较低,其与实际制动状况相差甚远,这将影响所测制动力的上升速度,使制动协调时间延长。若其与采样时间不能很好匹配时,甚至可能影响所测制动力值大小。

(2)采用一般反力式滚筒制动试验台检测具有防抱死制动(ABS)系统汽车的制动性能时,所得结果不能正确反映防抱死制动(ABS)系统的功能。主要原因是测试车速较低,防抱死制动系统在低速下不起作用,只能相当于对普通的液压制动系的检测过程。

(3)另外,静态下进行制动性能检测时,没有考虑汽车制动时因惯性作用而产生的轴荷转移现象,与实际情况差异较大;同时,制动试验台的滚筒直径太小,与轮胎的接触面积较道路试验时小得多;又由于试验台前后滚筒的间距不能调整,因此当装用不同直径车轮的汽车检查制动力时,较大和较小的车轮在滚筒上的附着情况有很大不同,会使检测结果受到很大影响。

(二)平板式制动试验台结构及工作原理

平板式制动试验台是一种低速动态式制动试验台,可以是时检测各个车轮的制动力。

1. 平板式制动试验台结构

平板式制动试验台由测试平板、测量显示系统、辅助装置及踏板压力传感器构成。平板式制动试验台一般除了可以检测汽车的制动性能外,还能检测悬架性能、轴重、侧滑量,因此又称平板式底盘检测设备。

1)测试平板

平板式制动试验台共6块测试平板,左右对称布置且相互独立,其两端4块用于制动、悬架、轴重测试,中间两块用于侧滑量检测,如图3-29所示。测试平板由面板、底板、钢球和力传感器等组成,如图3-30所示。底板作为底座固定在混凝土地面上,面板通过压力传感器和钢球支承在底板上,其纵向则通过拉力传感器与底板相连。压力传感器用于测量作用于面板上的垂直力;拉力传感器则用于测量沿汽车行驶方向,轮胎作用于面板上的水平力。

2)控制和显示装置

控制与显示装置是一个以计算机为核心的数据采集、分析、处理和显示的系统。计算机对传感器的各种出信号进行高速采样,并将其转换为数字信号,并对这些数字信号进行处理、计算,并判定汽车制动性能是否合格,同时还能给被测汽车驾驶人提供操作指示。

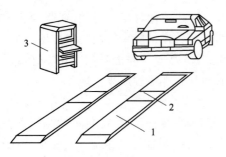
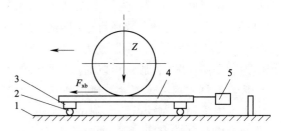

图 3-29 平板式制动试验台
1-制动、轴重、悬架测试平板;2-侧滑测试平板;3-数据处理系统

图 3-30 测试平板的结构示意图
1-底板;2-钢球;3-压力传感器;4-面板 5-拉力传感器

测试平板所受到的水平力和垂直力的大小变化,分别对应于拉力传感器和压力传感器所输出的电信号的变化。拉力传感器和压力传感器输出的电信号由计算机采集、处理后,换算成制动力和轮荷的大小并分别在显示装置上显示出来。踏板压力传感器用于测出制动时作用在制动踏板上的力,如果装用无线式踏板压力传感器,平板式制动试验台不仅可测出最大制动力,还可输出制动力随时间变化的曲线、制动协调时间等信息。根据垂直力的数值及在制动过程中的波动情况,还可检测汽车轴重和悬架、减振器的性能。

3)辅助装置

辅助装置包括前、后引板和中间过渡板,作用是方便汽车平稳地驶上、驶下制动试验台。

2. 平板式制动试验台工作原理

利用平板式制动试验台检测汽车制动性能时,汽车以 5~10km/h 的速度匀速驶上测试平板,置变速器于空挡并紧急制动。在汽车惯性力作用下,车轮则对测试平板作用一个与车轮制动力大小相等、方向与汽车行驶方向相同的作用力 F_{xb}。该作用力通过纵向拉杆传给纵向拉力传感器,传感器则将该作用力转换成相应大小的电信号输入放大器;与此同时,压力传感器将各车轮载荷的大小转换成电信号输入放大器。然后,通过控制装置处理由显示装置显示检测结果。

根据制动过程中汽车前、后车轮作用在测试平板上的垂直力的变化情况,则可以判断汽车各个车轮的悬架性能。

3. 平板式制动试验台的使用特点

(1)由于是动态制动试验,汽车在平板式制动试验台上的制动过程与汽车路试时的制动过程较为接近,能反映车辆的实际制动性能。

(2)平板式制动试验台不需模拟汽车转动惯量,结构简单,可以方便地与轮重仪、侧滑仪等组合,进行轴重、侧滑量等检测,因此有利于提高测试效率。

(3)平板式制动试验台存在测试重复性差,且重复试验较麻烦,占地面积大,需要助跑车道,不利于流水作业和不安全等缺点。

(三)惯性式制动试验台结构及工作原理

惯性式制动试验台用旋转飞轮的转动惯量模拟车辆在道路上行驶时的动能,再现车辆在道路行驶时的状况。惯性式制动试验台的滚筒可由电动机或车辆的驱动轮驱动,能进行高速试验,因而其测试工况更接近实际。主要检测参数是各轮的制动距离,同时还可测得制动时间或减速度。

惯性式滚筒制动试验台按同时检测的轴数不同可分为单轴式和双轴式。双轴惯性式滚筒制动试验台的结构如图 3-31 所示。

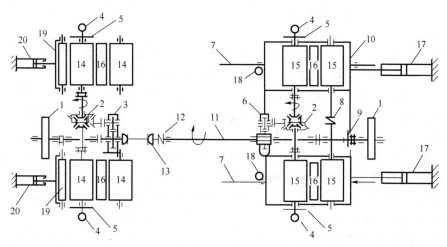

图 3-31 双轴惯性式滚筒制动试验台

1-飞轮;2-传感器;3、6-变速器;4-测速发电机;5、9-光敏传感器;7-可移导轨;8、12-电磁离合器;10-移动架;11-传动轴;13-万向节;14-后滚筒;15-前滚筒;16-举升托板;17-移动架驱动液压缸;18-加紧液压缸;19-第三滚筒;20-第三滚筒调节液压缸

试验时,被检车辆驶上试验台后,前、后滚筒组之间的距离可用液压缸 17 调节,调节后用液压缸 18 锁紧,由汽车发动机的动力经驱动轮驱动后滚筒组旋转。左右主动滚筒用半轴与传感器 2 相连,并经变速器 3、万向节 13、电磁离合器 12、传动轴 11、变速器 6、传感器 2,带动前滚筒及汽车前轮一起旋转。此时,根据被检车辆行驶时的惯性等效质量配置的飞轮 1 也一起旋转。当达到试验转速时,断开连接各滚筒的电磁离合器,同时采取紧急制动。车轮制动后,滚筒飞轮依靠惯性继续转动,滚筒能转动的圈数与滚筒圆周长之积相当于车轮的制动距离。

在规定试验车速下,滚筒继续转动圈数取决于车轮制动器和整个制动系统的技术状况。滚筒转动圈数由装在滚筒端部的光敏传感器 5 转变为电脉冲送入计数器记录,在滚筒的端部还装有测速电动机 4 测定试验车速。利用装在惯性式制动试验台滚筒一端的测速传感器(光电式或测速电动机式)测出制动过程中的速度变化,由制动时间和速度变化可换算得到制动减速度。为防止汽车制动时向后窜出,在后滚筒组后装有第三滚筒。

利用惯性式制动试验台动态检验汽车的制动性能时,其试验条件接近汽车的实际行驶条件,具有能在任何车速下进行汽车制动性能检测的优点。但这种试验台旋转部分的转动惯量较大,因而其结构复杂,占地面积大,且检验的车型范围受到一定限制,所以应用范围不如反力式制动试验台广泛。

三、汽车制动性能道路检测

汽车制动性能路试检测的项目有制动距离、充分发出的平均减速度、制动稳定性、驻车

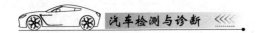

制动坡度等,主要检测仪器设备是测速仪,分为接地式车速仪和非接地式车速仪。

(一)汽车制动性能路试检验的项目和方法

对于不适用于台式制动检验的车辆,用路试制动距离或者充分发出的平均减速度(MFDD)和制动协调时间判定制动性能。有疑问时应安装踏板力计,检查达到规定制动效能时的制动踏板力是否符合标准。

1. 行车制动

路试制动性能检验应在纵向坡度不大于1%、轮胎与地面间的附着系数不小于0.7的硬实、清洁、干燥的混凝土或沥青路面上进行。检验前应对检验场地进行安全检查,并采取必要的防护及封闭措施,确保检验过程的安全。

在试验路面上,按照《机动车运行安全技术条件》(GB 7258—2017)划出规定的试车道的边线,被测车辆沿着试车道的中线行驶。使用便携式制动性能测试仪进行测试时,行驶至规定初速度后,置变速器于空挡,急踩制动踏板,使车辆停止,测量充分发出的平均减速度(MFDD)和制动协调时间,并检查车辆有驶出车道边线;当使用第五轮仪或非接触式速度仪进行测试时,行驶至高于规定的初速度后,置变速器于空挡,滑行到规定的初速度时,急踩制动踏板,使车辆停止,测量车辆的制动距离和检查车辆有无驶出车道边线。

对已在制动检验台上检验过的车辆,制动力平衡及前轴制动率符合要求,但整车制动率未达到合格要求时,用便携式制动性能测试仪检测;对于小(微)型载客汽车及其他总质量不大于4500kg的汽车的制动初速度应不低于30km/h,对于其他汽车、汽车列车及无轨电车,制动初速度应不低于20km/h,急踩制动踏板后测取MFDD及制动协调时间。

2. 驻车制动

将车辆驶上坡度为20%(总质量为整备质量的1.2倍以下的车辆为15%),附着系数不小于0.7的坡道上,按正反两个方向保持固定不动,其时间不少于5min,检验车辆的驻车制动是否符合要求。

在用机动车检验时,在不具备试验坡道的情况下,可参照相关标准使用符合规定的仪器测试驻车制动性能。

3. 应急制动性能检验

汽车(三轮汽车除外)在空载和满载状态下,按表3-17所列初速度进行应急制动性能检验,应急制动性能应符合表3-17的要求。

应急制动性能要求　　　　　　　　　　　　　表3-17

机动车类型	制动初速度(km/h)	制动距离(m)	充分发出的平均减速度(m/s^2)	允许操纵力(N)	
				手操纵	脚操纵
乘用车	50	≤38.0	≥2.9	≤400	≤500
客车	30	≤18.0	≥2.5	≤600	≤700
其他汽车(三轮汽车除外)	30	≤20.0	≥2.2	≤600	≤700

(二)车速仪的结构及原理

进行制动性能路试检测的主要仪器为车速测量仪。车速测量仪一般能同时完成车辆行驶过程中的位移、速度和相应时间的测试。按照传感器是否与地面接触,车速仪可分为接地式车速仪和非接地式车速仪。

1. 接地式车速仪的结构和原理

1）车速仪的组成

由于该仪器的传感器部分是一个接地的小轮,试验时随试验车辆在路面上滚动,故又称该仪器为第五轮仪。一般接地式车速仪由第五轮、显示器、传感器、脚踏开关(用于制动、换挡加速试验)等组成,如图3-32所示。第五轮由轮子、齿圈、连接臂、安装盘组成。

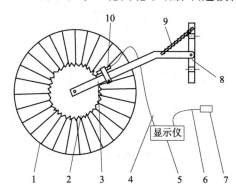

图3-32 接地式车速仪组成示意图

1-轮子;2-齿圈;3-连接臂;4-导线;5-显示器;6-开关导线;7-脚踏开关;8-安装盘;9-加力弹簧;10-传感器

2）工作原理

试验时,第五轮固定在试验车尾部或侧面,当第五轮随车运动而转动时,磁电传感器感受到齿圈的齿顶、齿谷的交替变化,并产生与齿数成一定比例数量的电脉冲。脉冲数与车辆行驶的距离成正比,脉冲频率与车速成正比。车行距离与脉冲信号的比例关系是一常量,通常称为"传递系数"。当显示仪收到由传感器传递过来的一定频率和数量的脉冲信号时,便自动与"传递系数"相乘得到相应的距离,同时将距离与由晶体振荡器控制的时间相除得出车速,并显示、存储或打印出来。

传递系数与第五轮的周长和齿盘齿数有关,若第五轮实际周长为 $L(m)$,齿盘齿数是 n,传感器每感受到一次齿顶齿谷的变化发送2个脉冲信号,则传递系数为 $L/(2n)$(m/脉冲)。由于第五轮周长随胎压和接地压力变化,因此每次试验前都应进行传递系数的标定。

2. 非接地式车速仪

非接地式车速仪没有第五轮,其作用同接地式五轮仪一样,能测量车辆运动中的车速、距离和相应时间,如图3-33所示。

非接地式车速仪是利用空间滤波原理检测车速的。下面以日本小野测器公司的LC-6765车速仪为例说明其检测原理。

空间频率传感器如图3-34所示。它是由投光器和光电探测器组成,投光器强光射在地面上,由于地面凹凸不平,形成明暗对比度不同的反射,由受光器中梳状光电管接收。

空间频率传感器基本工作原理是以一定间距 P 排列的一排透光格子,如图3-35所示,当点光源以一定速度相对格子移动时,通过格子列后光的强度就变成了忽明忽暗、反复出现的脉冲状态,此脉冲与光穿过格子的次数相对应,即每移动一个 P 距离变换一次。

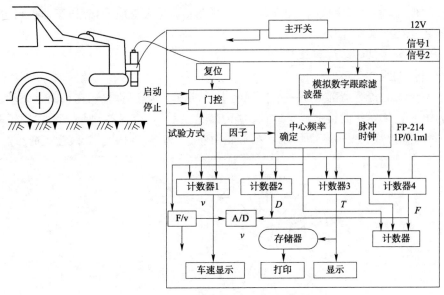

图 3-33　非接触式车速仪工作原理框图

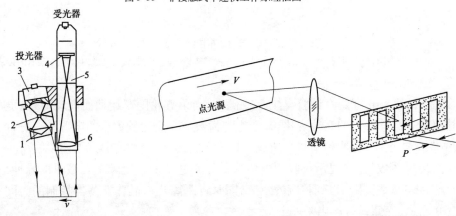

图 3-34　空间频率传感器
1-透镜;2-灯;3-反射镜;4-梳状光电管;5-光栅;6-聚光透镜

图 3-35　空间滤波器原理示意图

假设点光源移动速度为 V,光学系统的放大率为 m,则在格子列上移动的光点速度为 mV。这样,一明一暗的脉冲列的周期为 P/mV,即频率 $f=mV/P$ 与速度 V 成正比。V 的变化则可以通过频率 f 的变化表现出来。这就是空间滤波器的基本工作原理。

与点光源相比,一般的光学投影则稍有差异。这种光学投影(凹凸不均的形状),可以看作为许多不同强度的点光源不规则地集中,不改变相互位置,向着一定的方向,同时平行移动的状况。由此得到的光量,就是从这些点光源一个一个地测量的光量总和。然而,由于点光源的分布和强度都不同,其结果导致相位和亮度的全然不同。但因频率完全相同,结果组成了许多仅仅相位和振幅不同的信号,其平均频率为 mV/P。从而可得到相位和振幅均随机平稳变化的信号(窄带随机信号)。可通过测算中心频率求解速度和移动距离。

非接地式车速仪的特点是安装方便、测量精度高,适用于高速测量,最高测量速度可到 250km/h;其缺点是光源耗电大,在车速很低时,测量误差大,车速 1.5km/h 以下不能测量。

四、汽车制动系统常见故障诊断

(一)气压制动系统检测与诊断

1. 气压制动系统主要部件的常见故障

气压制动系统故障多是制动管路接头不严密或管路破裂、扭曲、凹瘪、积炭堵塞或制动器软管老化、通气不畅。其中主要部件的故障如下。

1)空气压缩机

空气压缩机是产生压缩气源的装置,产生故障后会使制动系统动力源不足,制动效能降低。常见故障有缸盖变形;出气室积炭过多;出气管接头积炭堵塞;出气阀与阀座密封不良或阀片弹簧过软;空气滤清器滤网堵塞或其壳与盖接触并压紧过甚;皮带轮槽磨损过度使皮带打滑;活塞及活塞环与缸壁磨损过度等。

2)制动阀

制动阀有多种形式。不同车型所用制动阀的结构尽管不同,但结构原理相似。制动阀主要故障为:阀门有积存物黏附,或关闭不严;各种弹簧力不符合技术条件要求,或弹簧损坏;运动部件卡滞,膜片损坏、变形;制动阀壳体上有裂纹或壳体变形等。

3)制动气室及调整臂

常见故障有:膜片破裂、推杆外露过长;制动软管老化发胀或破裂;弹簧严重变形;定位钢球及弹簧失效;制动气室的壳体和盖有裂纹或顶杆孔磨损过度等。

4)制动器

气压制动系统的车轮制动器一般采用鼓式制动器。常见故障是:制动蹄片翘曲;制动蹄复位弹簧过软或过硬;制动蹄摩擦片与制动鼓接触面积太小或趋于中间部位,或表面油污、硬化、铆钉外露、质量不佳;偏心调整不当,制动鼓磨损失圆或鼓壁过薄;制动蹄销轴调整螺钉调整不当等。

2. 气压制动系统常见故障的诊断

气压制动系统的常见故障现象包括制动效能不良、制动突然失效、制动拖滞、单边制动(制动跑偏)等。

1)制动效能不良

(1)故障现象。

汽车运行时,踏下制动踏板后,制动减速度小或反应迟缓,紧急制动时各轮均无拖印。

(2)故障原因。

①压缩空气压力不足。

②制动阀故障。常见故障有:调整螺钉调整不当,排气阀复位弹簧过硬或调整垫片太厚,进、排气阀与摇杆接触端磨损过甚,摇杆弯曲、膜片破裂,平衡弹簧弹力不符合技术要求等。

③制动管路破裂漏气。

④制动软管老化发胀,通气不畅。

⑤制动凸轮轴转动困难或转角过大。

⑥车轮制动器故障。

⑦制动蹄与支承销卡滞,或制动蹄驱动端磨损过甚。

(3) 故障诊断方法。

检查诊断时,首先应查看气压表。若气压表指示为零,可踏下制动踏板再抬起,若有放气声,说明气压表有故障,应更换气压表;如无放气声,检查空气压缩机皮带是否松动打滑,如不打滑,则检查空气压缩机至储气筒一段的气管。如气管良好,而气压表指示气压很低,则故障部位是压缩机,应检查其排气阀或气缸内部的技术状况,予以修理。

若气压表指示符合标准,可踩下制动踏板,检查从制动阀至各车轮间有无漏气之处。若不漏气,检查制动踏板的自由行程,或调整制动蹄摩擦片与制动鼓的间隙。制动效能不良的诊断检测程序如图 3-36 所示。

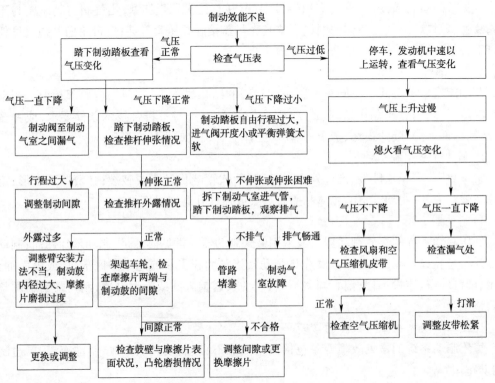

图 3-36 气压制动效能不良的故障诊断程序

2) 制动跑偏

(1) 故障现象。

制动时,汽车不能沿直线行驶,向一侧自动偏驶。

(2) 故障原因。产生制动跑偏的可能原因是:

①左右车轮摩擦片与制动鼓间隙不均。

②个别车轮的摩擦片上有油、硬化或铆钉头露出。

③左右车轮摩擦片材料不一致或接触不良。

④某个车轮制动凸轮轴被卡住或调整不当,使凸轮转角相差太大,复位弹簧变软、损坏等。

⑤某个车轮制动气室膜片硬度不同、推杆外露不等,或伸张速度不等。

⑥某制动软管通气不畅。

⑦两前轮轮胎气压不一致,两前轮钢板弹簧弹力相差太多或车架及前轴变形严重等。
(3)故障诊断。

当制动跑偏时,首先应进行路试,根据轮胎拖印找出制动效能不良的车轮;然后,参照气压制动效能不良的诊断程序进行检查。若各车轮的制动效能均良好,仍有制动跑偏现象,则应检查两前轮的轮胎气压是否一致、钢板弹簧弹力及车架的变形情况等。

3)制动拖滞

(1)故障现象。

抬起制动踏板后,制动阀排气缓慢或不排气,不能立即解除制动,或排气虽快,但感觉制动作用仍存在。

(2)故障原因。

①制动踏板自由行程过小,或制动鼓与摩擦片的间隙过小。
②制动阀排气阀调整垫片过薄,或复位弹簧过软、折断和橡胶阀座老化发胀。
③制动踏板至制动阀拉臂之间的传动系统零件卡滞,或制动器凸轮轴、制动蹄支承销锈滞。
④制动复位弹簧过软或折断。
⑤制动蹄摩擦片碎裂等。

(3)故障诊断。

先确定全部车轮制动拖滞或个别车轮制动拖滞。若全部车轮制动拖滞,多是制动阀的故障,或制动踏板自由行程不足。制动阀常见故障为阀门粘住、弹簧折断等。若某一车轮拖滞,则故障多在制动器,应本着由易到难的原则,逐一检查排除。

(二)液压制动系统检测与诊断

液压制动系统利用制动液作为传力介质。在现代汽车上常用的液压制动系统有:真空增压式液压制动系统、真空助力式液压制动系统、气压增压式液压制动系统等。

1.真空增压式液压制动系统检测与诊断

1)真空增压式液压制动系统主要部件的检查

(1)制动主缸的检查。

在检查之前,先用制动液或酒精对零件进行清洗。但不允许使用溶剂或汽油清洗,以免损坏橡胶制品零件。

①主缸缸体与活塞的检查。重点检查缸体与活塞有无磨损、刮伤、锈蚀等,存在上述缺陷应予更换;缸体与活塞的配合间隙超过极限值时也应更换。主缸的补偿孔和回油孔若堵塞,可用压缩空气吹通。

②活塞复位弹簧的检查。弹簧过软、变形、折断时应更换。

③橡胶件的检查。活塞皮碗、皮圈、进出油阀等橡胶件的配合面磨损、开裂、膨胀等,应予更换。其他零件若有损坏、变形时同时更换。

(2)鼓式制动器的检查。

①制动鼓的检查。测量制动鼓内径的磨损量和圆度差,在不影响使用的情况下,允许有轻微的擦伤和细小沟痕。若圆度误差超过规定值时,应在车床或制动鼓镗削机上进行镗削。

②摩擦片的检查。检查制动蹄摩擦片有无伤痕、磨损、开裂或过热而烧焦变质,有上述

缺陷时应予修理或更换;并检查磨损是否超限、有无被制动液或油污污损,如有应更换新件。更换新摩擦片时,应检查制动鼓的内径,当磨损量超过规定值时应更换新件。

测量铆钉头沉入摩擦片表面的深度,若小于规定值,则应更换。更换摩擦片时可以连同制动蹄一起更换,也可只换摩擦片。修理或更换摩擦片后,应检查摩擦片与制动鼓的贴合面面积。贴合面面积应大于70%,且两端接触较重,中间较轻。

③制动轮缸的检查。重点检查轮缸橡胶皮碗是否完好,轮缸有无泄漏。轮缸皮碗工作刃口有磨损、开裂等损伤时应予更换;轮缸缸壁有拉伤、锈蚀、内径磨损,放气螺钉密封锥面损伤、螺孔、螺纹滑丝、乱牙等应更换;缸体内径磨损超过极限值应更换;活塞有拉伤、锈蚀以及磨损过量,与缸体配合间隙超过极限值应更换;轮缸活塞弹簧弹力不足或折断应更换。

2)真空增压液力制动系统常见故障的诊断

真空增压液力制动系统的常见故障有制动失效、制动效能不良、制动拖滞、制动跑偏等。

(1)制动失效。

①故障现象。连续多次踩下制动踏板,车轮无制动作用,汽车不能减速和停车。

②故障原因。储液罐内无制动液或制动液储量严重不足;主缸严重磨损或其皮碗、制动轮缸皮碗损坏,或紧急制动时将制动皮碗踩翻;制动管路破裂或接头严重漏油;主缸推杆连接销脱落。

③故障诊断。首先,检查制动储液罐内的制动液储量是否符合规定要求;再检查制动主缸推杆连接销是否可靠;然后,检查管路、接头等处有无漏油;上述检查均正常时,应拆检制动主缸,若完好应拆检制动轮缸。

(2)制动反应迟缓。

①故障现象。汽车行驶中制动时,踩一脚制动踏板不能制动,要连续踩几次制动踏板,才起制动作用。

②故障原因。踏板自由行程过大;制动蹄片与制动鼓间隙过大;制动主缸皮碗、出油阀损坏。

③故障诊断。首先,检查制动踏板自由行程是否符合要求;然后,检查主缸皮碗是否损坏。若主缸的皮碗损坏,则踏制动踏板时每次出油较少,压力也低,会使制动不灵;再次,检查主缸出油阀,出油阀损坏会使管路内的剩余压力过低,管路内制动液回流主缸过多,主缸动作一次压出的制动液不能起作用,须多踩几次制动踏板才能制动。

(3)制动效能不良。

①故障现象。汽车行驶中制动时,产生的制动减速度小,制动距离长。

②故障原因。

制动主缸故障:制动主缸缺油,皮碗老化、发胀或破损,活塞与缸壁磨损过甚而配合松旷等。

真空增压器故障:各真空管接头连接不紧密或管子破裂、凹瘪或扭曲不畅通,止回阀密封不严,控制阀活塞和皮碗密封不良或膜片破裂,控制阀中的空气阀或真空阀与其座表面损坏、不洁而使密封不良,加力气室膜片破裂。

制动轮缸故障:皮碗老化发胀,活塞与缸壁配合松旷,活塞复位弹簧过软或折断等。

制动器的故障:制动蹄摩擦片与制动鼓间隙过大,摩擦片油污、水湿、硬化或铆钉外露,制动鼓磨损过度,出现沟槽、失圆等。

③故障诊断。首先,检查制动踏板自由行程是否符合要求,并检查各真空管的接头是否

松动、不严密,管路是否破裂或不畅通。然后,检查真空增压器是否存在故障。可先踏下制动踏板,然后起动发动机,使发动机怠速运转几秒。若感到制动踏板自行下降少许,说明真空增压器良好,故障是制动低压油路、主缸、车轮制动器引起的;若制动,踏板并不自行下降,则说明真空增压器工作不良。此时,可先检查其控制阀空气阀是否良好。当放松制动踏板,发动机怠速运转时,悬一小束纸条或棉纱于控制阀进气口处,若被吸入,即表明空气阀密封不良;若不吸入,并在踏下制动踏板时也未吸入,则表明控制阀失效。若制动踏板刚一踏下即被吸入,即表明空气阀良好,故障多在控制阀真空阀不密封或膜片损坏,或加力气室膜片破裂。最后,检查制动轮缸和制动器的故障。

(4)制动拖滞。

①故障现象。汽车行驶一段路程后,个别(或全部)车轮制动鼓过热,且汽车起步困难,行驶无力。

②故障原因。如个别车轮制动鼓过热,一般是由于制动鼓与摩擦片间隙过小、制动蹄复位弹簧过软、制动分泵皮碗发胀或活塞卡滞、制动软管发胀阻塞。

若全部车轮制动器都发热,其原因是:制动主缸旁通孔或回油孔堵塞;制动液太脏或黏度过大,使回油困难;总泵或分泵皮碗、皮圈老化、变形、发胀,影响活动;总泵复位弹簧过软、折断,或磨损过度而卡滞;踏板无自由行程或过小。

③故障诊断。个别车轮制动拖滞故障诊断:汽车行驶一段路程后,用手摸试各车轮制动鼓外表,若明显烫手,则为该车轮拖滞;将发热的车轮顶起,拧松轮缸放气螺钉,待制动液急剧喷出后,用手转动制动鼓,若能转动,说明故障是制动油管堵塞;若不能转动,即表明制动鼓与制动蹄之间的间隙过小。

全部车轮制动拖滞故障诊断:首先检查制动踏板自由行程,应符合要求;再检查制动液的清洁及黏度值是否符合要求。检查时,打开储液罐盖,连续踩几脚制动踏板,观察回油情况。若回油缓慢或不回油,即表明制动液太脏,可能堵塞旁通孔和回油孔。若制动液良好,踩一脚制动后拧松放气螺钉,喷出制动液。此时,若全车制动拖滞消失,则应拆检制动主缸,检查活塞、复位弹簧、皮碗和皮圈。

2.真空助力式液压制动系统检测与诊断

1)真空助力式液压制动系统主要部件的检查

(1)盘式制动器。

将盘式制动器拆卸分解后,检查制动盘、摩擦块及制动钳。制动盘不应有裂纹或凹凸不平,其端面跳动量不超过规定值(桑塔纳2000GSi轿车的标准为0.06mm)。若跳动量超过标准或有凹凸不平,可车削加工,但加工后的厚度不能小于规定标准(桑塔纳2000GSi轿车制动盘的正常厚度为20mm,极限厚度为17.8mm)。若制动盘的磨损量超过标准,应进行更换。更换制动盘时,同一轴上的两个制动盘必须同时更换,以保证左右轮的制动力相等。

摩擦块的厚度小于规定极限值(桑塔纳2000GSi轿车的摩擦块厚度极限值为7mm)时,必须更换新的摩擦块。检查活塞与缸筒间的间隙,若间隙大于规定值时,或缸筒壁有较深划痕,应更换制动钳总成。

(2)真空助力器及制动主缸。

为方便起见,可将制动主缸与真空助力器一起从车上拆卸下来(拆时,应该用容器收集制动液)。在分解真空助力器前,应在前后壳体上做上标记,以便于安装。然后,按顺序依次拆下膜片弹簧、推杆、膜片总成及前壳体密封件等。

有些车辆(如桑塔纳2000GSi轿车)的制动主缸不允许进行分解和修理,损坏后应更换总成。在检查真空助力器前,若需清洗橡胶制品零件时,应采用制动液或酒精作为清洗剂。

检查的项目主要有:

①检查阀和阀座,如有破裂或沟槽,应更换阀体。
②检查推杆和压杆,如磨损应更换或进行涂镀修复。
③检查壳体和膜片,若有破裂或老化应更换真空助力器总成。
④前后密封件若有泄漏,必须更换。

2)真空助力式液压制动系统常见故障诊断

与真空增压制动系统类似,真空助力制动系统的常见故障有制动迟缓、制动拖滞、制动跑偏、制动失效、制动液泄漏等。表3-18为真空助力式液压制动系统的常见故障及原因。

真空助力式液压制动系统常见故障及原因　　　　表3-18

故障现象	故障原因
制动迟缓	①主缸进油孔堵塞; ②主缸出油阀损坏; ③制动管路内有空气; ④制动踏板自由行程过大; ⑤制动鼓和摩擦片间隙过大; ⑥制动盘或制动鼓变形表面不平,接触不良; ⑦摩擦片表面硬化、有油、铆钉外露; ⑧轮缸活塞滑动不良
制动拖滞	①制动踏板无自由行程; ②制动踏板复位不良; ③主缸活塞皮碗发胀; ④轮缸皮碗发胀、活塞发卡; ⑤制动蹄片与制动鼓(盘)的间隙过小,复位弹簧弹力不足; ⑥制动间隙自动调整装置不良; ⑦驻车制动装置复位不良; ⑧制动鼓和制动盘变形过大
制动跑偏	①左右蹄片与制动鼓(盘)的间隙不等; ②单边蹄片有油、烧结失效; ③制动蹄复位弹簧衰损或装配不良; ④左右摩擦片型号、厂家不同; ⑤轮缸内有空气,油管堵塞或活塞卡住; ⑥左右轮胎气压不一致、磨损不同; ⑦前轮定位不良; ⑧悬架弹簧衰损或减振器不良
制动失效	①制动主缸内缺油; ②主缸皮碗损坏; ③制动管路破裂或接头漏油; ④制动踏板、推杆等连接机构脱落

3. 气压增压式液压制动系统检测与诊断

气压增压式液压制动系统一般用于重型载货汽车。当主要部件(如液压制动器、制动主缸和压缩空气管路系统)出现故障时,可参照前述液压制动系统或气压制动系统故障诊断有关方法进行分析。而气压增压器常产生故障的部位,除了管路连接不良外,还有气压伺服气室、辅助缸及控制阀等。气压增压器常见故障的诊断如下。

1) 制动时踏板阻力大,制动效能不良

(1) 故障现象。

踏制动踏板制动时感到高、硬,制动效能不良,有时常伴有制动拖滞现象。

(2) 故障原因。

① 控制阀故障原因:压缩空气阀(进气阀)胶垫发胀,制动时开启间隙过小;控制阀活塞皮圈破损或发胀,或活塞磨损损坏;补偿活塞磨损变形,运动卡滞;大气阀密封不良或膜片破裂;控制阀进油孔堵塞。

② 气压伺服气室的故障原因:气压活塞密封不良;气压活塞密封装置发胀或缸筒润滑不良,使活塞运动卡滞;气压活塞复位弹簧扭曲变形;控制管通气不畅或接头松动;推杆弯曲。

③ 辅助缸的故障原因:液压活塞损伤而卡滞,球阀不能开启或污物堵塞液压活塞出油孔,制动时制动液不能顺利进入液压室及辅助缸进油道堵塞。

(3) 故障诊断。

① 制动时发硬,抬起制动踏板时排气声微弱或无排气声。表明控制阀压缩空气阀(进气阀)开度不足或气压缸控制管路堵塞。若控制管路通畅,则应分解控制阀,检查胶垫是否发胀、控制阀活塞和补偿活塞有无损伤卡滞现象,或其密封装置是否发胀、控制阀进油孔是否堵塞等影响压缩空气阀开度。

② 抬起制动踏板时排气声强,压缩空气阀(进气阀)开度正常,气压活塞也可正常推进。若制动时制动踏板高、硬,则可能是由于辅助缸液压活塞出油孔不畅通和球阀不能开启,使制动液不能顺利进入液压室所致。

③ 制动时感到制动踏板高、硬,制动起作用迟缓,抬起制动踏板后排气声强,但制动解除缓慢,各车轮制动鼓发热,表明其气压活塞进退困难。若排气声缓慢,各车轮均有拖滞现象表明控制阀活塞和补偿活塞进退困难。此时,应分别检查气压活塞密封装置是否发胀、推杆是否弯曲、缸筒润滑是否良好,控制阀活塞是否发胀、补偿活塞是否变形卡滞及其密封装置是否发胀等。若制动效能良好,仅各车轮均有制动拖滞,则应检查气压活塞复位弹簧和控制阀活塞或补偿活塞复位弹簧是否过软,以及以上各活塞密封装置是否轻微发胀,致使复位不及时。

④ 发动机怠速时,踏下制动踏板感到高、硬,但制动无效,而当缓慢制动时尚可生效。此时应检查气压活塞复位弹簧是否扭曲变形,液压活塞是否损伤和卡滞。

⑤ 踏下制动踏板即有排气声,说明控制阀大气阀密封不良(补偿活塞总管与进气阀接触不良)或膜片破裂损坏。若良好,则应检查气压伺服气室活塞密封装置是否漏气。

2) 制动时踏板向上反弹,制动效能不佳

(1) 故障现象。

踏下制动踏板,踏板突然猛力反弹感到顶脚,致使制动失效。

(2)故障原因。

①液压活塞或皮碗损伤,密封不良。

②单向球阀环关闭不严。

③液压活塞复位弹簧过软,球阀推叉突然推顶液压活塞时,使活塞偏斜,造成液压活塞出油孔与球阀密封不良。

④液压缸出油阀总成不能防止回油。

(3)故障诊断。

制动踏板反弹顶脚是真空增压或气压增压液压制动系统的特有故障,主要是制动时高压腔制动液向低压腔倒流所致,可以根据上述原因逐项检查。

3)制动效能失常

(1)故障现象。

踏下制动踏板,第一次制动尚好,第二次制动无效;或连续踩踏踏板几次,制动才起作用;制动过猛不易控制或制动突然失灵等。

(2)故障原因。

①补偿活塞密封装置发胀或活塞变形卡滞。

②补偿活塞复位弹簧过软。

③补偿活塞平衡弹簧过软或过硬。

④控制阀活塞损伤发卡或密封装置发胀卡滞。

⑤出油阀弹簧过软、折断、出油阀密封不良。

⑥制动系统温度过高,制动液沸点过低而产生气阻。

(3)故障诊断。

①第一次踩制动踏板制动尚好,第二次踩踏制动不灵,表明进入气压缸的压缩空气排出不彻底。应检查补偿活塞复位弹簧是否过软,控制阀各活塞是否运动灵活。

②两次或多次踩制动踏板,制动才生效时,应先检查制动踏板的自由行程是否符合要求。若符合要求,则应检查各轮制动器间隙是否正常。若制动器间隙正常,表明故障可能由补偿活塞平衡弹簧过软引起。若平衡弹簧正常,则应检查控制阀各活塞有无卡滞现象存在。若仍正常,则应检查辅助缸出油阀是否良好。

③制动过猛且不易控制,应检查补偿活塞平衡弹簧是否过硬。

④制动突然失灵。抬起踏板后,制动主缸反喷制动液或储液室内制动液呈沸腾状态,均表明制动系统有气阻。应检查制动系统是否过热,所用制动液是否符合规定的要求。

(三)电子控制防抱死制动系统的检测与诊断

当汽车的防抱死制动系统(ABS)出现故障时,ABS故障灯点亮。查找故障时,应按一般检查、警告灯诊断和读取故障码的方法步骤进行。

1. 一般检查内容

(1)制动液面是否在规定的范围内。

(2)检查所有继电器、熔断丝是否完好,插接是否牢固。

(3)检查电子控制装置导线的插头、插座是否连接良好,有无损坏,搭铁是否良好。

(4)蓄电池容量和电压是否符合规定,正负极的连接是否牢靠。

(5)控制单元、车轮速度传感器、电磁阀体、制动液面指示灯开关导线插头、插座和导线的连接是否良好。

(6)检查车轮速度传感器传感头与齿圈间隙是否符合规定,传感器头有无脏污。

(7)驻车制动(手刹)是否完全释放。

2. 利用警告灯检查

利用ABS故障警告灯及制动装置警告灯的闪亮规律,可以初步判断出ABS发生故障的部位。

通常情况下,在点火开关接通(ON)时,黄褐色的ABS警告灯应闪亮一下(4s左右);此时,如果制动液不足(液面过低),红色警告灯也会点亮;储能器压力低于规定值或驻车制动未释放时,红色警告灯也会点亮;当储能器压力和制动液面符合规定且驻车制动完全释放时,红色警告灯应熄灭。在发动机起动的瞬间,ABS警告灯和红色制动警告灯一般都应亮(驻车制动在释放位置),一旦发动机运转起来后,两个警告灯应先后熄灭。汽车行驶过程中,两个警告灯则都不应点亮。若ABS警告灯的闪亮情况如上,则一般可以说明ABS处于正常状态,否则说明ABS有故障或液压系统不正常。

由于车型不同,采用的ABS形式和电路不同,其警告灯的闪亮规律也有差异。不同车型的故障警告灯诊断一般可在其维修手册中查到。表3-19所示为桑塔纳2000GSi轿车ABS的故障警告灯诊断表。

桑塔纳2000GSi轿车的ABS故障警告灯诊断　　　　表3-19

ABS警告灯情况	故障现象	可能的故障原因
ABS故障警告灯亮	ABS不起作用	①车轮转速传感器不良; ②液压控制单元不良; ③ABS的ECU不良
ABS故障警告灯不亮	踩制动踏板时,制动踏板振动强烈	①制动开关失效或调整不当; ②制动开关线断路或插头脱落; ③制动鼓失圆; ④ABS的ECU不良; ⑤车轮转速传感器信号不良; ⑥液压控制单元不良
ABS故障警告灯偶尔或间歇点亮	ABS作用正常,只要点火开关关闭后再打开,ABS警告灯即可熄灭	①ABS的ECU插座松动; ②车轮转速传感器导线受干扰; ③车轮转速传感器内部工作不良; ④车轮轴承松旷; ⑤油管内有空气; ⑥制动轮缸动作不良
制动装置警告灯亮	制动液缺少或驻车制动拖滞	①制动没有松开; ②驻车制动调整不良; ③制动油管或轮缸漏油; ④制动装置警告灯搭铁
ABS故障警告灯和制动装置警告灯亮	ABS不起作用	①两个以上车轮转速传感器故障; ②ABS的ECU故障; ③液压控制单元工作不良

3. ABS 故障码的读取

现代汽车的 ABS 一般具有故障自诊断的能力,其实质是以 ABS 的 ECU 中储存的标准正常运行状况为基准,将非正常的运行(故障)状况用某种符号形式记录在存储器中,并可以方便地读出以确定故障点,这种符号称为故障码。不同车型的故障码和内容也会不同,其故障码的读取方式一般有以下三种方法。

1)用专用的故障诊断仪读取

把专用故障诊断仪与 ABS 的故障码读取接口相连,按程序启动,故障诊断仪的显示器或指示灯会按操作者的指令有规律地显示故障码,据此可利用故障诊断仪读取其存储器中的故障码。车型不同,其自诊断系统的功能不尽相同,进行诊断的方法也有所不同。以下为使用 V.A.G1551 或 V.A.G1552 型故障诊断仪读取桑塔纳 2000GSi 轿车的 ABS 故障码的方法。

(1)在断电的情况下,将故障诊断仪 V.A.G1551 或 V.A.G1552 与 ABS 的诊断插座连接。

(2)将点火开关转至"ON"位置。

(3)在地址处键入功能代码"03",按"Q"键确认,这时屏幕上将显示:ECU 版本号:3A0907379ABSITTAE20GIV100。

编号(Codierung):×××××。

工厂编号(WSC):×××××。

(4)在功能选择处输入功能代码"02",按"Q"键将显示故障的数量。之后按"→"键将依次显示每一故障的故障码和内容。桑塔纳 2000GSi 型轿车 ABS 故障码见表 3-20,其故障诊断程序如图 3-37 所示。

桑塔纳 2000GSi 轿车 ABS 故障码　　　　　　　　　　表 3-20

故障码	故障部位	故障内容
65535	ABS 的 ECU	损坏
01276	ABS 液压泵	电动机无法工作
00283	左前轮转速传感器	电气及机械故障
00285	右前轮转速传感器	
00290	左后轮转速传感器	
00287	右后轮转速传感器	
01044	ABS 编码错误	控制单元故障
00668	供电端子 30	供电装置故障
01130	ABS 工作异常	信号不正常

在读取了 ABS 的故障码或检修后,应清除 ABS 中的 ECU 存储器内的故障码。其方法是:在点火开关处于"ON"位置时,在功能选择处输入功能代码"05",按"Q"键即可消除故障码。若故障码无法消除,表明此故障码代表的故障一直存在,必须在排除故障后予以清除。如果存储的故障码可以消除,表示这是一个偶发性故障,须在实车行驶时才能重新检测到。

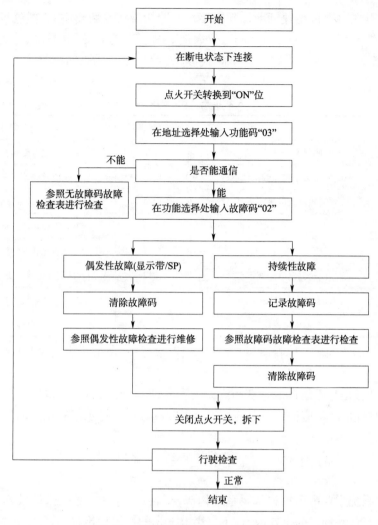

图 3-37　使用故障诊断仪进行 ABS 故障诊断

2）用指示灯或 ABS 故障警告灯读取

按规定跨接接线端子，通过汽车仪表板上的指示灯或 ABS 故障警告灯闪亮的规律输出故障码；不同的车型其读取故障码的方式也有不同。以下以大众（VW）车系戴维斯 ABS 为例进行介绍。

（1）故障码的读取。在变速杆前找到自诊断插座，如图 3-38 所示。

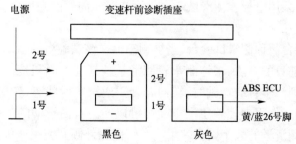

图 3-38　大众车系 ABS 自诊断插座

接通点火开关(ON)(变速杆前诊断插座),用跨接线将诊断插座中"黑色座"1号端子与"灰色座"1号端子跨接3~4s,然后断开,仪表板上的ABS警告灯即闪烁故障码。当ABS警告灯以亮、熄各2.5s方式闪烁时,为0000代码,表示自诊断代码输出结束。其故障码及内容见表3-21。

大众车系ABS故障码　　　　　　　　　表3-21

故障码	故障内容	故障码	故障内容
一直亮	ABS控制单元(ECU)不良	1222	主电磁阀不良
1111	ABS控制单元内部或搭铁不良	1223	左前轮转速传感器不良
1112	左前轮输入电磁阀不良	1224	右前轮转速传感器不良
1114	右前轮输入电磁阀不良	1234	右后轮转速传感器不良
1122	后轮输入电磁阀不良	1311	左后轮转速传感器不良
1132	左前轮输出电磁阀不良	1312	制动液面开关或低压报警开关不良
1134	右前轮输出电磁阀不良	4444	系统正常
1142	后轮输出电磁阀不良	0000	自诊断输出结束

(2)故障码的清除。故障排除后,起动车辆正常行驶,当车速达到40km/h以上时,故障码便可清除。

(3)利用驾驶信息系统读取。利用汽车上带有的驾驶信息系统,即中心计算机系统,维修人员可启动自检程序,信息系统上的显示器可按顺序逐步显示不同系统的故障码。

第五节　汽车行驶系统检测与诊断

汽车行驶系统主要由车轮和悬架系统构成,车轮定位参数、悬架系统技术状况、车轮平衡等是影响汽车行驶性能的主要因素,不仅影响汽车的操纵稳定性、乘坐舒适性、行驶阻力,而且直接影响汽车的行驶安全性。因此,汽车行驶系统的检测与诊断是汽车技术状况监控的重要内容。

一、转向轮侧滑量检测

通过动态检测法检测车辆的侧滑量,可以间接诊断车轮前束和车轮外倾角的配合是否恰当。目前国内广泛采用滑板式侧滑试验台检测汽车转向轮的侧滑量。

1. 侧滑量检测原理

滑板式侧滑试验台简称侧滑试验台,当被测车辆在该试验台的滑动板上驶过,通过测量滑动板左、右方向移动量的方法,来检测车轮侧滑量。其基本原理是:当车辆的转向轮外倾和前束配合不当时,则汽车直线行驶时,转向轮处于边滚边滑状态,轮胎与地面间由于滑动摩擦的存在而产生相互作用力。若使汽车驶过可以横向自由滑动的滑板,则该作用力将使滑板产生侧向滑动,侧滑量的大小则反映了汽车转向轮外倾和前束匹配情况,但侧滑量不能表示外倾和前束的具体数值。

1)转向轮前束引起的侧滑

若转向轮仅有前束而没有外倾角,则汽车直线行驶时,两转向轮具有向内收缩靠拢的趋势。假定将两个只有前束而没有外倾的转向轮用一根可以自由伸缩的轴连接起来,则车轮向前直线滚动一段距离后,由于前束的作用,两只车轮将向里收拢、互相靠近。而实际上,汽车前轴是刚性的,转向轮由于前轴的约束而保持直线行驶。此时,若使两转向轮驶过底部装有滚轮可以自由滑动的滑板,意味着地面可以横向伸缩,则由于车轮与滑板间存在着相互作用力而使滑板反方向移动,即左、右滑板分别向外滑移,如图 3-39 所示。图中虚线所示为滑板向外滑移的现象,其单边转向轮的外侧滑量 S_t 为

$$S_t = \frac{L' - L}{2}$$

通常,滑板向外滑动的数值记为正,而向内滑动的数值记为负。前束可引起正侧滑。

2)转向轮外倾引起的侧滑

与上述情况相反,若转向轮只有外倾而没有前束,当通过滑板时,滑板将向内侧滑移,即车轮外倾可引起负侧滑,如图 3-40 所示。其单边转向轮的内侧滑量 S_c 为

$$S_c = \frac{L' - L}{2}$$

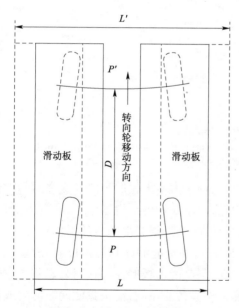

图 3-39 前束引起的侧滑

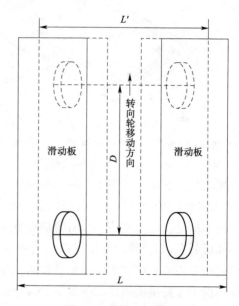

图 3-40 外倾引起的侧滑

侧滑量反映转向轮外倾与前束相互配合的综合结果。二者匹配情况理想时,侧滑量为零,汽车行驶时转向轮处于纯滚动状态,轮胎磨损轻,行驶阻力小,转向轻便,操纵稳定性好。通过检测和调整,使侧滑量保持在标准规定范围内是非常必要的。应该明确说明的是:转向轮外倾和前束均合格时,侧滑量合格;但当侧滑量合格时,只能说明转向轮的外倾和前束匹配合格,外倾和前束的实际数值不一定合格。

2.侧滑试验台的结构

滑板式侧滑试验台,按其结构可分为单板式与双板式两种。前者只有一块滑动板,检验

时汽车只有一侧车轮从滑板上通过;后者共有左、右两块滑动板,检验时汽车两侧车轮同时从滑板上通过。目前国内多采用双板式侧滑试验台,主要由测量装置、指示装置和报警装置等组成。

1)测量装置

测量装置由框架、左、右滑动板、连杆机构、复位装置、滚轮装置、导向装置、锁止装置和位移传感器等组成,如图3-41所示。该装置能把车轮侧滑量测出并传递给指示装置。

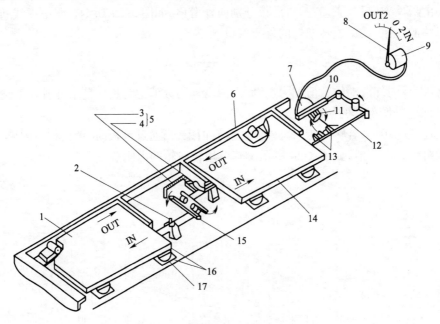

图3-41 侧滑试验台电气式测量装置

1-左滑动板;2-导向滚轮;3-复位弹簧;4-摆臂;5-复位装置;6-框架;7-测量电动机;8-指针;9-指示电动机;10-齿条;11-齿轮;12-连杆;13-限位开关;14-右滑动板;15-双销叉式曲柄;16-轨道;17-滚轮

滑动板的长度一般有500mm、800mm、1000mm三种。为增大轮胎与滑动板之间的附着系数,滑动板常用花纹板制造。滑动板下部装有滚轮,由于滚轮可在滑道中左、右自由滑动,因此滑动板受力后可左、右滑动;滑动板下部还装有导向装置,限制滑动板的纵向位移,但允许滑动板的左、右位移。为使汽车的侧滑量被检测后,滑动板能够回到初始位置,滑动板或连杆机构上装有复位弹簧。锁止装置用于在不工作时限制滑动板的左、右位移,以防止意外损坏。由于连杆机构的运动学关系,因此双滑板侧滑试验台的左、右滑板只能同时向内或同时向外的等量位移。

当车辆正前束过大时,滑动板向外侧滑动;当车轮负前束过大时,滑动板向内侧滑动;当侧向力消失时,在复位装置作用下两块滑动板回到零点位置;当关闭锁止装置时,两块滑板被锁止。

滑动板位移量的测量装置分为机械式和电气式两种,目前主要应用的是电气式测量装置。电气式测量装置将滑动板的位移量通过位移传感器变成电信号,再经过放大与处理传输给指示装置。常见的位移传感器有电位计式、差动变压器式和自整角电机式三种形式。图3-41所示为以自整角电动机作为位移传感器的测量装置,自整角电动机7通过齿轮齿条机构、杠杆和连杆等与滑动板连接在一起。指示装置中也装备有同一规格的自整角电动机 9。当滑动板位移时,自整角电动机 7 回转一定角度并产生电信号传输给自整角电动机 9,自整角电动机 9 接到电信号后回转一定角度并通过指针指示出滑动板位移量的大小和方向。

2)指示装置

侧滑试验台的指示装置有机械式和电气式两类。目前大多采用电气式,采用指针指示、数码管显示或液晶显示,并有峰值保留功能和打印检测结果。从传感器传来的反映滑动板位移量的电信号,经放大处理后传送给指示装置。指示装置标定时,按汽车直线行驶 1km,每侧滑 1m 为 1 个刻度。若滑动板长度为 1000mm,则滑动板侧向位移 1mm 时,显示 1 个刻度;滑动板长度为 500mm 时,滑动板每侧向位移 0.5mm,则对应于 1 个刻度。在指示装置上,转向轮正、负侧滑量分别对应有 10 个刻度。指示装置可显示被检车辆的转向轮侧滑量的数值和侧滑方向。图 3-42 所示为电气式指示装置。

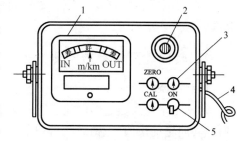

图 3-42 电气式指示装置

1—指示仪表;2—报警蜂鸣器或信号灯;3—电源指示灯;4—导线;5—电源开关

3)报警装置

当被检车辆侧滑量检测结果超过规定值时,报警装置能根据侧滑板限位开关发出的信号,用蜂鸣器或信号灯报警,提示检测人员。

3. 侧滑量检测

(1)检测前的准备工作。被检车辆的轮胎气压应符合规定;清理轮胎,轮胎表面应无油污、泥土、水,花纹槽内无石子嵌入;检查侧滑试验台各机构及测量装置是否处于正常工作状态。

(2)检测方法。检测时,被测车辆以 3~5km/h 的速度垂直平稳行驶通过侧滑试验台的滑动板;当转向轮完全通过滑动板后,从指示装置上观察侧滑方向并读取或打印最大侧滑量;检测结束后,切断电源并锁止滑动板。

4. 侧滑量诊断标准

根据《机动车运行安全技术条件》(GB 7258—2017)的规定:对前轴采用非独立悬架的汽车,用双侧滑板试验台检测时,转向轮侧滑量值应在 ±5m/km 之间;对于轿车的转向轮侧滑量值一般在 ±3m/km 之间;规定侧滑量方向为外正内负。

5. 影响侧滑量检测结果的因素

通常情况下,当侧滑量超过限值时,通过调整转向轮前束可使侧滑量合格。但在特殊情况下(如因汽车前部碰撞使转向轮定位参数发生较大变化时),即使通过调整转向轮前束使侧滑量符合要求,汽车的行驶操纵性仍较差,此时,不能只用调整转向轮前束的方法,而应检查转向轮定位的其他 3 个参数是否满足要求。

当侧滑量检测结果不符合要求时,除车辆转向轮外倾角与前束匹配不当外,被测车辆的轮胎气压、轮毂轴承间隙、检测时车辆行驶速度等均会对测量结果产影响,因此,进行侧滑量检测前,应首先排除上述影响因素,而当车辆的侧滑量不合格时,也应考虑这些方面的原因。

(1)汽车轮毂轴承间隙过大,左右轮松紧度不一致;转向节主销和衬套磨损过度,横、直拉杆球头松旷,左、右悬架性能差异;前、后轴不平行,车身、车架变形等,都会影响侧滑量的检测结果。

(2)轮胎气压不符合规定;左、右轮胎气压不等、花纹不一致;轮胎磨损过甚或严重偏磨;轮胎上有水、油或花纹中嵌有砂石,都会影响轮胎与滑动板间的作用力,影响侧滑量检测结果。

(3)汽车通过滑动板的速度超过检测规定,由于冲击作用,侧滑量检测结果会显著增加,试验车速以 3~5km/h 为宜。

(4)检测时,被测车辆的转向轮通过滑动板的方向与滑动板不垂直时,侧滑量检测结果会增大。

二、转向轮定位参数检测

1. 转向轮定位参数

转向轮定位参数是转向轮静态安装后形成的一组几何角度与尺寸数值,包括转向轮外倾角、转向轮前束值、主销后倾角和主销内倾角 4 个参数。为保证汽车的操纵稳定性和转向轻便性,转向轮定位参数值必须满足设计要求。

保持正确的转向轮定位,对于保证汽车行驶稳定性和操纵轻便性是非常重要的。主销后倾角或内倾角过大时,汽车转向沉重;过小时,则转向轮不能自动回正,汽车直线行驶时易发生自动偏摆现象而难以掌握,同时会造成轮胎胎面的不正常磨损。转向轮外倾角和转向轮前束值的过大或过小,均会引起转向轮轮胎的不正常磨损,并影响正常驾驶。转向轮外倾角过大或过小,将造成轮胎外胎肩或内胎肩磨损加剧。前束过大或过小,均会引起转向轮轮胎的不正常磨损,并难以驾驶。前束过大时,外侧磨损严重;过小时,则内侧磨损严重。无论前束过大或过小,均会使方向飘浮不定。部分车型的前轮定位值见表 3-22。

部分车型的前轮定位值 表 3-22

车　　型	车轮外倾角	主销内倾角	主销后倾角	前束(mm)
东风 EQ1090E	1°	6°	2°30′	1~5
解放 CA1091	1°	8°	1°30′	2~6
跃进 NJ1061	1°	8°	2°30′	1.5~3
黄河 JN162	1°	5°	2°	0~4
上海桑塔纳	−30′±20′	14.2°	30′	−1~−3
奥迪 100	−30′±30′	14.2°	1.16°	0.5~1
夏利 TJ7100	0°20′±1°	12°±30′	2°55′±1°	1
一汽富康	0°	10°40′	1°30′	0~2
CA6440	0.5°	9°	1°	0~2

2. 转向轮定位仪

汽车转向轮定位参数的检测方法包括静态检测法和动态检测法两种。静态检测法是在汽车停止的状态下,使用测量仪器对车轮定位进行几何角度与尺寸数值的测量。动态检测法是在汽车以一定车速行驶的状态下,用测量仪器设备检测车辆定位产生的侧向力或由此引起的车轮侧滑量。

车辆定位参数值的静态检测常用的检测设备有气泡水准式、光学式、激光式、电子式和微机式等车轮定位仪。

气泡水准式车轮定位仪由于具有结构简单、价格低廉、便于携带等优点,曾在国内得到广泛使用,但也有安装不方便、测试费时费力等缺点。

光学式车轮定位仪一般由转盘、支架、车轮镜和投光装置(包括投光器和投影屏)等组成。投光器也像水准式车轮定位仪一样安装在支架上,支架固定在轮辋上。该定位仪利用光学投影原理,将车轮纵向旋转平面与各定位角之间的关系投影到带有指示刻度的投影屏上,从而测定车轮定位值。

激光式车轮定位仪的检测原理与光学式车轮定位仪相同,但采用的是激光投影系统,在强烈的阳光下也可读取投影屏上的测量数据。

电子式车轮定位仪是在光学式和激光式车轮定位仪的基础上,由投影屏刻度显示变为显示屏数字显示。

微机式车轮定位仪是目前广泛使用的较先进的车轮定位仪,且一般为四轮定位仪,可同时检测前、后轮的定位参数。微机式车轮定位仪由于采用微机技术和精密传感测量技术,并备有完整齐全的配套附件,具有测量准确和操作简便等优点,目前在车辆四轮定位检测中广泛使用。

3. 转向轮定位仪的构成

转向轮定位仪有便携式光束水准车轮定位仪、便携式水准车轮定位仪等。光束水准车轮定位仪一般由一套水准仪、两套聚光器、两套支架、两套转盘、两套杆尺、两套标杆和一个制动踏板抵压器组成,适用于大、中、小型汽车;水准车轮定位仪一般由水准仪和转盘组成,仅适用于小型汽车。

1)水准仪

水准仪有插销式和永久磁铁式两种,如图3-43、图3-44所示。前者用于光束水准车轮定位仪,而后者用于水准车轮定位仪。

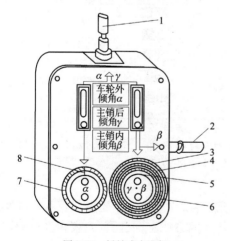

图3-43 插销式水准仪

1-测 α、γ 插销;2-测 β 插销;3-测 γ 刻度盘;4-测左轮 β 刻度盘;5-测 γ、β 表盘指针;6-测右轮 β 刻度盘;7-测 α 刻度盘;8-α 测表盘指针

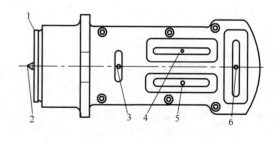

图3-44 永久磁铁式水准仪

1-永久磁铁;2-定位针;3-水平校正水泡管;4-后倾角测量水泡管;5-外倾角测量水泡管;6-内倾角测量水泡管

2）支架

支架为水准仪与轮辋间的连接装置，其结构如图3-45所示。支架总成配有内张式和外收式两种固定脚，可按轮辋的形式不同而选用。安装时，先将固定支架的两个固定脚卡在轮辋适当部位，再移动活动支架使其固定脚也卡在轮辋上，而后用活动支架的偏心卡紧机构将三个固定脚卡紧在轮辋上，使三个固定脚的定位端面贴紧在轮辋边缘上。松开调整支座弹性固定板的固定螺栓，使调整支座沿导轨滑动，并通过特制芯棒调整支座孔中心与车轮轴线重合后，拧紧固定螺栓。测量时，插销式水准仪的插销插入调整支座中心孔。磁铁式水准仪带有永久磁铁和定位针，可以对准转向节枢轴的中心孔，直接吸附在轮辋端面，无须使用支架。

3）转盘

转盘又称转角仪，结构如图3-46所示，一般由固定盘、活动盘、扇形刻度尺、游标指示针、锁止销和位于两盘之间的滚珠构成。当汽车转向轮在转盘上转向时，可使之灵活偏转，并指示出转角大小。水准仪配合转盘可测量转向轮外倾角、主销内倾角和后倾角。转盘还可用于测量转向轮最大转角和左、右轮转角的关系。

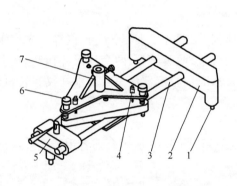

图3-45 支架
1-支架固定角；2-固定支架；3-导轨；4-定位螺栓、螺母；
5-活动支架；6-调节螺栓；7-调整支架

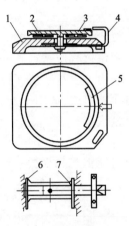

图3-46 转盘结构示意图
1-永久磁铁；2-上转盘；3-钢球；4-指针；
5-刻度尺；6-横向导轨；7-纵向导轨

4）其他构件

聚光器上的定位销插入支架总成的支座孔中，可把聚光器固定于支架上，在标杆配合下可检测转向车轮的前束值。在转向轮定位的检测过程中，有时需踩下制动踏板，使车轮处于制动状态。踏板抵压器可将制动踏板压下，而顶靠在驾驶座椅或其他支承物上。

4. 转向轮定位参数的检测原理和方法

对于检测转向轮外倾角、主销后倾角和主销内倾角而言，光束水准车轮定位仪和水准车轮定位仪的测量原理相同，只是将水准仪安装在转向轮上的方式不同，而且光束水准车轮定位仪可与聚光器配合标杆精确测试前束值。

1）车轮外倾角的测量

车轮外倾角可以用水准仪直接被测量。当外倾角为 α 的转向轮处于直线行驶位置时，由于水准仪上的测外倾角气泡管通过支架垂直于转向轮旋转平面安装，因此也与该旋转平面垂直。此时,气泡管与水平面的夹角与外倾角相等,气泡管中的水泡偏移向车轮一侧。把气泡管调回水平位置,气泡位移量或角度调节量即反映了外倾角α的大小。其检测原理如图3-47所示。

测量时,将水准仪上的测α、γ插销插入支架座孔,并使水准仪在垂直于该插销的方向上近似水平,然后拧紧锁紧螺钉把水准仪固定于支架上,此时水准仪气泡将偏离中间位置。

调节α调节盘,直到水准仪气泡处于中间位置,其α调节盘上红线所示角度值即为该转向轮的外倾角。

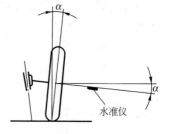

图3-47　车轮外倾角检测原理

2)主销后倾角检测

(1)主销后倾角检测原理。

主销后倾角γ不能直接被测量,而是利用转向轮绕主销转动一定角度时的几何关系间接测量。通常先把转向轮向外转20°,回正后再向内转20°,由于主销后倾角的影响,转向节枢轴轴线与水平面的夹角发生变化,该变化值即可间接反映主销后倾角的大小。

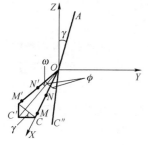

图3-48　主销后倾角检测原理

如图3-48所示,在三维坐标系$OXYZ$中,OA为主销中心线,位于OYZ平面内,OA与OZ构成的夹角γ为主销后倾角;OC为转向节枢轴,转向轮处于直线行驶状态时,OC与OX轴重合。假定转向轮外倾角α和主销内倾角β均为零,则OC与OA垂直。此时若转向轮偏离直线行驶位置,转过某一角度φ时,OC移至OC',OC扫过的平面OCC'与水平面的夹角等于主销后倾角γ。由于水准仪垂直于转向轮旋转平面安装,其上的水泡管始终与转向节枢轴轴线重合或平行。当OC移至OC'时,水泡管由MN移至$M'N'$,OC与水平面间形成的夹角为ω,水泡管中的气泡偏离水平时的位置而向M'移动,位移量取决于夹角的大小。ω角取决于前轮转向角φ和主销后倾角γ,当φ取定值时(通常取20°),ω与γ一一对应,而水泡管中气泡位移量与角ω一一对应。因而,通过对气泡位移量的标定即可反映γ角的大小。

实际转向轮具有主销内倾角β和转向轮外倾角α。为消除β对主销后倾角γ测试结果的影响,测量时先将转向轮向外旋转φ角,把水泡管调至水平位置,然后向相反方向回转2φ的角度。因为当转向节枢轴OC从直线行驶时的位置分别向外和向内转动相同角度时,主销内倾角β对主销后倾角γ测量结果的影响相等,方向相反,因而互相抵消。同时,转动2φ角度时,气泡位移量也增大1倍,因而可使仪器的测试灵敏度和精度提高。转向轮外倾角对主销后倾角测试结果的影响不大,因而可忽略不计。

(2)主销后倾角检测方法。

主销后倾角γ的测量步骤如下:

①将被测车辆的转向轮置于转盘上,使车轮处于直线行驶方向,并使转向轮主销轴线的延长线通过转盘中心,拉紧驻车制动器操纵杆,取下转盘销。

②将测"α、γ"插销插入支架座孔,使车轮外转20°,松开锁紧螺钉,使水准仪在垂直于"α、γ"插销的方向上处于水平状态后拧紧。

③转动"α、β"调节盘,使其指示红线与蓝、红、黄刻度盘零线重合。

④调整气泡管调节旋钮,使其中的气泡处于中间位置。

⑤使转向轮向内旋转40°,调节"α、β"调节盘,使水准气泡回到中间位置,指示红线所指蓝盘上读数即为主销后销角γ的测量结果。

3)主销内倾角检测

(1)主销内倾角检测原理。

主销内倾角β是通过测量转向轮绕主销转动过程中转动平面的角位移而间接检测的。为此,应首先使车轮处于制动状态而不能绕转向节枢轴自由转动。此时,若使转向轮在转盘上偏转一定角度φ,转向节和转向轮旋转平面会绕转向节枢轴轴线偏转一定角度。该角度的大小除取决于转向轮偏转角度φ外,还与主销内倾角β的大小有关。因此,在限定φ角大小的前提下,测出转向轮旋转平面偏转角的大小,即可反映主销内倾角β的大小,如图3-49所示。

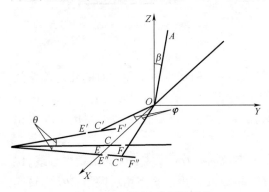

图3-49 主销内倾角测量原理

在OXYZ坐标系中,主销OA在OYZ平面内,OA与OZ的夹角β为主销内倾角。直线行驶位置时,转向节枢轴OC与主销OA的夹角为90°±β。转向轮在制动状态向外(或向内)偏转φ角时,OC移至OC′(或OC″)。由于主销内倾角β的影响,C点的轨迹CC′(或CC″)为圆弧,OCC′(或OCC″)为圆锥面。因此,若在OC前端放置一平行于水平线且垂直于转向节枢轴OC的气泡管EF,则在转向轮偏转过程中,气泡管EF将绕转向节枢轴轴线转动。OC移至OC′后,EF移至E′F′,EF与E′F′间形成的夹角为θ,角θ取决于转向轮转角φ和主销内倾角β。若使φ角为一定值,则θ角和β角成一一对应关系。由于θ角的影响而导致了气泡管EF中气泡的位移,因此通过对气泡位移量的标定即可反映β角的大小。

检测主销内倾角β时,一般先把转向轮向外φ转角(通常为20°),使转向节枢轴OC转至OC‴,调节气泡管与水平平面平行;再把转向轮向内转2φ角,转向节枢轴转至OC′,气泡管EF则转过了2θ角,气泡位移量增大1倍。这不但可使检测灵敏度和读数精度提高,而且可消除主销后倾角γ对主销内倾角β的检测值的影响。

(2)主销内倾角检测方法。

主销内倾角β的测量步骤如下:

①将被测车辆的转向轮置于转盘上,取下转盘销。

②用制动踏板抵压器压下制动踏板。

③把水准仪的β销插入支架座孔中并紧固。

④使转向轮向外旋转20°,松开锁紧螺钉并使水准仪在垂直于β插销的方向上处于水平状态,拧紧锁紧螺钉;然后,调节"α、β"调节盘使指示红线与蓝、红、黄刻度盘上的零线重合。

⑤使转向轮向内旋转40°后,调节"γ、β"调节盘使气泡回到中间位置。"γ、β"调节盘上指示红线在红刻度盘(测右转向轮)或黄刻度盘(测左转向轮)上所指示的数值,即为主销内倾角β的测量值。

4）前束的检测

聚光器配合标杆可检测转向轮前束的大小。使用时,聚光器定位销轴插入支架座孔中。前束的检测步骤如下:

(1) 将被测车辆的转向轮置于转盘上,取下转盘锁止销,拉紧驻车制动器操纵杆。

(2) 在转向轮上安装支架,把聚光器固定于支架上。

(3) 确定直线行驶位置。将聚光器光束水平投向后轮轴线处、与后轴垂直且相对于汽车纵轴线对称放置的三脚架标尺上。调节焦距,在标尺上显现出带缺口的圆形图像,如图3-50所示,若两侧缺口所指数值相等,则表明汽车处于直线行驶状态,否则应转动转向盘调整,如图3-51a) 所示。

(4) 平衡顶起转向桥,使两转向轮离开转盘而能自由转动。

(5) 将两套标杆平行于转向轮轴线放置于转向轮前后两侧,每一标杆距转向轮轴中心的距离为转向轮上规定前束测量点处半径的7倍。

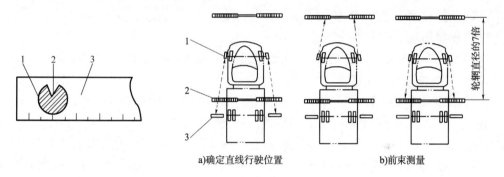

图3-50 光束在标尺上的投影
1-光束;2-指针;3-标尺

图3-51 前束测量
1-聚光器;2-标杆;3-标尺

汽车转向轮前束测量点的高度,一般等于转向轮轴线的离地高度;而前束测量点在转向轮上的径向位置依车型而定,各汽车制造厂的规定不完全一致。有的测量点在胎面中心处,有的测量点在胎侧突出处,而有的测量点在轮辋边缘处。各车型的前束规定值也是指汽车转向轮在规定测量点处测量时所应达到的值。因此,检测前束时应查阅汽车使用说明书,确定其前束检测的规定位置。

(6) 将一侧聚光器光束投向前标杆,并移动标杆使之指向一个整数。转动转向轮使光束投向后标杆,也使之指向同一个整数。然后,使另一侧聚光器光束分别投向前、后标杆,并记录所指数字,后标杆数字与前标杆数字之差即为该车前束值。

前后标杆以7mm间隔为一个尺寸刻度,每个刻度代表1mm。两标杆间距为转向轮前束测点处直径 d 的7倍,且与转向轮中心的距离相等,所以前束值被放大7倍显示在标杆上,从而提高了测试精度。

进行车辆前轮定位参数检测时,被测车辆的载荷和轮胎气压应符合规定;转向轮轮胎应为新胎或磨损均匀的半新胎;转向轮轮毂轴承、转向节与主销不应松旷,否则应先修理调整后再检测;制动器制动可靠。

进行车辆定位参数检测时,检测场地的表面应平整,为使车辆检测时处于水平位置,可将转盘放入预留坑中,左、右两转盘应调整到与被测汽车转向轮的轮距相同;转盘放在地面上时,可在后轮下垫60mm厚的木板,以保证前、后车轮在同一水平面上。

三、汽车四轮定位的检测

为满足汽车高速行驶及其稳定性和舒适性要求,现代汽车广泛采用四轮独立悬架。为使汽车具有良好的转向行驶特性,除转向轮定位外,轿车还具有后轮定位,如后轮外倾角和后轮前束等参数,称为四轮定位。

四轮定位指的是汽车的前、后轮定位参数在以悬架机构有关部件的相互位置在一个统一基准(线或面)上的合理匹配,以使汽车具有良好的行驶平顺性和操纵稳定性。只有当前、后轮定位参数均按技术要求调整得当时,才能保证汽车操纵精确、运行平稳、行驶安全、降低燃料消耗和减轻轮胎磨损。

汽车行驶中出现下列情况时,需进行四轮定位的检测和调整:
(1)直线行驶困难。
(2)前轮摇摆不定,行驶方向漂移。
(3)轮胎出现不正常磨损。
(4)对汽车悬架系统、转向系统有关部件进行维修或更换,或汽车经碰撞事故维修后。

1. 汽车四轮定位检测项目

四轮定位的检测项目包括:转向轮前束值/角及前张角、转向轮外倾角、主销后倾角、主销内倾角、后轮前束值/角及前张角、后轮外倾角、轮距、轴距、转向20°时的前张角、推力角和左右轴距差等,如图3-52所示。其中,转向轮定位参数除可在转向轮定位仪上检测外,还可以在四轮定位仪上检测。四轮定位仪不仅可检测转向轮的定位参数,还可检测后轮定位参数。

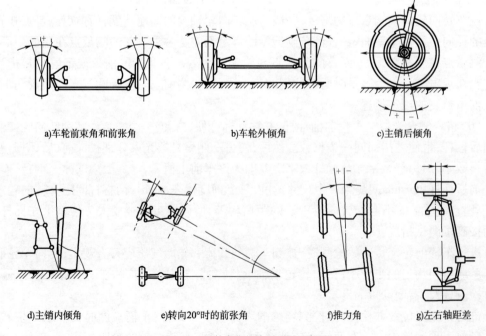

a)车轮前束角和前张角　　b)车轮外倾角　　c)主销后倾角

d)主销内倾角　　e)转向20°时的前张角　　f)推力角　　g)左右轴距差

图3-52　四轮定位的检测项目示意图

不同车型的四轮定位值不同。汽车的四轮定位合格与否,需要将检测结果与标准值进行对比确定,表3-23为桑塔纳2000CSi轿车的四轮定位标准值。现代先进的计算机四轮定位仪,不仅采用了先进的测量系统和科学的检测方法,而且储存了大量常见车型的四轮定位标准数据。在检测过程中,可随时把实测数据与标准数据进行比较,并通过屏幕以图形和数字的形式显示出需要调整的部位、调整方法以及在调整过程中数值的变化,把复杂的四轮定位检测调整简化成"看图操作"。

桑塔纳2000GSi轿车车轮定位参数　　　　　　　　　　　　表3-23

参　　数			标　准　值
前轮	前束	左	$-10' \pm 5'$
		右	$-10' \pm 5'$
	外倾角	左	$-30' \pm 20'$
		右	$-30' \pm 20'$
	后倾角	左	$-1°30' \pm 30'$
		右	$-1°30' \pm 30'$
后轮	前束	左	$-12' \pm 7'$
		右	$-12' \pm 7'$
	外倾角	左	$-1°40' \pm 20'$
		右	$-1°40' \pm 20'$

2. 汽车四轮定位检测原理

不同类型的四轮定位仪的基本检测原理相同,所采用的检测方法、数据传输与采集的方式不同。如图3-53所示,四轮定位仪通过拉线或光线照射及反射的方式形成一个理论上封闭的矩形,且被测车辆置于该矩形中。通过安装在四个车轮上的光学镜面或传感器,不仅可检测前后轮的前束值,还可检测同一车轴上左右车轮的同轴度及推力角等。以下以光敏晶体管式传感器为例,介绍四轮定位的检测原理。

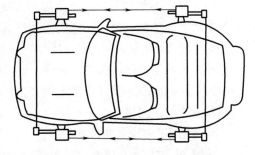

图3-53　8束光线形成的封闭矩形

1)前束和左右轮轴距差检测原理

检测时,应将车体摆正,被检车辆转向盘居中,车辆处于直线行驶状态。安装在四个车轮上的传感器均有接收光线和发射光线的功能,发射光线与接收光线形成图3-53所示的矩形。传感器的受光平面上等距离地排列着光敏晶体管,前束和左右车轮轴距差的存在会使不同位置的光敏晶体管受到光线照射。

当不同位置上的光敏晶体管受到光线照射时,所发出的电信号即可代表前束值/角或左右轮的轴距差值。在左侧车轮传感器上接收的光束位置相对于原零点的偏差值,表示右侧车轮的前束值/角;同理,在右侧传感器上接收到的光束位置相对于原来零点的偏差值,则表示左侧车轮的前束值/角。转向轮和后轮前束的检测原理相同,所不同的是转向轮前束的检测利用装在左右转向轮上的两个传感器,而后轮前束的检测则是利用装在左右后轮上的传感器。车轮前束值/角的检测原理如图3-54所示。

2）推力角检测原理

汽车后轴中心线与汽车纵向对称线的夹角即称为推力角。车辆长期使用或发生交通事故后,由于后轴发生变形,致使后轴中心线(即推力线)发生偏斜,形成推力角。因此,推力角并非设计参数,而是一种故障状态参数。推力角过大,会导致轮胎的异常磨损,汽车易偏离其直线行驶方向,严重时将发生后轴侧滑、甩尾等危险状况。

推力角的检测如图3-55所示。如果被检车辆不存在推力角时,前后轴同侧车轮上的传感器发射或接收的光束应重合,当两条光束出现夹角而不重合时,即说明推力角存在。因此,可以用安装在汽车前轮上的传感器接收到的后轮传感器所发射的光束,根据其相对于零点位置的偏差值检测出汽车推力角的大小。

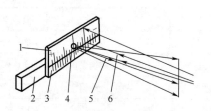

图3-54 车轮前束值/角检测原理图

1-刻度板;2-投射器支臂;3-光敏传感器;4-激光器;5-投射激光束;6-接收激光束

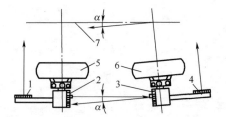

图3-55 推力角检测原理

1、2、3、4-光线接收器;5-转向轮;6-后轮;
7-汽车纵轴线;α-推力角

3）车轮外倾角检测

车轮外倾角可在车轮处于直线行驶位置时直接测得。一般四轮定位仪的传感器有内置角度测量仪(如电子倾斜仪),把传感器装在车轮上,可直接测出车轮外倾。

4）主销后倾角和主销内倾角检测原理

主销后倾角和主销内倾角需要通过几何关系间接测量。若主销后倾角不为零时,则在车轮向外转20°和车轮向内转20°两个位置时,车轮平面会发生倾角变化。该倾角变化可由传感器内的角度测量仪测出。同理,若主销内倾角不为零,则在车轮向外转20°和车轮向内转20°两个位置时,垂直于车轮旋转平面的平面将发生倾角变化,该倾角变化也可由传感器内的角度测量仪测出。

5）转向20°时前张角检测原理

转向20°时前张角是否合适反映的是汽车转向梯形臂是否变形。汽车由于长期受行驶路面凹凸不平等条件的影响,或经常使用紧急制动等,使转向轮经常受到冲击或碰撞而引起汽车转向梯形臂和各连杆发生变形。汽车转向梯形臂的不正确会造成汽车在转向行驶过程中轮胎的异常磨损,同时车辆的操纵性变差,影响汽车行驶安全。因此,在四轮定位检测中设置了转向20°时前张角的检测项目。

检测时,使被检车辆转向轮停在转盘中心,转动转向盘使右转向轮右转20°后,读取左转向轮下转盘上的刻度值φ_1,$(20°-\varphi_1)$即为向右转向20°时的前张角;使左转向轮沿直线行驶方向向左转20°后,读取右转向轮下转盘上的刻度值φ_2,$(20°-\varphi_2)$即为向左转向时20°的前张角。

汽车使用说明书上一般均给出了前张角的合格范围。将测量值与规定值进行比较,若检测结果超出规定值或左右转向前张角不一致,则需要进行校正、调整或更换修理。

3. 车辆四轮定位的检测

1）四轮定位仪的构成

根据数据采集与传输技术不同,目前常用的四轮定位仪有拉索式、光学式、计算机拉索式和计算机激光式等多种,其基本检测原理相同,但使用方法存在差异。检测时,应严格按相应的四轮定位仪的使用说明书进行操作。以下简单介绍计算机式四轮定位仪。

计算机式四轮定位仪由主机和附件组成,主机由机箱、计算机主机（含显示器、打印机）、四个机头（定位传感器）、通信系统、充电系统和供电系统组成;附件包括转向盘固定器、制动固定器、转角盘及夹具等组成,图 3-56 所示为计算机式四轮定位仪主机外形图。

图 3-56　四轮定位仪外形图

为便于检测和调整,被检汽车需可靠停放在地沟上或举升平台上,地沟或举升平台应处于水平状态,如图 3-57 和图 3-58 所示。四轮定位仪则位于地沟或举升平台前端,面向被检车辆。

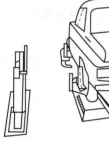 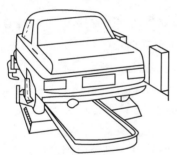

图 3-57　被检车辆水平停放在地沟上　　图 3-58　被检车辆水平停放在举升平台上

2）对被检车辆的基本要求

检测汽车的四轮定位时,被检汽车应满足以下要求:

(1) 前后轮胎气压及胎面磨损基本一致。

(2) 前后悬架系统的零部件完好、不松旷。

(3) 转向系统调整适当、不松旷。

(4) 前后减振器性能良好、不漏油。

(5) 汽车前后高度与标准值的差不大于 5mm。

(6) 制动系统正常。

3）检测前的准备

(1) 把汽车开上举升平台,升高举升机,把汽车举升 0.5m（第一次举升）。

(2) 升高汽车车身部位,至车轮能够自由转动（第二次举升）。

(3) 检查各轮胎磨损情况,根据需要拆下各车轮。

(4)检查轮胎气压,不符合标准时应充气或放气。

(5)作车轮的动平衡后,把车轮装好。

(6)检查车身高度。检查车身四个角的高度和减振器的技术状况,如车身不平应先调平;同时检查转向系统和悬架是否松旷,如松旷则应先紧固或更换零件。

4)四轮定位检测步骤

(1)将传感器支架安装在轮辋上,再按标识指示把传感器(定位校正头)安装到相应车轮的支架上,并按使用说明书的规定调整。

(2)开机进入测试程序,输入被检汽车的车型和生产年份等信息。

(3)轮辋变形补偿。转向盘位于直行位置,使每个车轮旋转一周,即可把轮辋变形误差输入计算机。

(4)降下第二次举升量,使车轮落到平台上,把汽车前部和后部向下压动4~5次,使其作压力弹跳。

(5)用制动锁压下制动踏板,使汽车处于制动状态。

(6)把转向盘左转至计算机发出"OK"声,输入左转角度;然后把转向盘右转至计算机发出"OK"声,输入右转角度。

(7)把转向盘回正,计算机屏幕上显示出后轮的前束及外倾角数值。

(8)调正转向盘,并用转向盘锁锁住转向盘使之不能转动。

(9)把安装在四个车轮上的定位校正头的水平仪调到水平线上,此时计算机屏幕上显示出转向轮的主销后倾角、主销内倾角、转向轮外倾角和前束的数值。

(10)调整主销后倾角、车轮外倾角及前束,调整方法可按计算机屏幕提示进行。若调整后仍不能解决问题,则应更换有关部件。

(11)进行第二次压力弹跳,将转向轮左右转动,把车身反复压下后,观察屏幕上的数值有无变化,若数值变化应再次调整。

(12)若第二次检查未发现问题,则应将调整时松开的部位紧固。

(13)拆下定位校正头和支架,进行路试,检查四轮定位检测调整效果。

5)四轮定位检测注意事项

四轮定位仪是精密检测设备,操作人员的水平对检测结果影响较大,因此,必须对操作人员进行专门培训,四轮定位检测中应注意如下事项:

(1)四轮定位仪的安装要遵循制造厂使用说明书的各项要求,必须使用与原机相匹配的附件等。

(2)对于光学式四轮定位仪中的投影仪(或投光器)应细心维护,并经常进行调整;传感器是计算机式四轮定位仪的重要元件,使用前要进行校正,以保证测试精度。

(3)传感器应正确地安装在传感器支架上,在不使用时应妥善保管,避免受到损坏;电测类传感器应在接线完毕后再接通电源,以避免带电接线引起电磁振荡而损坏。

(4)移动四轮定位仪时,应避免使其受到振动;否则,可能使传感器及计算机受到损坏。

(5)四轮定位仪应每半年标定一次。标定时应使用购买时所带专用标定器具,并按规定程序进行标定。

(6) 在检测四轮定位前,须进行车轮传感器偏心补偿;否则,会引起大的测量误差。

四、车轮平衡检测

车轮的不平衡会在车辆行驶过程中引起车轮跳动和摆振,尤其是在高速行驶条件下,对于车辆行驶的平顺性、乘坐舒适性和行车安全有较大影响。此外,还会使汽车轮胎及有关机件的磨损和冲击加剧,缩短汽车使用寿命。研究发现,车轮位置不正或不平衡严重时,轮胎磨损量是正常情况下磨损率的10倍。因此,车轮平衡检测已越来越被重视。

1. 车轮不平衡现象及原因

车轮的不平衡分为动不平衡和静不平衡。

1) 静不平衡

静不平衡的车轮重心与车轮旋转中心不重合,若使其转动,则只能停止于一个固定方位。由于静不平衡质量的存在,车轮在旋转中产生离心力。假定不平衡质量 m(kg)集中于距车轮旋转中心距离为 r(m)的圆周上某点,则车轮转动时所产生的离心力 F(N)的大小为:

$$F = m\omega^2 r \tag{3-15}$$

式中:ω——车轮旋转角速度,$\omega = 2\pi n/60$,rad/s;

n——车轮转速,r/min。

从式(3-15)可见,转速 n 越高,不平衡质量 m 越大,且距旋转中心的距离 r 越远,由静不平衡所产生的离心力 F 也越大。离心力 F 可分解为垂直分力 F_Y 和水平分力 F_X。每旋转一周,垂直分力 F_Y 在过旋转中心垂直线的 a、b 两点达到最大值且方向相反,从而引起车轮的跳动;水平分力 F_X 在过旋转中心水平线的 c、d 两点达到最大值且方向相反,形成绕转向轮主销来回摆动的力矩,造成转向轮摆振,如图3-59所示。当左右转向轮的不平衡质量相互处于180°位置时,转向轮摆振最为剧烈。若要实现静平衡,则需在不平衡质量 m 作用半径的相反位置上,配置相同质量 m_1',以抵消不平衡质量 m 的影响。

2) 动不平衡

静平衡的车轮,因车轮的质量分布相对于车轮纵向中心平面不对称,旋转时会产生方向不断变化的力偶,车轮处于动不平衡状态。若在旋转轴线的径向相反、距旋转中心距离相同的位置上,各有一质量相同的不平衡点,如果两不平衡质量不在同一平面内,则虽为静平衡车轮,但其却是动不平衡的,如图3-60a)所示,这是因为两不平衡质量产生的离心力的合力虽为零,但离心力位于不同平面内,二力构成的力偶却不为零。在车轮旋转过程中,该力偶的方向反复变化使转向轮绕主销摆振。若要使车轮达到动平衡,则需在 m_1、m_2 同一作用半径的相反方向配置相同质量 m_1'、m_2',如图3-60b)所示。

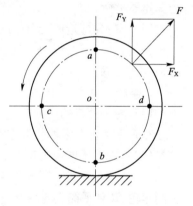

图3-59 车轮静不平衡示意图

动平衡的车轮肯定是静平衡的,但静平衡的车轮却不能保证是动平衡的,因此对车轮主要应进行动平衡检测。《机动车运行安全技术条件》(GB 7258—2017)规定,车轮总成的横向摆动量和径向跳动量,总质量不大于3500kg的汽车不应大于5mm;摩托车及轻便摩托车不应大于3mm;其他机动车不应大于8mm。最高设计车速大于100km/h的机动车,其车轮的动平衡要求应符合有关技术条件的规定。

3)车轮不平衡的原因

(1)轮毂、制动鼓(盘)加工时轴心定位不准、加工误差大、非加工面铸造误差大、热处理变形、使用中变形或磨损不均。

(2)轮胎螺母质量不等、轮辋质量分布不均或径向圆跳动、端面圆跳动太大。

(3)轮胎质量分布不均、尺寸或形状误差太大、使用中变形或磨损不均、使用翻新胎或垫、补胎。

(4)并装双胎的充气嘴未相隔180°安装,单胎的充气嘴未与不平衡点标记(经过平衡试验的新轮胎,往往在胎侧标有红、黄、白或浅蓝色的□、△、○或◇符号,用来表示不平衡点位置)相隔180°安装。

(5)轮毂、制动鼓(盘)、轮胎螺栓、轮辋、内胎、衬带、轮胎等拆卸后重新组装成车轮时,累计的不平衡质量或形位偏差太大,破坏了原来的平衡。

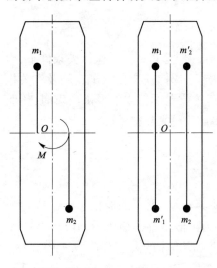

a)车轮静平衡但不平衡　　b)车轮动平衡

图3-60　车轮平衡示意图

(6)车轮定位不当不仅影响汽车的操纵性和行驶稳定性,而且会造成轮胎偏磨,因而引起车轮不平衡。

(7)车轮碰撞造成变形引起的车轮质心位移。

(8)高速行驶过程中,制动抱死而引起的轮胎纵向和横向滑移所引起的轮胎局部不均匀磨损。

2.车轮平衡机

1)车轮平衡机的类型

车轮平衡机有多种分类方式。

(1)按功能不同分为车轮静平衡机和车轮动平衡机。

(2)按测量方式不同分为离车式车轮平衡机和就车式车轮平衡机。前者需从车上拆下被测车轮,装到平衡机转轴上进行测量,后者则可在不拆卸车轮的状况下进行检测。

(3)按平衡机转轴的支撑方式不同分为软式车轮平衡机和硬式车轮平衡机。前者的转轴由弹性元件支撑,当装在转轴上的车轮不平衡时,转轴和车轮在转动过程中发生振动,通过对振动的强弱和相位的测量来检测车轮的不平衡量;后者的转轴则由刚性元件支撑,通过测量车轮不平衡点在车轮旋转时产生的离心力来检测车轮的不平衡量。

(4)凡可测定车轮左、右两侧的不平衡量及相位的车轮平衡机,称为两面测定式车轮平衡机。

2)车轮平衡机结构

(1)离车式车轮平衡机。

在离车式车轮平衡机中,目前应用最多的是硬式两面测定车轮动平衡机,如图3-61所示。该平衡机主要由驱动机构、转轴与支撑、机箱、制动装置和防护罩构成。其中:驱动机构由电动机、传动装置构成,驱动转轴旋转使安装在其上的车轮达到所要求的平衡转速;车轮在转轴上的安装位置如图3-62所示,转轴由两盘滚动轴承支撑。两盘轴承内分别组装有检测动反力的传感器,传感器产生的电信号输送至控制装置,转轴外端通过锥体和快速拆装螺母固定被测车轮;显示与控制装置多采用计算机式,能将传感器传来的电信号通过计算机运算、分析、判断后,显示出不平衡量及相位;车轮防护罩用于阻挡车轮旋转时车轮上的平衡块或花纹中的夹杂物飞出;制动装置可使车轮停转。

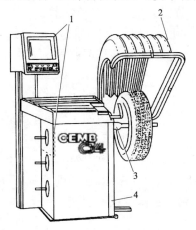
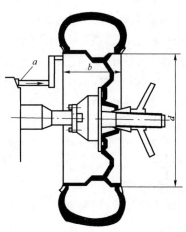

图3-61 离车式车轮动平衡机图
1-显示与控制装置;2-防护罩;3-转轴;4-机箱

图3-62 车轮在平衡机上的安装

(2)就车式车轮平衡机。

就车式车轮平衡机由驱动装置、测量装置、指示与控制装置、制动装置等构成,并装在手推小车上。图3-63所示为就车式车轮结构示意图,图3-64所示为其结构原理示意图。其中:驱动装置由电动机和由其驱动的转轮构成,电动机驱动转轮旋转时,可将转轮贴紧车轮的胎面,带动其旋转;测量装置由传感磁头、可调支杆和底座构成。测试时,传感磁头可吸附在独立悬架下臂或非独立悬架的转向节处,通过可调支杆可将不平衡车轮旋转时产生的振动传给底座,装在底座中的传感元件将振动转化成电信号后,指示与控制装置由频闪灯和不平衡度表或数字显示屏构成,在接收到传感元件发出的电信号后,不平衡度表根据其强弱指示出不平衡量大小,频闪灯用于测出车轮不平衡点的位置。

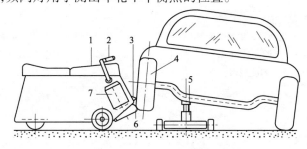

图3-63 就车式车轮平衡机结构示意图
1-仪表板;2-手柄;3-光电传感器;4-被测车轮;5-传感器支架;6-摩擦转轮;7-驱动电动机

3. 车轮不平衡检测原理

1)静不平衡检测原理

静不平衡可在离车式或就车式车轮平衡机上检测。被测车轮装在离车式车轮平衡机的转轴上时,若车轮存在静不平衡,则在自由转动状态下,车轮将停止于不平衡点,处于最低的位置;在相反方向进行配重平衡,当车轮可在转动结束时或停止于任一位置时,车轮则处于静平衡状态。利用这一基本原理即可测得静不平衡的质量和相位。

利用就车式车轮平衡机检测车轮静不平衡的原理如图 3-64 所示。检测过程中,车轮被支离地面,其重力通过传感器、可调支杆传递到底座。如果被测车轮存在静不平衡,则高速旋转时产生离心力所引起的上、下振动,通过转向节或悬架作用于检测装置的传感磁头、可调支杆和底座内的传感器。传感器把感受到的脉冲压力信号转变为脉冲电信号控制频闪仪的闪光时刻,闪光照射到车轮上的位置反映不平衡点的相位;电信号强弱输入指示与控制装置后,则显示出不平衡度。

2) 动不平衡检测原理

(1) 离车式动不平衡机检测动不平衡的基本原理。动不平衡的车轮安装在离车式硬支撑平衡机的转轴上高速旋转时,所产生的离心力在支撑装置上产生动反力,测出支撑装置所受的动反力即可测得不平衡量。其检测原理如图 3-65 所示。图中 m_1、m_2 为车轮不平衡点质量,车轮旋转时所产生的离心力为 F_1、F_2,结构尺寸 a、b、c、d 如图 3-65 所示。硬支撑平衡机的测试、校正原理是:根据支撑处的动反力 N_L、N_R 确定两校正面上离心力 F_1 和 F_2 的大小,根据 F_1、F_2 确定两校正面所需的平衡块质量和安装方位。其测量点在轴承处,而校正面选在轮辋两边缘。根据平衡条件,有

$$N_R - N_L - F_1 = 0 \tag{3-16}$$

$$F_1(a+c) + F_2(a+b+c) - N_R \times c = 0 \tag{3-17}$$

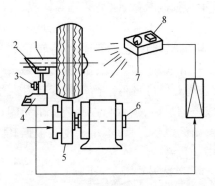

图 3-64 就车式车轮动平衡机原理示意图
1-转向节;2-传感磁头;3-可调支杆;4-底座;5-转轮;
6-电动机;7-频闪灯;8-不平衡度表

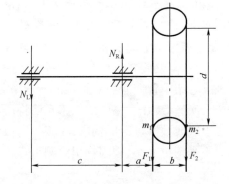

图 3-65 车轮平衡仪测量原理
a-轮辋边缘至右支撑的距离;b-轮辋宽度;
c-左、右支撑间距离;d-轮辋直径

可解得

$$F_1 = N_L \times \frac{a+b+c}{b} - N_R \frac{a+b}{b} \tag{3-18}$$

$$F_2 = N_L \times \frac{a+c}{b} - N_R \frac{a}{b} \tag{3-19}$$

由此可见,离心力 F_1、F_2 仅取决于动反力 N_L、N_R 及结构尺寸 a、b、c。对于某车轮平衡机和所测车轮而言,结构尺寸可视为常数,可事先输入控制装置,动反力 N_L、N_R 可通过位移、速度或加速度传感器测出,据此确定 F_1、F_2 并确定平衡块质量和安装方位。

(2)就车式车轮平衡机检测动不平衡的基本原理。在就车式车轮平衡机上检测车轮动不平衡时,可将传感磁头固定在制动底板上。当动不平衡的车轮高速旋转时,不平衡质量所产生的离心力使车轮左、右摆振,在制动底板上产生横向振动。横向振动通过传感磁头、可调支杆传给底座内的传感器并把振动转化成电信号,电信号控制频闪灯闪光,以指示车轮不平衡点位置,并由指示装置显示出车轮的不平衡量。

4. 车轮不平衡检测方法

1)离心式车轮平衡机的检测方法

(1)准备工作。

①拆除轮辋上的旧平衡块。清除胎面泥土和嵌在花纹中的泥土、石子等。检查轮胎气压并使气压达到规定值。

②检查车轮平衡仪,并预热5min左右。

③提起车轮定位尺,以便使被测车轮定位。根据轮辋中心孔大小选择锥体,并把车轮装在转轴上,用快速螺母紧固。

(2)检测步骤。

①测量轮辋宽度b、轮辋直径d和轮辋边缘至机箱距离a,并输入到指示与控制装置。

②按下车轮定位尺并放下车轮防护罩。按起动按钮,转轴带动车轮旋转,开始测试。

③显示出测量结果后,按停止按钮或踩制动踏板使车轮停转,并从指示装置上读取车轮内、外侧不平衡量和不平衡位置。

④根据检测结果,分别在轮辋内、外两侧安装平衡块。再次检查平衡结果,直至车轮不平衡量小于5g,指示装置显示"00"或"OK"时,车轮处于平衡状态。

2)就车式车轮平衡机的检测方法

(1)准备工作。

①用千斤顶支起车桥。取掉车轮轮辋上的旧平衡块,清除胎面泥土和花纹中夹嵌的泥土、碎石。检查车轮转动是否轻便,车轮轴承是否松旷。

②检查轮胎气压,使其达到规定值。在轮胎任意位置上用粉笔或胶带作标记,也可用气门嘴作标记。

(2)转向轮静平衡检测步骤。

①安装传感器支架。用三角垫木塞紧另一侧车轮和后桥车轮,使被测车轮升离地面。将转向桥落座于传感器支架上,调节好可调支杆高度并锁紧。

②使车轮平衡机转轮贴紧轮胎胎面,起动电动机带动车轮高速旋转,注意车轮旋转方向应与汽车前进时车轮旋转方向一致。

③用频闪灯照射车轮,确定标记在车轮轮胎上的位置,在指示装置显示出不平衡量数值后,利用平衡机上的制动装置使其停止转动。

④轻转车轮,使标记位于频闪灯下的观察位置,轮辋最上部即为平衡块的安装位置。

⑤根据指示装置所显示的不平衡量,在轮辋上加装平衡块。

⑥重复上述步骤复查测试,直至满足平衡要求。

(3)转向轮动平衡检测步骤。

①转向轮外转45°,将传感磁头吸附在制动底板边缘平整之处。

②测量方法与转向轮静平衡的测量方法相同,但车轮平衡时,应在观察位置轮辋两侧各安装一块平衡块,并使其相隔180°,平衡后也需复查直至满足平衡要求。

(4)驱动轮平衡的检测方法。

驱动轮平衡的主要测试步骤与转向轮静、动平衡测试步骤相同,不同之处在于:

①用千斤顶支起后桥后,不必用三角垫木塞紧被测车轮另一侧的车轮。

②用发动机通过传动系统带动驱动轮以 50~70km/h 的速度稳定运转,而不再用平衡机转轮带动车轮旋转。

③传感磁头支撑在驱动桥尽可能靠近驱动轮的地方。

④测试结束后,用车轮制动器而不是用平衡机上的制动装置使车轮停止旋转。

五、汽车悬架检测

悬架装置主要由弹性元件、导向装置和减振器三部分构成,是汽车行驶系统的重要组成部分。其功能是传递动力、缓和并迅速衰减车身与车桥之间因路面不平引起的冲击和振动。汽车悬架装置最易发生故障的部件是减振器。减振器工作不正常时,汽车行驶中跳跃严重,轮胎的接地能力下降,转向盘发飘,弯道行驶时车身晃动加剧,制动时易发生跑偏或侧滑,轮胎磨损异常,乘坐舒适性降低,有关机件磨损速度加快。悬架装置的技术状况和工作性能的检测与诊断,对于保证汽车行驶平顺性、操纵稳定性、乘坐舒适性和行驶安全性具有重要意义。

1. 汽车悬架装置检测指标

悬架装置工作性能的检测指标是车轮接地性指数。车轮接地性指数是指汽车在行驶中,车轮与路面间最小法向作用力与其法向静载荷的比值,是车轮与路面间的最小相对动载的标志,用 $A\%$ 表示,其数值在 0~100% 范围内变化。车轮接地性指数表明了悬架装置在汽车行驶中确保车轮与路面相接触的最小能力。

2. 汽车悬架装置性能检测试验台

汽车悬架装置工作性能的检测方法有经验法、按压车体法和试验台检测法。经验法和按压车体法主要是依靠检查人员的经验判断,因此存在主观因素大、可靠性差、只能定性分析、不能定量分析等缺点。悬架装置检测试验台可以快速检测、诊断悬架装置的工作性能。

根据激振方式不同,悬架装置检测试验台可分为跌落式和共振式两种类型。由于共振式悬架装置检测试验台性能稳定、数据可靠,因此应用广泛,如图 3-66 所示。

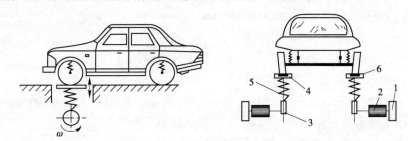

图 3-66 共振式悬架检测台

1-储能飞轮;2-电动机;3-凸轮;4-激振弹簧;5-台面;6-测量装置

1）跌落式悬架装置检测台

测试过程中，先通过举升装置将汽车升起一定高度，然后突然松开支撑机构或撤去垫块，车辆落下产生自由振动。用测量装置测量车体振幅或者用压力传感器测量车轮对台面的冲击压力，对振幅或压力分析处理后，评价汽车悬架装置的工作性能。

2）共振式悬架装置检测台

通过检测台的电动机、偏心轮、储能飞轮和弹簧组成的激振器，使检测台台面及被检汽车的悬架装置产生振动。通过检测激振后振动衰减过程中力或位移的振动曲线，求出频率和衰减特性，以判断悬架装置减振器的工作性能。根据测试参数不同分为测力式和测位移式。测力式悬架装置检测台测振动衰减过程中的力，测位移式悬架装置检测台测振动衰减过程中的位移量。以下主要介绍共振式悬架装置检测台的结构和工作原理。

共振式悬架装置检测试验台一般由机械部分和微机控制部分组成。

（1）机械部分。

共振式悬架装置检测试验台的机械部分由左右两套相同的振动系统构成，如图3-66所示。其单轮振动系统如图3-67所示，每套振动系统由上摆臂、中摆臂、下摆臂、支撑台面、激振弹簧、驱动电动机、储能飞轮和传感器等构成。传感器一端固定在箱体上，另一端固定在台面上。上摆臂、中摆臂和下摆臂通过三个摆臂轴和六个轴承安装在箱体上。上摆臂和中摆臂与支撑台面连接，并构成平行四边形的四连杆机构，以保证上下运动时能平行移动，使台面受载时始终保持水平。中摆臂和下摆臂端部之间装有弹簧。驱动电动机的一端装有储能飞轮，另一端装有凸缘，凸缘上有偏心轴。连接杆一端通过轴承和偏心轮连接，另一端与下摆臂端部连接。

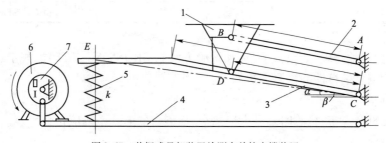

图3-67 共振式悬架装置检测台单轮支撑装置

1-支撑台面；2-上摆臂；3-中摆臂；4-下摆臂；5-激振弹簧；6-驱动电动机；7-偏心惯性结构

检测时，将汽车驶上支撑平台，启动测试程序，驱动电动机带动偏心机构使整个汽车—台面系统振动。激振数秒达到角频率为ω_0的稳定强迫振动后，断开驱动电动机电源；然后，由储能飞轮以起始频率为ω_0的角频率进行扫频激振，同时起动采样测试装置。由于车轮的固有频率处于ω_0与0之间，因此储能飞轮的扫频激振总能使汽车—台面系统产生共振。采样测试装置记录数据和振动波形，然后进行分析、处理和评价。

（2）控制部分。

共振式悬架装置检测试验台的控制部分主要由微机、传感器、A/D转换器、电磁继电器及控制软件等组成，如图3-68所示。悬架装置检测试验台微机控制部分与机械部分由控制软件联系。软件不仅实现对悬架装置检测试验台测试过程的控制，同时也对悬架装置检测试验台所采集的数据进行分析和处理，并显示和打印检测结果。

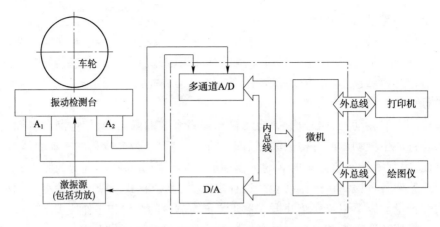

图 3-68　汽车悬架性能检测控制系统

3. 汽车悬架性能检测标准

《道路运输车辆综合性能要求和检验方法》(GB 18565—2016)中规定:对于最大设计车速≥100km/h、轴载质量≤1500kg 的载客汽车,用悬架检测台按规定的方法检测悬架特性时,受检车辆的车轮在受外界激励振动下测得的吸收率(车轮接地性指数)应不小 40%,同轴左右轮吸收率之差不得大于 15%。

欧洲减振器制造协会推荐的参考标准是:在检测台面振幅为 6mm 时,车轮接地性指数与车轮接地状态评价标准见表 3-24。

车轮接地性参考标准　　　　　　　　　　　　　　　　表 3-24

车轮接地性指数(%)	60~100	45~60	30~45	20~30	1~20	0
车轮接地状态	优	良	一般	差	很差	车轮与地面脱离

4. 汽车悬架性能检测方法

依据《道路运输车辆综合性能要求和检验方法》(GB 18565—2016)的规定,道路运输车辆采用悬架检测台进行性能检测方法如下。

1)检测准备

轮胎气压符合规定;检测时驾驶人应离车;检测台的电气系统应预热。

2)检测方法

(1)将被测车辆各轴车轮依次驶上悬架装置检测台,并使轮胎位于检测台面的中央位置,测量左、右轮的静态轮荷。

(2)分别起动悬架检测台的左、右电动机,使汽车悬架产生振动,增加振动频率并超过振动的共振频率。

(3)当振动频率超过共振点后,将电动机关断,振动频率衰减并通过共振点。

(4)记录衰减振动曲线(纵坐标为动态轴荷,横坐标为时间),测量共振时的最小动态轮荷,计算并读取最小动态轮荷与静态轮荷的百分比以及同轴左、右轮百分比的差值。

六、汽车行驶系统故障诊断

汽车行驶系统的常见故障现象有汽车行驶跑偏、乘坐舒适性不良、前轮摆振和前轮胎磨损不正常等。

1.汽车行驶跑偏的故障诊断

1)故障现象

汽车不能保持直线行驶方向,而自动偏向一侧行驶的现象。

2)故障原因

引起车辆行驶跑偏的原因包括:两前轮轮胎气压或轮胎直径不等;前轮左右轮毂轴承松紧程度不一致;前后桥两侧的车轮单边制动或单边拖滞;两前轮外倾角、主销后倾角、主销内倾角、前束不等;前桥、后桥轴管及车架变形;左右悬架弹簧挠度不等或弹力不等;左右轴距相差过大或推力角过大;转向节弯曲变形。

3)故障诊断

(1)轮胎外观和气压检查。检查两前轮轮胎磨损程度是否一致,再检查两侧轮胎气压是否相等。如果两前轮轮胎的气压存在偏差,则说明汽车自动跑偏的原因是两前轮轮胎磨损程度不一致或气压不等,从而导致的轮胎直径不等造成的。

(2)进行汽车行驶判断。停车检查跑偏一侧的制动鼓(或制动盘)和轮毂轴承温度,若温度过高,说明故障原因为制动拖滞或轮毂轴承过紧。

(3)检查轴距和推力角。若轴距不等、推力角过大,则说明前、后桥或车架在水平平面内有变形或悬架杆件、转向节有变形。

(4)按规定条件和方法测量车身两侧参考点的高度值。若高度值存在偏差,则说明两侧悬架弹簧的弹性不一致或某侧悬架杆件变形。

(5)车轮定位参数检查。进行前轮的外倾角、主销后倾角、主销内倾角、前束等定位参数值,通过检测转向轮定位参数进行判断和调整。

2.乘坐舒适性不良的故障诊断

1)故障现象

汽车在凹凸不平的路面行驶时,车身产生的振动不能迅速衰减,或高速行车时振动严重。

2)故障原因

汽车乘坐舒适性不良的原因包括:悬架系统弹性元件损坏、减振器不良或损坏;轮胎磨损过甚或磨损不均、轮胎气压不正常;车轮严重不平衡、传动轴动不平衡等。

3)故障诊断

(1)检查轮胎气压和磨损情况。若轮胎磨损不均,则可导致轮胎动不平衡而在车辆高速行驶时引起振动;若轮胎磨损严重且气压过高或过低,则会失去其本身应有的缓冲和减振功能,使汽车的乘坐舒适性变差。

(2)检查车轮是否有明显的变形,并对轮辋进行径向圆跳动量、轴向圆跳动量检查,以确定轮辋变形是否超标,必要时应进行车轮动平衡检查。

(3)检查减振器。外观检查时,若减振器弯曲、凹陷、泄漏,车辆遇到路面冲击而车轮回跳过度,则说明减振器损坏。

(4)检查悬架。检查弹簧是否有折断或损伤缺陷,其弹力可用专用仪器来检查;检查悬架杆件连接处橡胶衬套是否老化或损坏,其连接部位间隙是否过大。

(5)检查传动轴是否弯曲变形、平衡块有无脱落情况,传动轴管是否凹陷,必要时进行动平衡检验。

3. 前轮摆振故障诊断

1) 故障现象

汽车在某一车速范围内行驶时,汽车出现两前轮各自围绕主销轴线摆振,转向盘发抖,行驶不稳定。

2) 故障原因

引起车辆行驶出现前轮摆振现象的原因包括:车轮变形;前轮的径向圆跳动量和轴向圆跳动量过大;前轮不平衡量过大;前轮外倾角、前束不符合标准或不匹配;主销后倾角、主销内倾角不符合标准;前轮轮毂轴承松旷;转向节球销及纵横拉杆球销等连接处松旷;转向器主、从动部分啮合间隙过大;前桥或车架有弯扭变形;前悬架杆件及转向节变形。

3) 故障诊断

(1) 检查转向传动机构各连接部位是否松旷,连接部位松旷会加剧前轮摆振。在进行检查时,先左右转动转向盘,检查转向盘的自由转动量是否过大。若过大,则应逐一检查各球头销等连接部位是否松旷,以确定故障部位。

(2) 检查轮毂轴承、转向节球销是否松旷。检查时,先支起汽车前部,使前轮处于卸载状态,然后在车轮的侧面用手上下摇动车轮,若有松旷感,则表明存在故障。

(3) 确定被检车辆前轮轮胎是否为翻新轮胎,目检前轮胎花纹磨损状况,使用质量差的翻新胎和磨损严重不均匀的轮胎,其动不平衡量会过大,易引起前轮摆振。

(4) 检查前轮是否变形。可通过检测车轮轮辋的径向圆跳动量、轴向圆跳动量来反映其变形情况。检查时,将汽车前部支起,转动车轮用百分表测量轮辋的径向圆跳动量和轴向圆跳动量。通常轿车钢制轮辋其轴向圆跳动量标准值为 $0\sim 1.0$ mm,其维修极限为 2.0 mm;其径向圆跳动量标准值为 $0\sim 1.0$ mm,其维修极限为 1.5 mm。

(5) 检查前轮是否动平衡。若前轮动不平衡量过大,则应对前轮进行配重平衡,或对难以动平衡的车轮予以更换。

(6) 前轮定位参数检查。检查前轮的前束值,其前束值过小或过大,易造成前轮摆头并使轮胎磨损异常;若前束值正常而故障仍未消除,则进行前轮外倾角检测。前轮外倾角过大或过小,均不能与其前束良好地匹配,易产生前轮摆振并使轮胎磨损异常。前轮外倾角不符合标准往往是因悬架杆件或转向节变形所致;当前轮外倾与前束均正常时,则故障原因可能是主销后倾角、主销内倾角不正常,由于悬架或车身某些部件的变形和损坏,可能导致主销后倾角、主销内倾角发生变化,其过大或过小都有可能使前轮摆振。主销倾角过小,稳定力矩小,前轮回正能力差;主销倾角过大,稳定力矩大,前轮回正过猛。因此,应使用车轮定位仪检测前轮的主销后倾角和主销内倾角,以确定故障原因。

(7) 检查车身或车架是否有变形。

4. 前轮轮胎磨损不正常的故障诊断

1) 故障现象

前轮轮胎磨损速度过快,胎面磨损异常。

2) 故障原因

引起车辆前轮轮胎不正常磨损的原因包括:前轮轮胎气压过高或过低;前轮定位参数不

符合规定,尤其是前轮外倾和前束配合不当或不符合标准;前轮径向圆跳动量和轴向圆跳动量过大以及车轮不平衡;前轮毂轴承松旷;转向节球销及纵横拉杆球销等连接处松旷;前轮轮胎长期未换位;前梁弯、扭变形或前悬架杆件及转向节变形。

3) 故障诊断

(1) 观察胎面,如胎冠中部快速磨损,则为轮胎气压过高所致。因轮胎气压过高将增大单位接地面积的负荷,加速胎冠中部的磨耗。此外,由于帘布层帘线承受过大的拉、伸应力,易导致轮胎的早期损坏。如发现胎冠两肩磨损过快,则为轮胎气压不足所致。轮胎气压不足会使胎冠接地印迹增宽,且由于轮胎中部略向内弯曲而导致胎冠两肩着地,使两肩磨损加快,当高速行车时,还会引起胎面开裂。

(2) 观察胎面,如轮胎出现偏磨,则说明前轮的外倾角不正常。若胎冠外侧偏磨过快,说明车轮外倾角过大;若胎冠内侧偏磨过快,说明车轮外倾角过小;如胎冠出现羽片状磨损,则说明前轮前束不正常。若左右轮胎胎冠上羽片的尖部指向汽车纵向中心线,则说明前束过大;若羽片的尖部背离汽车纵向中心线,则说明前轮存在负前束。此时应重点检查并调整前轮的前束值。

(3) 观察胎面,如轮胎胎面局部有磨光的斑点,则说明前轮不平衡。当前轮不平衡时,前轮的振动会引起轮胎的定向磨损,最终导致斑点产生。此时应重点检测前轮的不平衡情况。

(4) 观察胎面,如轮胎胎冠上一侧产生扇形磨损,则由轮胎长期未换位或悬架位置不当所致。

(5) 察看两前轮胎面,如一侧轮胎磨损异常严重,其原因一般是磨损异常车轮一侧的悬架系统及转向节部件不正常,支承件变形,使单个车轮定位失常及车轮负荷过大。此时应检查该侧的悬架、车轮定位、轮毂轴承间隙、车轮的平衡及轮辋的变形情况。

(6) 检查转向球销、主销、轮毂轴承是否松旷。若这些部位松旷严重时,则会改变车轮前束和外倾角的大小,从而使轮胎磨损异常。

(7) 检查车轮是否变形。支起前桥,转动前轮,用车轮跳动量测量仪检查轮辋与轮胎的径向圆跳动量和轴向圆跳动量。若跳动量过大,则会造成前轮严重摆振,导致前轮不正常磨损;检查前梁、前悬架杆件及转向节是否变形,这些部位的变形会引起前轮定位参数变化,从而导致前轮异常磨损。

5. 车身横向倾斜

1) 故障现象

汽车车身左高右低或左低右高,出现倾斜。

2) 故障原因

造成车身横向倾斜的主要原因包括:左右轮胎气压不一致;左右轮胎规格不一致;悬架弹簧自由长度或刚度不一致;发动机横梁和下摆臂的固定螺栓或衬套松旷、发动机横梁变形、下摆臂变形、车身变形;减振器或缓冲块损坏。

3) 故障诊断

以桑塔纳乘用车为例,先检查左右轮的气压、规格是否一致,再检查悬架、车身等部位,确定故障位置。图3-69所示为车身横向倾斜常见故障原因的诊断流程。

6. 电子控制悬架系统的故障自诊断

电子控制悬架系统即从汽车行驶舒适性和安全性出发,控制悬架的弹簧刚度和减振器的阻尼随汽车行驶状态而呈最优状态,同时还可根据车载情况及汽车运行工况自动调整车身高度,以保持汽车行驶所需要的高度及汽车行驶姿态的稳定。不同车型的电控悬架系统,由于其结构、控制方式的不同,其故障的检测与诊断方法也略有差异。电子控制悬架系统一般都设有故障自诊断系统,以监测系统的工作状况及诊断系统出现的故障。当系统处于故障状态时,微机根据故障信息把故障以代码形式存入存储器,并通过仪表板上的"悬架系统故障指示灯"提示驾驶人。读出存储器中的故障码,可快速准确地诊断故障部位及原因。以下以雷克萨斯 LS400 轿车为例,介绍汽车电子控制悬架系统的故障自诊断。

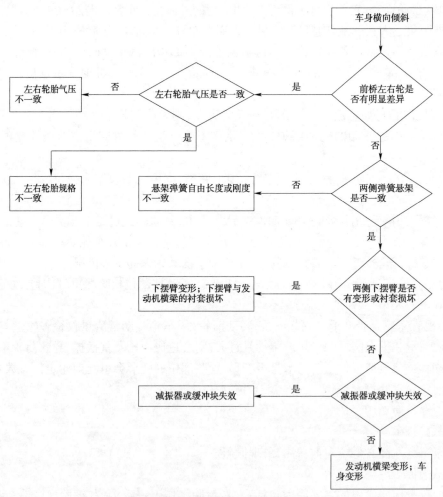

图 3-69　车身横向倾斜故障的诊断流程

雷克萨斯 LS400 电子控制悬架系统主要由空气弹簧、阻尼可调减振器、悬架电子控制单元(ECU)、高度传感器、转向盘转角传感器、节气门位置传感器、悬架控制执行器、高度控制阀、排气电磁阀、高度控制开关、悬架控制开关、空气压缩机等组成。一般在利用仪器读取故障码操作前,可根据系统自带的故障指示灯的闪烁规律对系统进行初步诊断,指示灯的状态分为"亮、熄、闪烁频率"等且与系统的工况有关。然后进行故障码的读取等自诊断。

1)故障的自诊断

故障自诊断工作的通常步骤是:通过一定的程序、使用专用的解码器、以人工方法等方式,使系统首先进入自诊断状态;然后进行故障码的读取,并进行相应的故障排除工作;相应故障排除后,需要对存储器内的故障码进行清除。

(1)读取故障码。

①将点火开关转至 ON 位置。

②用跨接线短接 TDCL 插座或检查连接器中的 T_c 端子和 E_1 端子。

③将高度控制 ON/OFF 开关置于 ON 位置。

④根据仪表板上高度控制"NORM"指示灯的闪烁情况读取故障码。

⑤故障码读取完毕后,脱开 T_c 端子和 E_1 端子之间的跨接线。

(2)故障诊断。

读取故障码后,可根据表 3-25 所列的故障码含义诊断其故障。表 3-25 中关于故障码"51""52""71"的说明如下:

雷克萨斯 LS400 电子控制悬架系统故障码表　　　　　表 3-25

故障码	故障部位	故障原因	故障可能性
11	右前高度控制传感器电路	车身高度控制传感器电路断路或短路	ECU 与高度控制传感器之间的配线或接线器故障;高度控制传感器故障;ECU 故障
12	左前高度控制传感器电路		
13	右后高度控制传感器电路		
14	左后高度控制传感器电路		
21	前悬架控制执行器电路	悬架控制执行器电路断路或短路	ECU 与悬架控制执行器之间的配线或接线器故障;悬架控制执行器故障;ECU 故障
22	后悬架控制执行器电路		
31	1 号高度控制阀电路	高度控制阀电路断路或短路	ECU 与高度控制阀之间的配线或接线器故障;高度控制阀故障;ECU 故障
33	2 号高度控制阀电路(右悬架)		
34	2 号高度控制阀电路(左悬架)		
35	排气阀电路	排气阀电路断路或短路	ECU 与排气阀之间的配线或接线器故障;排气阀故障;ECU 故障
41	1 号高度控制继电器电路	1 号高度控制继电器电路断路或短路	ECU 与 1 号高度控制继电器之间的配线或接线器故障;1 号高度控制继电器故障;ECU 故障
42	压缩机电动机电路	压缩机电动机电路短路;压缩机电动机被锁住	ECU 与压缩机电动机之间的配线或接线器故障;压缩机电动机故障;ECU 故障
51	至 1 号高度控制继电器(控制压缩机电动机用)的持续电流	1 号高度控制继电器供电持续时间超过 8.5min	压缩机电动机;压缩机;空气管;1 号、2 号高度控制阀;排气阀;高度传感器;高度控制传感器连接杆;溢流阀;ECU

续上表

故障码	故障部位	故障原因	故障可能性
52	至排气阀的持续电流	向排气阀供电持续时间超过6min	高度控制阀；排气阀；空气管；高度控制传感器；高度控制传感器连接杆；ECU
61	悬架控制信号	ECU 故障	ECU 故障
71	高度控制 ON/OFF 开关电路	高度控制 ON/OFF 开关位于 OFF 位置或高度控制 ON/OFF 开关电路故障	ECU 与高度控制 ON/OFF 开关之间的配线或接线器故障；高度控制 ON/OFF 开关故障；ECU 故障
72	悬架控制执行器电源电路	悬架控制执行器电源电路断路或 AIR SUS 熔断丝烧断	悬架 AIR SUS 熔断丝故障；ECU 与发动机主继电器之间的配线或接线器故障；ECU 故障

①故障码"51"的出现有时是暂时现象。由于压缩空气的溢流压力是980kPa,若汽车在坡道上或超负荷行驶情况下,压缩机电动机就会连续运转以使汽车高度上升,此时如果通过1号高度控制继电器的电流保持8.5min以上,便输出故障码"51",并且停止执行汽车高度控制和减振器阻尼和弹簧刚度的控制。这种情况下,通常关闭点火开关约70min后再接通点火开关,系统即恢复正常。

②若在拆下车轮或在顶起汽车时进行汽车高度控制,可能会输出故障码"52",同时停止汽车高度控制和减振器阻尼和弹簧刚度的控制,此时,只要关闭点火开关后再接通,系统即恢复正常。

③当高度控制 ON/OFF 开关在 OFF 位置时,输出故障码"71"。

(3) 清除故障码。

故障排除后,清除存储器内故障码的方法如下:

①在点火开关关闭的情况下,用跨接线将高度控制连接器端子⑨与⑧短接,同时将检查连接器端子 T_s 与端子 E_1 短接。保持10s以上,然后接通点火开关,并脱开以上各端子。

②在关闭点火开关的情况下,拆下1号接线盒中的 ECU-B 熔断丝10s以上。

对于初步诊断及自诊断确定的故障,还应进行深入检测,一个故障有可能是由多个原因引起的,检测时可根据维修手册中提供的故障征兆一览表进行,以便查出故障的确切原因。检测时,应使用推荐的检测工具按汽车制造商维修手册提供的方法和步骤进行。对系统进行检查、故障排除、故障码清除后,应对系统进行路试运行,通过再次观察指示灯状态判定系统是否仍有故障存在,若有,则进行重新检修。

2) 车身高度控制功能故障诊断

(1) 车身高度控制功能检测。

当发动机运转时,操纵高度控制开关由"NORM"位置转换到"HIGH"位置时,车身高度将在20～40s时间内升高10～30mm;反之,当高度控制开关由"HIGH"位置转换到"NORM"位置时,车身高度可下降10～30mm。如果操纵高度控制开关时,车身高度没有任何变化,说明悬架高度控制系统有故障。

(2)车身高度控制功能故障原因。

根据悬架高度控制原理,悬架 ECU 根据车身高度传感器及高度开关输入的信号,检测出车身实际高度与目标高度是否一致,若车身实际高度低于目标高度,则悬架 ECU 将使悬架气缸充气,悬架变长,将车身升高;若实际高度高于目标高度,则悬架 ECU 将使高度控制阀的排气阀打开,放出悬架气缸里的压缩空气,使悬架变短,车身下降。因此,引起悬架高度控制功能故障的可能原因如下:

①1 号高度控制继电器电路故障。

②空气压缩机驱动电动机电路故障。

③高度控制传感器、高度控制阀电路故障。

④排气阀电路故障。

⑤高度控制电源电路故障及发电机输入电路故障等。

(3)车身高度控制的故障诊断。

①导致 1 号高度控制继电器电路故障(故障码 41)可能原因是:1 号高度控制继电器与悬架 ECU 之间的线路断路或插接器松动;1 号高度控制继电器损坏;悬架控制 ECU 损坏。进一步诊断步骤如下:

a. 检查悬架控制单元的 RCMP 与 - RC 端子间的电阻,正常电阻值为 50 ~ 100Ω。如果电阻值正常,应更换悬架控制单元。如果电阻值不正常,进行下一步检查。

b. 检查 1 号高度控制继电器,拆下 1 号高度控制继电器,在继电器 3、4 端加上蓄电池电压,测端子 1、2 是否导通。若断路,应更换继电器;若导通,则应拆下悬架 ECU 连接器,检查 RCMP、- RC 端子与 1 号高度控制继电器插座 3、4 端子间的配线是否断路或搭铁。测量继电器 3 与 4 端子之间的电阻,正常电阻值为 50 ~ 100Ω。如果电阻值不正常,需更换高度控制继电器。

②空气压缩机驱动电动机电路的故障诊断(故障码 42)。拆下 1 号高度控制继电器,检测插座 1 端对搭铁电压(应为蓄电池电压)。若无电压,则应检查 FLAIRSUS 熔断丝等;若有电压,则用导线连接 1 端子和 2 端子,观察空气压缩机是否运转;若不运转,可拆下空气压缩机驱动电动机连接器,在空气压缩机 1、2 端子间加上蓄电池电压;若空气压缩机运转,则说明继电器与空气压缩机电动机间配线有故障,否则说明空气压缩机有故障;若空气压缩机工作正常,但仍显示故障码 42,则应检查悬架 ECU 连接器 + RM、- RM 端子与空气压缩机电动机 3、4 端子间的配线是否断路或搭铁。

③右前高度控制传感器电路的故障诊断(故障码 11)。将点火开关旋至"ON",拆下右前高度控制传感器连接器,测 1 端子对车身的电压(应为蓄电池电压)。若有电压,则拆下悬架 ECU 连接器,分别测 SHCLK、SHLORD、SHFR、SHG 端子与高度控制传感器连接器 2、3、4、6 端子间的配线是否断路或搭铁;若配线良好则更换高度控制传感器;若无电压则拆下 2 号高度控制继电器,测连接器 4 端子对车身电压(应为蓄电池电压)。若无电压,则检查 ECU - B 熔断器;若有电压,则用导线连接连接器 4、2 端子,测右前高度控制传感器连接器 1 端子对车身电压(应为蓄电池电压)。若无电压,则检查右前高度控制继电器连接器 1 端子与 2 号高度控制继电器连接器 2 端子间的导线是否断路或搭铁;若有电压,则拆下 2 号高度控制继电器,检查其是否工作良好,否则应更换。

④1号高度控制阀电路的故障诊断(故障码31)。拆下1号高度控制阀,分别测量高度控制阀1、2与3端子之间的电阻,其值应为9~15Ω。若不正常,应更换高度控制阀;若阻值正常,则拆下悬架ECU连接器,测SLFR、SLFL端子与1号高度控制阀连接器1、2端子的配线是否断路或搭铁。

⑤排气阀电路的故障诊断(故障码35)。拆下排气阀连接器,测排气阀1、2端子间的电阻,其值应为9~12Ω。若阻值不符合要求,应更换排气阀;否则应拆下悬架ECU连接器,测SLEX、-RC与排气阀连接器1、2端子的配线是否断路或搭铁。

⑥高度控制电源电路的故障诊断。高度控制电源电路的作用是当点火开关置于"ON"时为悬架ECU供电。

a.拆下悬架ECU连接器,点火开关置"ON",测IG端子对车身电压,应为蓄电池电压。若无电压,则检查ECU-IG熔断丝等。

b.连接IG与MRLY端子,测量IGB端子对车身电压,应为蓄电池电压。若无电压,则检查2号高度控制继电器。

c.测量继电器插座4端子对车身电压,应为蓄电池电压。若电压正常,则检测继电器插座2、3端子与悬架ECU连接器IGB、MRLY端子间的配线是否断路或搭铁。

复习题

1.汽车底盘测功机的功能有哪些?
2.汽车底盘测功机的结构组成及各部分的作用是什么?
3.简述汽车底盘测功机测试汽车驱动轮输出功率的原理。
4.汽车驱动轮输出功率的实测结果如何校正?
5.汽车传动系统的传动效率及检测方法是什么?
6.汽车传动系统的总角间隙是如何构成的?
7.汽车传动系统的常见故障及其诊断方法是什么?
8.怎么检测离合器打滑故障?
9.简述自动变速器的检查与故障诊断。
10.转向盘自由转动量及其检测方法是什么?
11.汽车转向系统的检测项目有哪些?
12.汽车转向盘转向力的检测方法是什么?
13.汽车转向系统常见故障及其诊断方法是什么?
14.汽车制动系统的检测项目、检测方法、评价指标和标准要求是什么?
15.简述汽车制动性能台式检测的仪器设备及原理。
16.简述汽车制动性能道路检测的仪器设备及原理。
17.反力滚筒式制动试验台的使用特点是什么?
18.平板式制动试验台的使用特点是什么?
19.汽车制动系统常见故障及其诊断方法是什么?
20.汽车电子控制防抱死制动系统的检测与诊断方法是什么?

21. 汽车转向轮侧滑量检测的原理是什么？
22. 侧滑量检测诊断的标准是什么？
23. 影响汽车转向轮侧滑量检测结果的因素有哪些？
24. 汽车转向轮定位参数及其作用是什么？
25. 光束水准车轮定位仪的组成部件有哪些？
26. 用光束水准车轮定位仪检测汽车转向轮定位参数的原理和检测方法是什么？
27. 用光束水准车轮定位仪检测主销后倾角时，为什么要使转向轮分别向外和向内转动一定的角度？
28. 汽车四轮定位参数及其检测的意义是什么？
29. 当车辆行驶出现哪些情况时，需要进行汽车四轮定位参数的检测？
30. 分析车轮不平衡及其对车辆行驶的影响。
31. 导致车辆车轮不平衡的原因有哪些？
32. 车辆平衡机有哪些类型？
33. 简述用离心式车轮平衡机的检测车轮动平衡的方法和步骤。
34. 简述汽车悬架装置的检测指标及其意义。
35. 简述《道路运输车辆综合性能要求和检验方法》（GB 18565—2016）中规定的汽车悬架性能检测方法及其限值的规定。
36. 简述汽车行驶系统常见故障及其诊断方法。

第四章 汽车安全与环保性能检测

第一节 汽车排放污染物检测

为控制和降低汽车排放物对大气环境的染污,世界各国一直在加强对汽车排放污染物的监管。我国各级环境保护等部门也制定发布了相应的汽车排放污染物的限值标准、检测方法和设备要求,汽车排放污染物检测已成为重要的汽车检测与诊断项目和内容。

一、汽车排放污染物及控制标准

(一)汽车排放污染物的形成及危害

汽车排放污染物主要有一氧化碳(CO)、碳氢化合物(HC)、氮氧化合物(NO_X)、微粒(PM)、硫化物等。这些污染物由汽车的排气管、曲轴箱和燃油系统排出,分别称为排气污染物、曲轴箱污染物和燃油蒸发污染物。

1. 一氧化碳

1)一氧化碳(CO)的形成

汽车发动机的主要燃料是汽油和柴油,它们是碳氢化合物(烃)的混合物(C_nH_m)。汽车排放中的 CO 是燃料不完全燃烧的产物。当燃料在空气充足的条件下完全燃烧时,生成 CO_2 和 H_2O,而当发动机混合气过浓或燃烧质量不佳时,燃料不能充分燃烧时便生成 CO;此外,若燃烧后的温度很高,也会使正常燃烧情况下生成的少量 CO_2 分解成 CO 和 O_2。CO 是汽油车的主要排放污染物。由于柴油机过量空气系数大,循环温度低,因此,柴油车的 CO 排放量比汽油车低很多。CO 生成反应过程如下式所示:

$$RH \rightarrow R \rightarrow RO_2 \rightarrow RCHO \rightarrow RCO \rightarrow CO$$

2)一氧化碳(CO)的危害

CO 是一种无色无味的有毒气体,它进入人体后极易与血液中的血红蛋白结合。CO 与血红蛋白的亲合力是氧的 300 倍,因此,CO 可使血液携带氧的能力下降而引起缺氧。CO 被人体大量吸入后,因缺氧而出现各种中毒症状,如恶心、头晕、四肢无力,严重时会使人窒息死亡。

2. 碳氢化合物(HC)

1)碳氢化合物(HC)的形成

汽车排放中的 HC 是各种没有燃烧和没有完全燃烧的碳氢化合物的总称。HC 主要由发动机排气管排出,部分从供油系统、曲轴箱和燃油箱中泄漏或蒸发。在任何工况下,汽油机排气中总含有一定量的 HC,其排放量远大于柴油机。

缸壁的激冷作用和燃烧室缝隙效应是产生 HC 的重要原因。汽油机通过火焰传播使燃油燃烧,但紧靠缸壁的气体层(0.05~0.38mm)因低温缸壁作用,火焰传播不到;同时,火焰不能在缝隙(小于1mm)内的混合气中传播。因而这些混合气中的 HC 将随燃烧废气排出。

另外,在发动机工作过程中,如果混合气过浓或过稀、点火系统出现故障、火焰在传播过程中熄灭,都会致使混合气中的部分或全部燃料以 HC 的形式排出。因此,HC 既有未燃的燃料,也有燃料不完全燃烧的中间产物和部分被分解的产物。因此,一切妨碍燃料正常燃烧的因素都是 HC 形成的原因。

2)碳氢化合物(HC)的危害

高浓度的 HC 对人的眼、鼻和咽喉黏膜有较强的刺激作用,严重时可致癌。HC 对大气的污染主要在于其与 NO_X 产生光化学反应形成光化学烟雾。HC 与 NO_X 在强太阳光作用下,会发生一系列的光化学反应,生产臭氧(O_3)、过氧乙酰基硝酸盐(PAN)等光化学过氧化物,以及各种游离基根、醛、酮等成分,形成一种毒性很大的光化学烟雾(白色或浅蓝色)。光化学烟雾滞留在大气中时,会使人感觉到呼吸困难、头晕眼眩、眼红咽痛,甚至引起中枢神经瘫痪、痉挛等疾病。

3. 氮氧化合物(NO_X)

1)氮氧化合物(NO_X)的形成

汽车排放中的 NO_X 是复杂氮氧化合物的总称,主要包括 NO_2 和 NO。NO_X 主要是在高温燃烧过程中由空气中的氧和氮化合而成,燃料中含氮化合物也会部分形成氮氧化物排放。

高温燃烧时含氧量越充足,越易促使氧、氮化合,氮氧化物的排放浓度越大。汽车排气中直接排出的氮氧化物基本上是 NO,汽油机排出的氮氧化合物中,NO 占99%,而柴油机排出的氮氧化合物中 NO_2 比例稍大。

2)氮氧化合物(NO_X)的危害

NO 在发动机刚排出时,其毒性较小,但排出以后,NO 在大气中被氧化为剧毒的 NO_2,这一个过程一般需要几小时,若空气中有强氧化剂,如臭氧,则氧化过程变得很迅速。NO_2 是一种刺激性很强的污染物,它能刺激眼、鼻黏膜,麻痹嗅觉,甚至引起肺气肿;NO_2 还是形成酸雨及光化学烟雾的主要物质之一,对人体健康及植物生长均有不良影响。

4. 微粒(PM)

1)微粒(PM)的形成

汽车排放中的微粒 PM 是汽车尾气中各种固体或液体微粒的总称。汽油机排出的主要微粒是铅化物、硝酸盐、低分子物质;柴油机排出的主要微粒为炭物质(炭烟)和高分子量的有机物(机油的氧化和裂解产物)。

炭烟是由直径较小的多孔性炭粒构成,它主要是燃油在高温缺氧情况下的燃烧产物。混合气燃烧时,在空气不足的局部高温区(2000~3000K),已形成气相的燃油分子通过裂解和脱氢过程,经过核化或形成先期产物,快速产生较小分子的物质,在后期出现聚合反应,最终产生炭烟微粒,随废气排入大气,形成炭烟。另外,在低于1500K 的低温区(如燃烧室壁等非火焰区),则通过聚合和冷凝过程,缓慢产生较大分子量的物质,最后也生产炭烟微粒。

柴油车排出的微粒要比汽油车多得多,其中炭烟微粒排放比汽油机多30~60 倍。理论研究表明,汽油等轻质燃料的汽化是一个物理过程,而柴油等重质燃料的汽化则还包含化学裂解过程,这就是柴油机微粒排放多的重要原因。

2)微粒(PM)的危害

微粒中对人体和大气环境危害最大的是 $2.5\mu m$ 左右的微粒,它悬浮于离地面 $1\sim 2m$ 高的空气中,容易被人体吸入。而这些微粒,往往吸附许多有机污染物、重金属元素和一些致癌物质。因此,微粒炭烟被人体吸入后,严重危害人体的健康。

5. 硫化物

1)硫化物的形成

汽车排放中的硫化物主要是 SO_2,它由所有燃料中的硫和空气中的氧反应生产。

2)硫化物的危害

SO_2 有强烈的气味,它本身可刺激喉咙和眼睛,严重时可使人中毒,引起呼吸道疾病。与 NO_2 一样,SO_2 还是形成酸雨的主要成分,它能严重污染河流,使土壤和水源酸化,破坏自然界的生态平衡。

(二)在用汽车排放污染物检测标准

我国对汽车排放污染物的检测标准主要分为:型式核准试验标准、生产一致性试验标准和在用汽车检测标准。型式核准试验标准适用于对新设计车型的认证试验;生产一致性试验标准适用于从成批生产的车辆中任意抽取一辆或若干辆进行的抽样试验;在用汽车检测标准适用于在用汽车进行年检及抽样检测。在这三种检测标准中,对汽车进行型式核准试验时,其标准应严于生产一致性试验;在用汽车的排放检测标准应基本对应该车型生产时新车排放标准。

1. 点燃式发动机汽车排气污染物双怠速排放限值

装配点燃式发动机的车辆,其排气污染物是指排气管排放的气体污染物。双怠速法检测时,通常是测量碳氢化合物(HC)和一氧化碳(CO)的浓度排放量(体积分数)。《点燃式发动机汽车排气污染物排放限值及测量方法》(GB 18285—2005)标准规定的装用点燃式发动机的新生产汽车,其型式核准和生产一致性检查的排气污染物排放限值见表4-1;在用汽车排气污染物排放限值见表4-2。

新生产汽车排气污染物排放限值(体积分数) 表4-1

车辆类型	类 别			
	怠 速		高 怠 速	
	CO(%)	HC($\times 10^{-6}$)	CO(%)	HC($\times 10^{-6}$)
2005年7月1日起新生产的第一类类型汽车	0.5	100	0.3	100
2005年7月1日起新生产的第二类类型汽车	0.8	150	0.5	150
2005年7月1日起新生产的重型汽车	1.0	200	0.7	200

在用汽车排气污染物排放限值（体积分数）　　　　表4-2

车辆类型	类别			
	急速		高急速	
	CO(%)	HC(×10⁻⁶)	CO(%)	HC(×10⁻⁶)
1995年7月1日前生产的轻型汽车	4.5	1200	3.0	900
1995年7月1日起生产的轻型汽车	4.5	900	3.0	900
1995年7月1日前生产的重型汽车	5.0	2000	3.5	1200
1995年7月1日起生产的重型汽车	4.5	1200	3.0	900
2000年7月1日起生产的第一类型汽车	0.8	150	0.3	100
2001年7月1日起生产的第二类型汽车	1.0	200	0.5	150
2004年9月1日起生产的重型汽车	1.5	250	0.7	200

表4-2中关于车型、发动机转速、污染物检测当量等情况说明如下：

(1)轻型汽车是指最大总质量不超过3500kg的M_1类、M_2类和N_1类车辆。

(2)重型汽车是指最大总质量超过3500kg的车辆。

(3)第一类轻型汽车是指设计乘员数不超过6人（包括驾驶人），且最大总质量≤2500kg的M_1类车。对于2001年5月31日以后生产的5座以下（含5座）的微型面包车，执行此类在用汽车排放限值。

(4)第二类轻型汽车是指在本标准适用范围内除第一类车以外的其他所有轻型汽车。

(5)HC容积浓度值按正己烷当量。

(6)高急速：是指轻型汽车规定为(2500±100)r/min；重型车规定为(1800±100)r/min；如有特殊规定的，检测时应按照制造厂技术文件中规定的高急速运转。

2.压燃式发动机汽车排气烟度排放限值

装配压燃式发动机的车辆，其排气污染物浓度是指排气烟度。在用车辆的排气烟度检测由规定的自由加速烟度试验测得，《车用压燃式发动机和压燃式发动机汽车排气烟度排放限值及测量方法》(GB 3847—2005)规定的排气烟度限值见表4-3。

在用汽车排气烟度排放限值　　　　表4-3

车型	光吸收系数(m^{-1})	烟度(R_b)
2005年7月1日起按本标准规定经型式核准车型生产的在用汽车	不大于车型核准的自由加速度排气烟度排放限值，再加$0.5m^{-1}$	—
2001年10月1日至2005年7月1日生产的自然吸气式汽车	2.5	—
2001年10月1日至2005年7月1日生产的涡轮增压式汽车	3.0	—
1995年7月1日至2001年9月30日生产的在用汽车	—	4.5
1995年6月30日以前生产的在用汽车	—	5.0

3. 轻型汽车型式核准试验污染物排放限值

《轻型汽车污染物排放限值及测量方法》(GB 18352.3—2005)(中国Ⅲ、Ⅳ)规定了轻型汽车污染物排放第Ⅲ和第Ⅳ阶段型式核准的要求、车辆生产一致性和在用汽车符合性的检查和判别方法。下面对标准中型式核准试验的类型及部分排放限值进行说明。

1)车辆型式核准试验类型

车辆型式核准试验类型和内容见表4-4。表中的轻型汽车是指总质量不超过3500kg的M_1类、M_2类和N_1类汽车;车载诊断(OBD)系统是指安装于汽车上用于排放控制的车载诊断系统,它具有识别可能存在的故障区域的功能,并能将故障信息以故障码形式存入ECU存储器内。

表4-4 车辆型式核准试验类型与内容

型式核准试验类型	试验内容	装点燃式发动机的轻型汽车			装压燃式发动机的轻型汽车
		汽油机	两用燃料车	单一气体燃料车	
Ⅰ型	常温下冷起动后排气污染物排放试验	进行	试验两种燃料	进行	进行
Ⅲ型	曲轴箱污染物排放试验	进行	只试验汽油	进行	不进行
Ⅳ型	蒸发污染物排放试验	进行	只试验汽油	不进行	不进行
Ⅴ型	污染控制装置耐久性试验	进行	只试验汽油	进行	进行
Ⅵ型	低温下冷起动后排气中CO、HC的排放试验	进行	只试验汽油	不进行	不进行
双急速	测定双急速的CO、HC和高急速的过量空气系数	进行	试验两种燃料	进行	不进行
车载诊断(OBD)系统	车载诊断(OBD)系统试验	进行	进行	进行	进行

2)车辆型式核准试验排放限值

(1)Ⅰ型试验排放限值。

汽车在带有负荷和惯性模拟的底盘测功机上,常温下冷起动后,按图4-1规定的运转循环(4个城区15个工况循环+1个城郊13个工作循环)、排气取样和分析方法、颗粒物取样和称量方法进行排气污染物排放试验。对点燃式发动机汽车,排气污染物是指排气管排放的气态污染物(CO、HC、NO_x);对压燃式发动机汽车,其排气污染物是指排气管排放的气态污染物和颗粒物(PM)。试验时,记录CO、HC、NO_x、PM,并将其结果乘以表4-5列出的相应劣化系数后,应满足表4-6所示的排放限值要求。

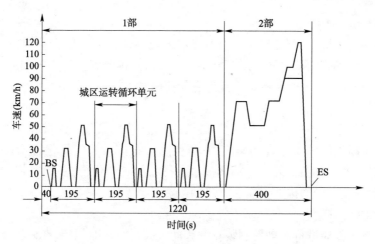

图 4-1 Ⅰ 型试验运转循环
BS-取样开始；ES-取样结束

劣 化 系 数　　　　　　　　　　　　　　　　　　　　　　　表 4-5

发动机类别	劣 化 系 数				
	CO	HC	NO_X	HC + NO_X	PM
点燃式发动机	1.2	1.2	1.2	—	—
压燃式发动机	1.1	—	1	1	1.2

Ⅰ 型试验排放限值　　　　　　　　　　　　　　　　　　表 4-6

型式核准试验			基准质量 RM[①] (kg)	限值（g/km）								
				CO		HC		NO_X		HC + NO_X		PM
				L_1		L_2		L_3		$L_2 + L_3$		L_4
阶段	类别	级别		汽油	柴油	汽油	柴油	汽油	柴油	汽油	柴油	柴油
Ⅲ	第一类车[②]	—	全部	2.3	0.64	0.2	—	0.15	0.5	—	0.56	0.05
	第二类车[③]	Ⅰ	RM≤1305	2.3	0.64	0.2	—	0.15	0.5	—	0.56	0.05
		Ⅱ	1305 < RM≤1760	4.17	0.8	0.25	—	0.18	0.65	—	0.72	0.07
		Ⅲ	1760 < RM	5.22	0.95	0.29	—	0.21	0.78	—	0.86	0.1
Ⅳ	第一类车	—	全部	1	0.5	0.1	—	0.08	0.25	—	0.3	0.025
	第二类车	Ⅰ	RM≤1305	1	0.5	0.1	—	0.08	0.25	—	0.3	0.025
		Ⅱ	1305 < RM≤1760	1.81	0.63	0.13	—	0.1	0.33	—	0.39	0.04
		Ⅲ	1760 < RM	2.27	0.74	0.16	—	0.11	0.39	—	0.46	0.06

注：①基准质量（RM）即车辆整备质量加上 100kg。
②第一类车是指包括驾驶人座位在内，座位数不超过 6 座，且最大总质量不超过 2500kg 的 M_1 类汽车。
③第二类车是指本标准适用范围内除第一类汽车以外的其他所有轻型汽车。

(2) Ⅲ型试验排放限值。

除装压燃式发动机的汽车以外,所有汽车必须进行曲轴箱污染物排放试验。其曲轴箱污染物是指从发动机曲轴箱通气孔或润滑系统的开口处排放到大气中的物质。按规定方法进行试验时,发动机曲轴箱通风系统不允许有任何曲轴箱污染物排入大气。

(3) Ⅳ型试验排放限值。

所有汽油车都必须进行蒸发污染物排放试验,其蒸发污染物是指除排气管排放之外,从汽车的燃油系统损失的碳氢化合物蒸气,它包括燃油箱排放的碳氢化合物(燃油箱换气损失)和汽车行驶一段时间后静置汽车的燃油系统排放的碳氢化合物(热浸损失)。按规定方法进行试验时,蒸发污染物排放量应小于2g/试验。

(4) Ⅴ型试验要求。

所有轻型汽车都应进行污染控制装置耐久性试验。按标准规定,在试验跑道上、或在道路上、或在底盘测功机上,进行80000km的耐久性试验,确定实测劣化系数。也允许汽车制造厂选用表4-5所示的劣化系数,以代替80000km的耐久性试验。

(5) Ⅵ型试验排放限值。

所有汽油车都必须进行低温下冷起动后排气中CO和HC的排放试验。汽车在带有负荷和惯性模拟的底盘测功机上,在-7℃环境温度下,按规定的运转循环(4个城区15个工况循环)、排气取样和分析方法测量CO和HC的排放量应小于表4-7所示的限值。

表4-7 Ⅵ型试验排放限值

类　别	级　别	试验温度266K(-7℃)		
		基准质量RM(kg)	CO, L_1 (g/km)	HC, L_2 (g/km)
第一类车	—	全部	15	1.8
第二类车	Ⅰ	RM≤1305	15	1.8
	Ⅱ	1305＜RM≤1760	24	2.7
	Ⅲ	1760≤RM	30	3.2

(6) 车载诊断(OBD)系统试验要求。

所有汽车必须装备车载诊断系统并进行规定的试验,该系统应在设计、制造和汽车安装上,能确保汽车在整个寿命期内识别劣化或故障的类型。

二、点燃式发动机汽车排气污染物检测

1. 工况法

工况法是将汽车若干常用工况和排放污染较重的工况结合在一起测量排放污染物浓度的方法。工况法的循环试验模式是根据汽车的排放性能、行驶特点、交通状况、道路条件、车流密度和气候地形等因素,对大量统计数据进行统计分析而制定的,以最大限度地反映汽车运行时的排放特性。

工况法在汽车底盘测功机上进行,利用底盘测功机模拟汽车行驶阻力、运行惯性以及各种道路行驶工况,按照规定的工况循环规范对汽车排放污染物进行测量。在世界各国的排放法规中,工况法采用的工况循环规范较多,下面介绍我国汽油车部分排放法规中应用的稳

态工况法和简易瞬态工况法。

1) 稳态工况法(ASM)

稳态工况法由多种稳态工况组成。根据《点燃式发动机汽车排气污染物排放限值及测量方法》(GB 18285—2005)规定,在机动车保有量大、污染严重的地区,可采用稳态工况法(ASM)对点燃式发动机在用汽车的排放进行监测。

(1) 检测设备。

利用稳态工况法检测汽车排气污染物浓度时,所需要的主要仪器设备有汽车底盘测功机及惯性模拟装置、气体分析仪、计算机控制系统、辅助装置和转速计、湿度计、温度计、计时器等。

①底盘测功机。由于需模拟一定的车速,必须施加对应于该车速的负荷,所以底盘测功机要配置功率吸收装置;此外,还应按规定配备惯性飞轮(或电模拟惯量),以模拟加速工况被检车辆所受的阻力。

②气体分析仪。测量车辆排气管中排出的 CO、HC、CO_2、NO_x、O_2 的浓度,并将检测结果传输至控制系统。其中,CO、HC 和 CO_2 采用不分光红外法检测,NO_x 和 O_2 采用电化学法。

③计算机控制系统。由主控柜、工作控制计算机、打印机、电气控制系统、计算机软件系统组成,用于 ASM 测量过程的控制、数据测量处理与评价。

④其他辅助设备。显示屏为引车员提供操作指示画面,以便引车员按检测规程对车辆的速度进行控制;车辆散热风扇用于在检测过程中对车辆散热,以免车辆因发动机过热而造成损害;挡车器和地锚作为测试系统的安全装置,挡车器用来固定被检车辆非检测轴的位置,以免车辆前后窜动;地锚用于安装安全带,安全带固定在被测车辆上,避免车辆高速测量时窜出底盘测功机。

(2) 检测工况。

稳态工况(ASM)是指汽车预热到规定的热状态后,加速至规定车速,根据汽车规定车速时的加速负荷,通过测功机对汽车加载使汽车保持等速运转工况,测定汽车发动机的各种排气污染物的浓度值。稳态工况法仅适用于最大总质量小于 3500kg 的汽车,其模拟检测工况如图 4-2 所示。

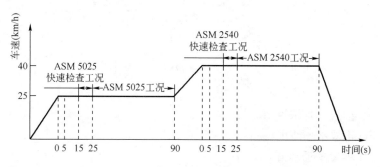

图 4-2 稳态工况法(ASM)试验运转循环

①ASM 5025 工况。发动机为高负荷低速工况,即 50% 节气门开度,车速为 25km/h。底盘测功机以汽车车速为 25.0km/h、加速度为 $1.475m/s^2$ 时输出功率的 50% 作为设定功率对汽车加载,汽车加速至 25.0km/h,工况计时器开始计时 ($t=0s$)。汽车以 25.0km/h(±1.5km/h) 的速度持续运转 5s,然后系统开始取样,在该速度下持续运转 10s ($t=25s$) 即为 ASM 5025 快速

检查工况。ASM 5025 快速检查工况结束后,继续运行至 $t=90\mathrm{s}$,即完成 ASM 5025 工况。

②ASM 2540 工况。发动机为中负荷中速工况,即 25% 节气门开度,车速为 40km/h。底盘测功机以汽车车速 40.0km/h、加速度为 $1,475\mathrm{m/s}^2$ 时输出功率的 25% 作为设定功率对汽车加载。ASM 5025 工况检测结束后,立即加速至 40.0km/h,工况计时器开始计时($t=0\mathrm{s}$);汽车以 40km/h(±1.5km/h)的速度持续运转 5s,然后系统开始取样,在该速度下持续运行 10s($t=25\mathrm{s}$)即为 ASM 2540 快速检查工况。ASM 2540 快速检查工况结束后,继续运转行至 $t=90\mathrm{s}$ 即完成 ASM 2540 工况。

(3)检测方法。

检测时,汽车驱动轮置于测功机滚筒上,将分析仪取样探头插入排气管中,深度为 400mm,并固定于排气管上,对独立工作的多排气管应同时取样。

将车速控制稳定到规定工况速度(25km/h 及 40km/h 两个工况),由电气控制系统控制调节功率吸收装置,使得加载到滚筒表面的总吸收功率为测试工况下的给定加载值,使车辆在规定载荷下稳定运行。五气体分析仪测量车辆所排出废气中各成分的含量,通过分析仪自带的环境测试单元测取温度、湿度、气压参数,计算出稀释系数,然后计算出校正后的 CO、HC、NO_X 排气浓度值。

测试过程中,控制系统发出操作指令,由显示仪显示,由引导检验员操作。发动机冷却风机对发动机吹风散热。安全装置则用于保障测试时的车辆运行安全。

汽车在测功机上实测车速的允许误差为 ±1.5km/h,加载转矩应随车速的变化做相应的调整,保证加载功率不随车速改变;转矩允许误差为该工况设定转矩的 ±5%。

(4)排气污染物测量值的校正。

排放测试结果应进行稀释校正及湿度校正,计算 10 次有效测试的算术平均值。测量结果计算公式如下:

$$C_{HC} = \frac{\sum_{i=1}^{10} C_{HC}(i) \times DF(i)}{10} \tag{4-1}$$

$$C_{CO} = \frac{\sum_{i=1}^{10} C_{CO}(i) \times DF(i)}{10} \tag{4-2}$$

$$C_{NO} = \frac{\sum_{i=1}^{10} C_{NO}(i) \times DF(i) \times K_H(i)}{10} \tag{4-3}$$

式中:C_{HC}——HC 排放平均浓度,10^{-6};

C_{CO}——CO 排放平均浓度,%;

C_{NO}——NO 排放平均浓度,10^{-6};

$C_{HC}(i)$——第 i 秒 HC 排放平均浓度,10^{-6};

$C_{CO}(i)$——第 i 秒 CO 排放平均浓度,%;

$C_{NO}(i)$——第 i 秒 NO 排放平均浓度,10^{-6};

$DF(i)$——第 i 秒稀释系数;

$K_H(i)$——第 i 秒湿度校正系数。

①稀释校正。ASM 排放试验的 CO、HC、NO 测量值应乘以稀释系数(DF)予以校正。当稀释系数计算值大于 3.0 时,取稀释系数等于 3.0。

稀释系数计算公式如下:

$$DF = \frac{C_{CO_2修}}{C_{CO_2测}} \quad (4\text{-}4)$$

$$C_{CO_2修} = \frac{X}{a + 1.88X} \times 100 \quad (4\text{-}5)$$

$$X = \frac{C_{CO_2测}}{C_{CO_2测} + C_{CO测}} \quad (4\text{-}6)$$

式中:DF——稀释系数;

　　$C_{CO_2修}$——CO_2 排放浓度测量修正值,%;

　　$C_{CO_2测}$——CO_2 排放浓度测量值,%;

　　$C_{CO测}$——CO 排放浓度测量值,%;

　　a——燃料计算系数,汽油为 4.644;压缩天然气为 6.64;液化石油气为 5.39。

②NO 测量值应同时乘以相对湿度校正系数 K_H 予以修正。

湿度校正系数计算公式如下:

$$K_H = \frac{1}{1 - 0.0047(H - 75)} \quad (4\text{-}7)$$

$$H = \frac{43.478 \times R_a \times p_d}{p_B - (p_d \times R_a/100)} \quad (4\text{-}8)$$

式中:K_H——湿度校正系数;

　　H——绝对湿度(水/干空气),g/kg;

　　R_a——环境空气的相对湿度,%;

　　p_d——环境温度下饱和蒸气压,kPa,如果温度大于 30℃,应用 30℃饱和蒸气压代替;

　　p_B——大气压力,kPa。

(5)检测结果判定。

①ASM 5025 工况检测结果判定。在测量过程中,任意连续 10s 内第 1 秒至第 10 秒的车速变化相对于第 1 秒小于±0.5km/h,测试结果有效。快速检查工况的 10s 内的排放平均值经修正后如果等于或低于限值的 50%,则测试合格,检测结束;否则应继续进行至 90s 工况。如果所有检测污染物连续 10s 的平均值均低于或等于限值,则该车应判定为 ASM 5025 工况合格,继续进行 ASM 2540 检测;如任何一种污染物连续 10s 的平均值超过限值,则测试不合格,检测结束。在检测过程中如任意连续 10s 内的任何一种污染物 10 次排放值经修正后均高于限值的 500%,则测试不合格,检测结束。

②ASM 2540 工况检测结果判定。在测量过程中,任意连续 10s 内第 1 秒至第 10 秒的车速变化相对于第 1 秒小于±0.5km/h,测试结果有效。快速检查工况的 10s 内的排放平均值经修正后如果等于或低于限值的 50%,则测试合格,检测结束;否则应继续进行至 90s 工况。如果所有检测污染物连续 10s 的平均值均低于或等于限值,则该车应判定为合格。如任何一种污染物连续 10s 的平均值超过限值,则测试不合格,检测结束。在检测过程中如任意连续 10s 内的任何一种污染物 10 次排放值经修正后如高于限值的 500%,则测试不合格,检测结束。

2) 简易瞬态工况法

《点燃式发动机汽车排气污染物排放限值及测量方法(双怠速法及简易工况法)》(GB 18285—2005)规定了 VMAS 简易瞬态工况测量方法。

轻型点燃式发动机汽车简易工况污染物排气检测系统(简称 VMAS 系统),是基于轻型车污染物排气质量的测试系统。其与简易稳态工况污染物的排气系统(ASM)的不同点在于:ASM 只能检测污染物的浓度,不能检测出污染物的排气总量;而 VMAS 系统能够直接获取汽车排气污染物的总质量。同时,采用简易瞬态工况法检测时,汽车在底盘测功机上行驶以模拟汽车真实运行工况,在加载情况下测定汽车发动机排出的各种废气成分的瞬态浓度值,可以较真实反映汽车实际运行时的排放性能。简易瞬态工况法能检测排气污染物每公里的排放量,并以 g/km 表示,有利于归纳排放因子,估算和统计城市机动车污染物的排气总量,对城市制定机动车污染控制措施具有实际意义。

瞬态工况试验循环包含了怠速、加速、匀速和减速等各种工况,比 ASM 法复杂得多,且排气测试系统(图 4-3)体积庞大,造价昂贵,从而限值了该方法的广泛使用。一般按多工况循环法制定的汽车排放标准适用于定型车鉴定、科研和生产车抽检。

(1)检测设备。

利用简易瞬态工况法检测点燃式发动机汽车的排放性能时,所用检测设备为由底盘测功机、气体分析仪和气体流量分析仪组成的采样分析系统,如图 4-3 所示。

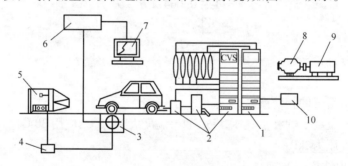

图 4-3 瞬态工况法排气测试系统

1-排气分析仪;2-CVS 采样系统;3-底盘测功机;4-变频器;5-风机;6-测功机控制台;7-监视仪;8-发动机;9-测功机;10-加热过滤器

底盘测功机配备功率吸收装置和惯性飞轮组(或电模拟惯量),以模拟道路行驶阻力和汽车加速惯量;采用双滚筒且滚筒直径为 200~530mm,可适用于最大总质量≤3500kg 的轻型客车;底盘测功机的最大功率要求保证在 100km/h 时为 56kW,最大安全测试速度为 130km/h。

气体流量分析仪的作用是要最终检测出排气污染物的质量。其结构由微处理器、锆氧气传感器、鼓风机、通气室、流量传感器、温度和压力传感器组成。

(2)检测原理。

利用简易瞬态工况法检测点燃式发动机汽车的排放性能时,底盘测功机模拟汽车的加速惯量和道路行驶阻力,使汽车产生接近实际行驶时的排气量。

在检测过程中,锆氧气传感器用来测试稀释气体的氧气浓度,也可以测量测试开始时环境空气的氧气浓度。通过与五气排气分析仪氧气浓度比较,还可以用来计算稀释比率。流量传感器测得的流量值是稀释气体的实际流量，该流量值经过温度和压力补偿校正后，就可以得到稀释气体的标准流量。

简易瞬态工况法的采样系统有两个分支：一个分支是气体分析仪采样管抽取小量原始排气气体送至气体分析仪，分析原排气污染物浓度；另一个分支是气体流量分析仪的抽气机吸入排气管剩余排气气体，与环境空气混合稀释后，送至气体流量分析仪，通过分析得到排气流量。

在数据采集过程中，系统将实际测量的排气气体浓度和稀释流量值送给计算机，并由计算机计算出单位时间（s）的污染物质量排放值 Q_g（g/s）：

$$Q_g = N_v \rho Q_v \tag{4-9}$$

式中：Q_g——污染物质量排放值，g/s；

N_v——污染物浓度（体积分数），%；

ρ——污染物密度，g/m³；

Q_v——排气气体流量，m³/s。

CO、HC、CO_2、NO_X 的浓度由五气分析仪采样原始排气气体而获得。标准状态下，每种气体的密度都是常量。

排气气体流量无法直接测量，由稀释气体的标准流量和稀释比计算得到，计算公式为：

$$Q_v = Q_{vo} \sigma \tag{4-10}$$

式中：Q_{vo}——稀释气体标准流量，m³/s；

σ——稀释比，%。

稀释比 σ 的值为 0~100%，其计算公式为

$$\sigma = \frac{N_0 - N_{02}}{N_0 - N_{01}} \tag{4-11}$$

式中：N_0——环境 O_2 浓度（体积分数），%；

N_{01}——原始排气 O_2 浓度（体积分数），%；

N_{02}——稀释排气 O_2 浓度（体积分数），%。

环境 O_2 浓度和稀释 O_2 浓度的值通过流量分析仪中具有快速反应能力的锆氧传感器测得，原始 O_2 浓度的值通过五气分析仪采样测得。环境 O_2 浓度是每次检测前大气中的氧浓度含量，稀释 O_2 浓度则是稀释后气体中的氧气含量。

（3）检测工况。

在进行排气污染物检测前，系统应根据车辆参数自动设定测功机载荷，或根据基准质量设定试验工况吸收功率值，表 4-8 为在 50km/h 等速时吸收驱动轮上的功率的推荐值。对于基准质量大于 1700kg 的非轿车车辆，表 4-8 中功率值应乘以 1.3，A 类适用于轿车，B 类适用于非轿车车辆和全轮驱动车辆。在汽车底盘测功机上运行的试验循环即模拟城市运行工况的乘用车十五工况试验循环。

在 50km/h 等速时吸收驱动轮上的功率　　　　　表 4-8

基准质量 RM（kg）	测功机吸收功率 P（kW）	
	A 类	B 类
RM≤750	1.3	1.3
750＜RM≤850	1.4	1.4

续上表

基准质量 RM(kg)	测功机吸收功率 P(kW)	
	A 类	B 类
850 < RM ≤ 1020	1.5	1.5
1020 < RM ≤ 1250	1.7	1.7
1250 < RM ≤ 1470	1.8	1.8
1470 < RM ≤ 1700	2.0	2.0
1700 < RM ≤ 1930	2.1	2.1
1930 < RM ≤ 2150	2.3	2.3
2150 < RM ≤ 2380	2.4	2.4
2380 < RM ≤ 2610	2.6	2.6
2610 < RM	2.7	2.7

（4）检测方法。

测试前的准备工作：

①车辆上线前应完成清洁工作,保证车轮外部清洗干净,不容许轮胎花纹中夹有石粒,轮胎气压符合标准。

②引车员驾驶车辆上滚筒,应注意行车方向,避免斜向上滚筒,车辆上滚筒后应位于滚筒中间位置,并注意两侧车轮不与侧滑挡轮接触,若车辆斜上滚筒或与侧面滑动挡轮接触,应退下滚筒,重新摆正车位。

③车辆停稳后,举升器下降到位。引车员挂上前进挡,让驱动轮在滚筒上缓缓旋转,使车辆在滚筒上自动找正位置安置。

④车辆在滚筒上安置好后,用三角木垫到非驱动轮的前方,并用钢丝拉索将车辆固定,以防车辆突然冲出检验台。

测试方法：

①根据需要在发动机上安装转速表和润滑油测温计等测试仪器。

②使汽车驱动轮驶上底盘测功机滚筒机构,将分析仪取样探头插入排气管中,深度为400mm以上,并固定于排气管上。

③按照试验运转循环开始进行试验。排气污染物测量值由系统主机自动进行计算和修正;系统主机最后应给出各污染物排气计算结果;测试过程及结果数据应在系统数据库进行记录储存。

测量过程中,底盘测功机模拟车辆道路行驶阻力的准确性、气体分析仪测量排气污染物浓度的准确性、流量分析仪测量排气污染物和环境空气混合物流量、温度、压力、稀释气体氧气浓度的准确度,以及各系统间测试时间的一致性,是影响测试结果的关键因素。

2. 双怠速法

1）双怠速工况

双怠速工况排气污染物检测指在怠速和高怠速两个工况下,对汽车的排气污染物所进行的检测。

怠速工况指离合器接合、变速器挂空挡、加速踏板处于松开位置时的发动机运转工况;而高怠速工况指在怠速工况条件下,通过加大节气门开度,使发动机转速稳定控制在50%额定转速,或制造厂技术文件中规定的高怠速转速时的工况。《点燃式发动机汽车排气污染物排放限值及测量方法(双怠速法及简易工况法)》(GB 18285—2005)规定:轻型汽车的高怠速转速为(2500±100)r/min,重型汽车的高怠速转速为(1800±100)r/min,如有特殊规定,则按照制造厂技术文件中规定的高怠速转速。

2)检测仪器

在双怠速工况下检测汽车排放废气中的CO、HC浓度时,所使用的仪器为采用不分光红外线分析法的汽车排气分析仪,根据能够测量气体的种类数目,又可分为二气体、三气体、四气体和五气体排气分析仪。采用多气体排气分析仪可同时检测O_2、CO、CO_2、HC、NO的浓度,可用于对发动机及催化转化器的工作情况进行评价。

3)检测方法

(1)保证被检测车辆处于正常状态,发动机进气系统应装有空气滤清器,排气系统应装有排气消声器,并不得泄漏。

(2)在发动机上安装转速计、点火正时仪、冷却液和润滑油测温计等测量仪器。测量时,发动机冷却液和润滑油温度应不低于80℃。

(3)发动机从怠速状态加速至70%额定转速,运转30s后降至高怠速状态。将取样探头插入排气管中,深度不少于400mm,并固定在排气管上。维持15s后,由具有平均取值功能的仪器读取30s内的平均值,或者人工读取30s内的最高值和最低值,其平均值即为高怠速污染物测量结果。对于使用闭环控制电子燃油喷射系统和三元催化转化器技术的汽车,还应同时读取过量空气系数(λ)的数值。

(4)发动机从高怠速降至怠速状态15s后,由具有平均取值功能的仪器取30s内的平均值,或者人工读取30s内的最高值和最低值,其平均值即为怠速污染物测量结果。

(5)若为多排气管时,取各排气管测量结果的算术平均值作为测量结果。

(6)若车辆排气管长度小于测量深度时,应使用排气加长管。

若汽车排气污染物检测结果有一项超过表4-2排气污染物排放限值的规定,则认为汽车的排放性能不合格;对于使用闭环控制电子燃油喷射系统和三元催化转化器技术的车辆,检测的过量空气系数(λ)如果超出相应要求,则认为排放性能不合格。

3.点燃式发动机汽车排气污染物检测原理

1)不分光红外线气体分析

汽车排气中的CO、HC、NO和CO_2等气体,都分别具有吸收一定波长范围红外线的性质,如图4-4所示。而且,红外线被吸收的程度与排气浓度之间有一个大致一定的关系。不分光红外线分析法就是利用这一原理,即根据检测红外线被汽车排气吸收一定波长范围红外线后能量的变化,来检测排气中各种污染物的含量。在各种气体混杂在一起的情况下,这种检测方法具有测量值不受

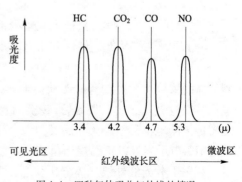

图4-4 四种气体吸收红外线的情况

影响的特点。

不分光红外线气体分析仪由废气取样装置、废气分析装置、浓度指示装置和校准装置构成。图4-5所示为汽车排出的废气在分析仪中的流动路线示意图。废气取样装置由取样探头、滤清器、导管、水分离器和泵等组成。通过取样探头、导管和泵从汽车排气管中收集并取出废气，经滤清器和水分离器除去废气中的炭渣、灰尘和水分后，送入气体分析装置。

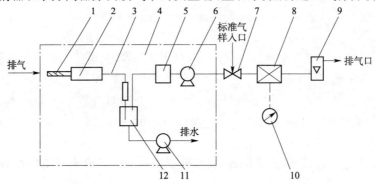

图4-5 排气在分析仪内的流动路线

1-取样探头；2、5-滤清器；3-导管；4-排气取样装置；6、11-泵；7-换向阀；8-排气分析装置；9-流量计；10-浓度指示装置；12-水分离器

红外线气体分析装置如图4-6所示。两个红外线光源发出两束红外线，当红外线通过旋转并具有两翼的遮光片时，两束红外线被同时遮断，随后又同时导通，从而形成红外线脉冲。红外线脉冲经滤清器、气样室进入测量室。气样室由两个腔构成，一个为对比室，内充不吸收红外线能量的氮气；另一个为试样室，其中连续流过被测汽车所排放的废气，某种废气成分（如CO或HC）的浓度越高，吸收通过试样室的相应特征波长的红外线能量越多，这样两束红外线所具有能量便产生了差异。检测室由容积相等的两室构成，中间由金属膜片隔开，两室充有相同浓度的被测气体，如测废气中的CO含量时，两室均充CO；而测HC含量时，充入C_6H_{14}气体。由于通过对比室到达检测室的红外线能量未被吸收，因此对比室下方检测室中的被测气体吸收了较多能量；而通过试样室到达检测室的红外线已被所测气体吸收了一部分能量，因此试样室下方检测室中的被测气体只能吸收较少能量。这样，检测室两腔中的气体便产生了温差并使两腔压力出现差异，压力差使作为电容一个极的金属膜片产生弯曲振动，其振动频率取决于旋转遮光片的转速，振幅则取决于所测气体的浓度。膜片的弯曲振动使电容的电容值交替变化，电容值的交替变化产生了交变电压。交变电压经放大整流后，转换为直流信号输送给指示装置。指示装置根据气体分析装置传来的电信号，在CO指示表上以容积百分数（%）为单位指示出废气中的CO的浓度；或在HC指示表上以正己烷当量容积百万分数（$\times 10^{-6}$）为单位指示出废气中HC的浓度。

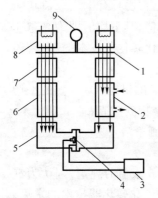

图4-6 红外线气体分析装置原理图

1-旋转遮光片；2-试样管；3-电测量装置；4-膜片；5-检测室；6-对比室；7-滤清器；8-红外线辐射仪；9-电动机

利用不分光红外线气体分析仪上的零点调整旋钮、量程转换开关可使仪表指示零位及指示值量程得到调整。为使测试值准确，气体分析仪设置了校正装置。校正装置分为用标

准气体进行校正的校正装置和对指示值进行机械校正的简易校正装置两种。标准气样校准装置是把标准气样从分析仪上单设的一个专用注入口直接送到气体分析装置,再通过比较标准气体浓度值和仪表指示值的方法来进行校准的装置;简易校正装置通常是用遮光板把气体分析装置中通过测量气样室的红外线挡住一部分,用减少一定量红外线的方法进行简单校准的装置。

2)氢火焰离子分析法(FID)

FID 是目前测定发动机排气中碳氢化合物的最有效方法。它具有很高的灵敏度,其检测极限最小可达 10^{-9} 数量级,而且线性和频响特性好,对环境温度及大气压力也不敏感。

FID 的工作原理是基于大多数有机碳氢化合物在氢火焰中产生大量电离的现象来测定 HC 浓度的。由于电离度与引入火焰中的碳氢化合物分子中碳原子数成正比,故此做法对不同类型的烃没有选择性,因而只能测定 HC 的总量。

氢火焰离子分析仪通常由燃烧器、离子收集器及测量电路组成。图 4-7 所示为 FID 的工作原理图,被测气体与含有 40%(体积分数)H_2(其余为 He)的燃料气体混合后进入燃烧器,并与引入的空气一起形成可燃混合气。此时用点火丝点燃,HC 便在氢火焰的高温(2000℃左右)中,裂解产生元素态碳,然后形成碳离子 C^+,在 100~300V 外加电压作用下形成离子流,这个离子流(电流)的强度与 HC 中的 C 原子数成正比,即可得到 HC 的浓度。微弱的离子电流流经放大后送入指示或记录仪器。整个系统应加电磁屏蔽,以避免外界电磁干扰的影响。

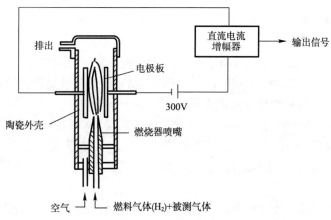

图 4-7 FID 工作原理

FID 法可直接用于轻型汽车排气污染物中的 HC 的排气测定。为避免高沸点的 HC 在采样过程中发生凝结和防止水蒸气冷凝后堵塞毛细管,故应对包括检测器在内的整个附加设备进行保温处理。在台架试验中,测量车用柴油机或汽油机排气污染物中的 HC 时,应采取加热方式,使除取样探头外的其余部分温度保持在(190±10)℃(柴油机)或(130±10)℃(汽油机)的范围之内,这种方式成为 HFID。

3)化学发光分析

CO、HC 和 CO_2 利用不分光红外线气体分析原理进行测定,NO_X($NO+NO_2$) 和 O_2 则可利用电化学的原理测定。该方法称为 CLD 法,其测试过程如图 4-8 所示。

在测试通道中设置氧传感器,即可测试排气中 O_2 的浓度,NO_X($NO+NO_2$) 浓度可采用化学发光法精确测定。其基本原理是：首先通过适当的化学物质(如：碳化物、钼化物)将排气中的NO_2全部还原成NO；NO与O_3接触是发生如下化学反应：

$$NO + O_3 \longrightarrow NO_2 + O_2$$

$$NO_2^* \longrightarrow NO_2 + hD$$

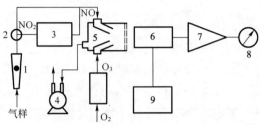

图 4-8　CLD 法测试过程

1-流量计；2-二通阀；3-催化转化器；4-抽气泵；5-反应室；6-光电倍增器；7-放大器；8-指示仪表；9-高压电表

NO 与 O_3 反应生成的 NO_2 中，约有 10% 处于被激励状态。当被激励状态的 NO_2^* 恢复到基态时，会发出波长为 $0.59\sim2.5\mu m$ 光量 hD（h 为普朗克常量，D 为光子的频率）。其发光强度与排气中存在的 NO 的质量流量成正比。使用适当波长的光电检测器（如光电二极管），即可根据其输出电信号强弱换算出 NO 的含量。

化学发光分析仪从原理上讲只能测量 NO，而无法测量 NO_2。但实际应用中，可以先通过适当的转换将 NO_2 还原成 NO，然后再进行 NO 的测量，即可用间接方法测出 NO_2。因此，用同一仪器也可以测得 NO_2 和 NO_X。

4）气体综合分析法

气体综合分析法就是利用汽车综合排放分析仪同时进行快速检测汽车排气中 CO、CO_2、HC 和 NO_X 的方法。这种检测方法能全面反映汽车污染物的排放情况，能满足发动机台架试验或整车底盘测功机试验的排放测量要求。

汽车综合排放分析仪通常是根据汽车排放法规的要求，将各种废气成分分析仪有机组合成一起的检测仪器，它可以对排放法规中规定的全部气体排放物进行分析测量。图 4-9 所示为汽车综合排放分析仪示意图，它用 NDIR 法测量 CO 和 CO_2，用 FID 法测量 HC，用 CLD 法测量 NO_X。

为适应电控燃油喷射发动机汽车检测的需要，目前开发的汽车综合排放分析仪增加了 O_2 的检测功能，能检测五种气体（CO、CO_2、HC、NO_X、O_2）成分的浓度。这种五气分析仪通常采用 NDIR 法测量 CO、CO_2、HC，CLD 法测量 NO_X，氧传感器法测量 O_2。因 CLD 法测量 NO_X 浓度的设备结构复杂，故市场上提供的在线快速检测用的五气体分析仪不用 CLD 法，而多采用 NDIR 法测量 NO_X 浓度，但其测量 NO_X 的精度较低。

三、压燃式发动机汽车排气烟度检测

1. 压燃式发动机汽车排气烟度检测工况

压燃式发动机汽车的排气烟度检测工况有稳定和非稳定两种。

稳定烟度检测通常在压燃式发动机全负荷稳定运转时进行。检测过程必须对发动机加载，因此必须在试验台架上进行。同时，对于许多高强化的增压压燃式发动机，由于在加速过程中所排放的废气烟度很高,因此稳态烟度检测不能全面反映其排放特性。

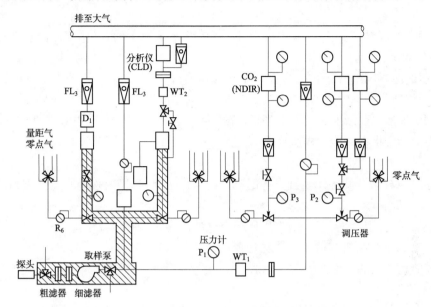

图4-9　汽车综合排放分析仪示意图

压燃式发动机在非稳定下的排气烟度受多种不稳定因素影响而变化很大。为了客观公正地反映发动机排气烟度的排放特性,对非稳态烟度测定应有严格控制的试验程序。目前,非稳态烟度测定有自由加速法和控制加速法两种规范,我国使用的是自由加速法。自由加速法是指在压燃式发动机从怠速状态突然加速至高速空载转速过程中,进行排气烟度测定的一种方法。由于自由加速法不需要对发动机加载,因此适用于检测站对在用压燃式发动机汽车的年检,以及环保部门对该类汽车进行检测。

自由加速工况指在发动机怠速下,迅速但不猛烈地踏下加速踏板,使喷油泵供给最大油量。在发动机达到调速器允许的最大转速前,保持此位置。一旦达到最大转速,立即松开加速踏板,使发动机恢复至怠速。应于20s内完成循环组成所规定的循环,其试验规范如图4-10所示。

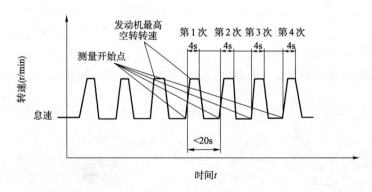

图4-10　自由加速试验循环

2. 压燃式发动机汽车排气烟度检测方法

自由加速烟度检测所用的仪器为滤纸式烟度计或不透光烟度计。

1)仪器准备

(1)仪器校准。

①未接通电源时,先检查指示电表指针是否在机械零点上,否则用零点调整螺钉使指针与"10"的刻度重合。

②接通电源,仪器进行预热,然后打开测量开关,在光电传感器下垫上10张洁白滤纸,调节粗调电位器和细调电位器,使表头指针与"0"的刻度重合。

③在10张洁白滤纸上放上标准烟样,光电传感器对准标准烟样中心垂直放置在其上。此时,表头指针应指在标准烟样所代表的染黑度数值上,否则应调节仪器后面板上的小型电位器。

(2)检查取样装置和控制装置中各部机件的工作情况,特别要检查脚踏开关与活塞抽气泵动作是否同步。

(3)检查控制用压缩空气和清洗用压缩空气的压力是否符合要求。

(4)检查滤纸进给机构的工作情况是否正常。

(5)检查滤纸是否合格,应洁白无污。

2)车辆准备

(1)进气系统应装有空气滤清器,排气系统应装有消声器并且不得有泄漏。

(2)柴油应符合 GB/T 10327—2011 的规定,不得使用燃油添加剂。

(3)测量时发动机的冷却液和润滑油温度应达到汽车使用说明书所规定的热状态。

(4)应保证起动加浓装置在非起动工况不再起作用。

3)测量程序

(1)用压力为 0.3~0.4MPa 的压缩空气清洗取样管路。

(2)把活塞式抽气泵置于待抽气位置,将洁白的滤纸置于待取样位置,并夹紧。

(3)将取样探头固定于排气管内,插入深度为 300mm,并使其轴线与排气管轴线平行。

(4)将脚踏开关引入汽车驾驶室内,但暂不固定在加速踏板上。

(5)按图4-10所示测量规程进行自由加速烟度检测。先由急速工况将加速踏板踩到底,维持4s迅即松开,然后急速运转16s,共计20s。在急速运转16s的时间内,要用压缩空气清洗机构对取样软管和取样探头吹洗数秒。上述操作重复三次,以熟悉加速方法并把排气管内的炭渣等积存物吹掉。然后,把脚踏开关固定在加速踏板上,进行实测。

实测时,将加速踏板与脚踏开关一并迅速踩到底,至4s时立刻松开,维持急速运转16s,共计20s。在20s时间内应完成排气取样、滤纸染黑、走纸、抽气泵复位、检测并指示烟度、清洗等工作。

从第1次开始加速至第2次开始加速为一个循环,每个循环共计20s时间。实测中需操作4个循环,取后3个循环烟度读数的算术平均值作为所测烟度值。当汽车发动机出现黑烟冒出排气管的时间与抽气泵开始抽气的时间不同步现象时,应取最大烟度值作为所测烟度值。

(6)在被染黑的滤纸上记下试验序号、试验工况和试验日期等,以便保存。

(7)检测结束,及时关闭电源和气源。

4)检测注意事项

(1)取样软管的内径和长度有规定,不能随意代替。

(2)指示装置不用时,应把测量开关打到关的位置,以免在移动或运输时损坏指示电表。

(3)指示装置应避开有振动和湿度大的地方。

(4)滤纸和校准用标准烟样,不要放置在阳光下暴晒或灰尘多的地方。

(5)标准烟样必须定期检定,在有效期内使用。

3.检测设备及工作原理

1)滤纸烟度计

滤纸式烟度计由废气取样装置、烟度测量装置、走纸机构和控制机构构成,如图4-11所示。用滤纸式烟度计检测自由加速工况下压燃式发动机汽车的排气烟度时,需从排气管抽取规定容积的废气,并使之通过规定面积的标准洁白滤纸,其滤纸被染黑的程度称之为烟度。

(1)废气取样装置。

废气取样装置由活塞式抽气泵、取样探头、取样管及电磁阀等组成。取样前,压下抽气泵手柄,直至克服复位弹簧的张力使活塞到达最下端,并用锁紧弹簧锁紧;当需要取样时,踩下脚踏板开关或按下"手动抽气"按钮,锁紧装置松开,活塞在弹力作用下上升到顶端。在活塞上升过程中,柴油机排出的废气经取样管,通过滤纸进入抽气泵时,炭烟存留在滤纸上,使滤纸变黑。滤纸的有效工作面直径为32mm。当抽气泵活塞完成复位行程到达泵筒下端时,滤纸夹持机构松开,电动机带动走纸轮转动,走纸轮则带动滤纸实现位移使染黑的滤纸位移至烟度测量装置。

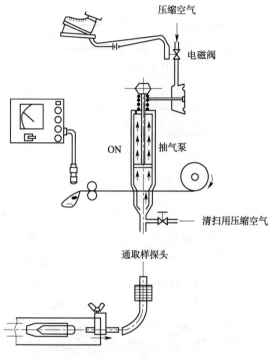

图4-11 滤纸烟度计工作原理图

(2)烟度检测装置。

烟度检测装置由环形硒光电池、光源和指示仪表构成。接通电源后,光源发出的光线通过带有中心孔的环形硒光电池照射到滤纸上。当滤纸的污染程度不同时,反射给环形硒光电池感光面的光线强度也不同。环形硒光电池是一种光电元件,用于接受滤纸上的反射光,产生电流送给指示仪表。滤纸的污染程度不同,反射给硒光电池的光强度不同,因此硒光电池所产生的电流也不同。烟度检测装置如图4-12所示。指示仪表是一块微安表,当由硒光电池输送来的电流不同时,指示仪表指针位置也不同。仪表表盘以0~10均匀刻度,测量全白滤纸时指针位置为0,测量全黑滤纸时指针位置为10。

(3)走纸机构。

走纸机构如图4-13所示。滤纸经夹紧机构和烟度检测装置,由电动机带动走纸转动,走纸轮则带动滤纸实现位移。取样时,电磁铁吸合,带动滤纸压紧杆把滤纸压紧;抽气泵复位时,滤纸压紧杆上升,夹纸机构松开,同时走纸电磁铁吸合,电动机旋转带动走纸轮使滤纸移位。走纸轮转一圈,滤纸移位42mm,恰好把上次抽样时被污染的滤纸移位至烟度检测装置,从而检测出烟度值。

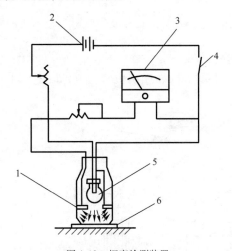 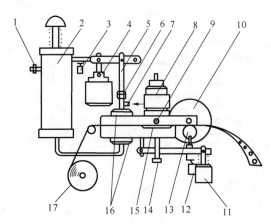

图 4-12　烟度检测装置
1-环形硒光电池;2-电源;3-指示仪表;4-电源开关;5-灯泡;6-滤纸

图 4-13　走纸机构示意图
1-调节阀;2-抽气泵;3、12-微动开关;4-电磁阀;5-滤纸压紧杆;6-调节螺母;7-排气入口;8-烟度检测装置;9-锁紧螺母;10-走纸电动机;11-走纸电磁铁;13-走纸轮;14-拉杆;15-校准插口;16-加紧机构;17-滤纸

(4) 控制机构。

控制机构包括用脚操纵的抽气泵电磁开关、滤纸进给机构和压缩空气清洗机构等。压缩空气清洗机构可在废气取样前,用压缩空气清除探头内和取样管内积存的炭粒。控制用压缩空气的压力为392~588kPa;清洗用压缩空气的压力为294~392 kPa。

滤纸式烟度计需要校正时,把校正用标准滤纸(满刻度的一半,烟度为5)放在烟度检测装置的滤纸接触面上,然后用调节旋钮把指示仪表的指针调到标准校正滤纸的烟度值,以保证指示仪表的指示精度。

2) 不透光烟度计

不透光烟度计是一种根据光在排气中被烟气消减的程度来测量烟度的仪器。不透光烟度计可分为全流式和分流式两类。全流式不透光烟度计是通过测量全部排气的透光衰减率来检测烟度,而分流式不透光烟度计则是通过测量由取样管引入的部分烟气的透光衰减率来检测烟度。

(1) 基本原理。

不透光烟度计主要由光源、光通道、光接收器等组成,其基本检测原理图4-14所示。不透光烟度计光源发出的可见光通过一定有效长度的、充满被测烟气的光通道,其发光强度被烟气衰减,而透过烟气的被衰减的光量到达光接收器,于是光接收器输出与发光强度衰减成正比的不透光度信号。

排气对光的吸收(或衰减)能力反映了排气烟度的大小,可用光吸收系数表示。光吸收系数是排气中的单位容积颗粒数 N、颗粒数在光束方向上的法向投影面积 A 和颗粒数衰减系数 Q 的乘积。在测量排烟时,炭烟颗粒的 A 和 Q 值对于发动机大部分运行工况变化不

大,而每个颗粒本身的密度也大致相等,因此可近似认为光吸收系数与炭烟的质量浓度成正比。根据光的透射原理有

$$\Phi = \Phi_0 \cdot e^{-KL} \qquad (4\text{-}12)$$

式中:Φ_0——入射光通量,lm;
　　　Φ——出射光通量,lm;
　　　K——光吸收系数,m^{-1};
　　　L——光通道有效长度,m。

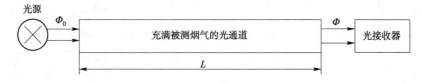

图 4-14　不透光烟度计基本检测原理

由式(4-12)可得

$$K = -\frac{1}{L}\ln\left(\frac{\Phi}{\Phi_0}\right) \qquad (4\text{-}13)$$

由于我国排放标准中用光吸收系数作为柴油机排放烟度的评价指标,因此不透光烟度计应使用光吸收系数作为计量单位,它是一种光吸收的绝对单位。但有的不透光烟度计用不透光作为计量单位,其不透光度是指光线被排烟吸收而不能到达光接收器的百分率。仪表的不透光度可用下式换算为光吸收系数

$$K = -\frac{1}{L}\ln\left(1 - \frac{N}{100}\right) \qquad (4\text{-}14)$$

式中:N——不透光度读数,%;
　　　K——相应的光吸收系数值。

两种计量单位的刻度范围均以光全通过时为零,光全吸收时为满量程。即烟气完全不吸光时,$N=0$,$K=0$;光线完全被烟气吸收时,$N=100$,$K=\infty$(m^{-1})。

(2)全流式不透光烟度计结构原理。

美国 PHS 烟度计是一种将柴油机全部排气都导入检测部分进行烟度测定的全流式不透光烟度计,其结构原理如图 4-15 所示。它基于光电转换原理,用不透光度来测定排烟浓度。在排气管口端不远处的排气烟束两侧分别布置有光源和光电池,排烟时,光电池接受的不透光度信号与排气烟度成正比。为了减少排气的热影响,光源和光电元件放在离排气通路有一定距离的地方。

(3)分流式不透光烟度计结构原理。

英国哈特里奇烟度计是一种典型的分流式不透光烟度计,它利用光线通过部分烟气时透光的衰减率来测量排气烟度,其结构原理如图 4-16 所示。测定前,用鼓风机向空气校正管吹入干净空气,旋转转换手柄,使光源和光电池分别置于校正管两侧,作零点校正。然后,在旋转转换手柄,将光源和光电池移至测试管两侧,并把需要测定的一部分汽车排气连续不断地导入测试管,光源发出的光部分地被排气中的烟气吸收衰减,光电检测单元则可连续测出光源发射光透过排放气体的透光强度,并通过光电转换显示测量结果。烟度指示值以 0

表示无烟,以100表示全黑。

不透光烟度计可以对柴油车排烟进行连续测量,可以按排放法规的要求进行稳态和非稳态工况下的烟度测量,在低烟度时有较高的分辨率,可以用来研究柴油机的瞬态炭烟排放特性,不透光烟度计目前在世界各国得到了广泛的应用。

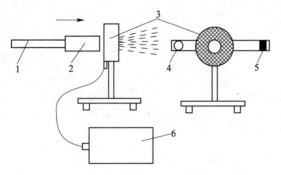 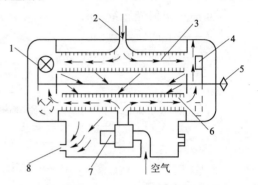

图4-15　全流式不透光烟度计结构原理图
1-排气管;2-排气导入管;3-检测通道;4-光源;5-光电池
(光电检测)单元;6-烟度显示记录仪

图4-16　分流式不透光烟度计结构原理图
1-光源;2-排气入口;3-排烟测试管;4-光电池;
5-转换手柄;6-空气校正管;7-鼓风机;8-排气出口

3)排气颗粒物测量仪

汽车的排气颗粒物需要通过稀释风道测量系统测出。根据柴油机排气通过稀释风道的比例不同,柴油机排气颗粒物测量系统可分为全流式稀释风道测量系统和分流式稀释风道测量系统两种类型。在美国轻型车和重型车排放标准以及欧洲轻型车的排放标准中,都必须使用全流式稀释风道来测量柴油机的颗粒排放物。在欧洲重型车排放标准中,允许使用分流式稀释风道系统。我国《车用压燃式、气体燃烧点燃式发动机与汽车排气污染物排放限值及测量方法(中国Ⅲ、Ⅳ、Ⅴ阶段)》(GB 17691—2005)中规定,两种测量系统均可使用。

(1)全流式稀释风道测量系统。

在全流式稀释风道测量系统中,全部排气被吸入稀释风道。图4-17所示为全流式稀释风道测量系统示意图。测量颗粒物时,整车或发动机按规定的工况运转,在抽气泵的作用下,环境空气经空气滤清器以恒定的容积流量进入稀释风道,发动机排出的废气进入稀释风道,并与空气混合,形成稀释样气,其稀释比一般为8~10,在距排气入口处10倍于稀释风道直径的风道上,温度不超过52℃的稀释样气在颗粒取样泵的抽吸下以一定的流速流过颗粒收集滤纸,使颗粒被过滤到滤纸上获得排气颗粒物,然后用微克级精密天平称得滤纸在收集前后的质量差,就可得到颗粒物的质量,并根据需要计算出颗粒排放率,单位为 g/m^3、g/km 或 $g/(kW·h)$。全流式稀释风道测量系统的特点是测量精度高、体积庞大、价格昂贵。

(2)分流式稀释风道测量系统。

在分流式稀释风道测量系统中,部分排气被引入稀释风道。图4-18所示为带多管分流、浓度测量和部分取样的分流测量系统示意图。测量颗粒物时,发动机按规定工况运转,在抽气泵SB的作用下,环境空气经空气滤清器DAF进入稀释风道,来自排气管EP的原始排气,由装在EP内若干尺寸相同(直径、长度和弯曲半径相同)管子组成的分流器FD3,通过输送管TT,输送到稀释风道DT与空气混合,而通过其余管子的排气则流经缓冲室DC,因而由总管数确定分流,为控制分流流量恒定,特将新鲜空气通过喷入DT内,使DC与TT出口间压差为零(由压差传感器 DPT 控制),用排气分析仪 ECA 测量原始排气、稀释排气和稀释空气中的元踪气(CO_2 或 NO_X)的浓度,这是检查排气的分流所必需的,而且可用来调节喷射空气流量以达到精确控制分流,稀释比由元踪气浓度计算。用取样泵 P,通过颗粒物取样探头 PSP 和颗粒物输送管,从分流稀释风道中,抽取稀释的排气样气进入颗粒物取样系统,并通过颗粒收集滤纸获取颗粒物。其排气样气的流量由流量控制器 FC3 控制。

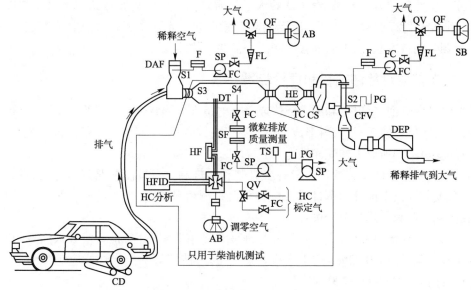

图 4-17 全流式稀释风道测量系统

CD-底盘测功机;AB-空气取样袋;CF-积累流量计;CFV-旋风分离器;DT-稀释风道;DAF-稀释空气滤清器;DEP-稀释排气抽气泵;F-过滤器;FC-流量控制器;FL-流量计;HE-换热器;PG-压力表;QF-快速管接头;QV-快速作用阀;S1~S4-取样探头;SP-取样泵;SB-稀释排气取样袋;SF-测量颗粒排放质量的取样过滤器;TC-温度控制器;TS-温度传感器

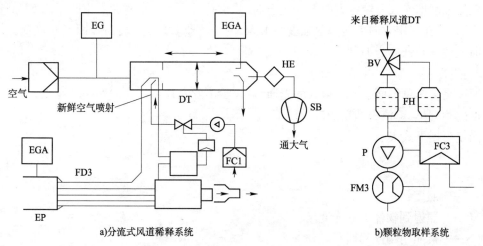

a) 分流式风道稀释系统   b) 颗粒物取样系统

图 4-18 分流式稀释风道测量系统

SB-抽气泵;DAF-空气滤清器;EP-排气管;FD3-分流器;TT-输送管;DT-稀释风道;DC-缓冲室;DPT-压差传感器;EGA-排气分析仪;P-取样泵;PSP-颗粒物取样探头;FC3-流量控制器;FC1-流量控制器;HE-热交换器;BV-球阀;FH-滤纸保持架;FM3-流量计

分流式稀释风道测量系统的特点是体积小、价格便宜、测量精度稍低。

第二节 汽车前照灯检测

汽车前照灯是保证汽车在夜间或在能见度较低的情况下安全行车并保持较高车速的照明装置。前照灯的技术状况主要是指发光强度的变化和光束照射位置是否偏斜。当发光强度不足或光束照射位置偏斜时,汽车驾驶人不易辨清前方的障碍物或给对方来车驾驶人造成炫目,因而导致交通事故。所以,应定期对前照灯的发光强度和光束照射位置进行检测、校正。前照灯的技术状况,可用屏幕检测法和前照灯检测仪检测。

一、汽车前照灯检测项目和评价标准

前照灯是由灯泡、反射镜和配光镜构成。反射镜表面形状为旋转抛物线,当灯丝位于焦点处时,光线经反射镜反射后,可形成平行光束射向远方;配光镜即为车灯前部的透光玻璃,光线通过时,可达到所要求的配光性能。

前照灯在汽车上的安装数量一般有二灯制和四灯制。二灯制前照灯均为远、近光双光束灯,对称安装在汽车前部两侧;四灯制前照灯,每侧两只,装在外侧的两只是远、近双光束灯,装在内侧的两只是远光单光束灯。

汽车前照灯检测过程中,应检测其发光强度和光束照射方向,检测值必须满足《机动车运行安全技术条件》(GB 7258—2017)的规定。此外,前照灯的配光性能应满足《汽车用灯丝灯泡前照灯》(GB 4599—2007)的要求。

1. 光学基础知识

在光的物理量中,与前照灯检测有密切关系的是发光强度和照度。

1) 发光强度

发光强度即光线在给定方向上发光强弱(坎德拉 Cd)。一个光源发出频率为 540THz 的单色辐射,若在一定方向上的辐射强度为 1/683W/Sr(即 1/683 瓦特每球面度),则此光源在该方向上的发光强度为 1Cd。

2) 照度

照度是物体单位面积上所得到的光通量,表示不发光物体被光源照明的程度,为受光面明亮度的物理量,单位为勒克斯,用符号 lx 表示。

照度可用下式表示

$$E = \frac{\Phi}{S} \tag{4-15}$$

式中:E——照度;

Φ——照射到物体上的光通量;

S——被照明物体的面积。

3) 发光强度与照度的关系

在光源发光强度不变的情况下,物体离开光源越远,被照明的程度越差。在不计光源大小,即把光源看作点光源的情况下,照度与离开光源距离的平方成反比,如图 4-19 所示,也可用下式表示:

$$E = \frac{I}{S^2}$$

式中：I——发光强度，Cd；

E——光照度用，lx；

S——光源距被照物体距离，m。

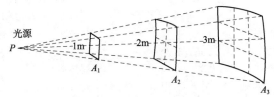

图 4-19　发光强度和照度的关系

2. 前照灯的特性

前照灯的特性可分为配光特性、全光束和照射方向三部分，其特性参数的特征如图 4-20 所示。

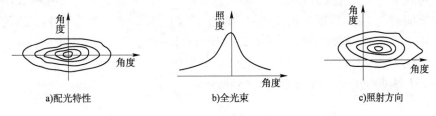

图 4-20　等照度曲线

1）配光特性

用等照度曲线表示的明亮分布特征称为配光特性，又称光形分布特征。配光特性分为对称式配光特性和非对称式配光特性。

对称式配光特性的等照度曲线应左右对称，不偏向一边，上、下的扩展也不太宽，如图 4-20a）所示。

（1）SAE 配光方式。

SAE 配光方式如图 4-21 所示，远光灯丝位于反射镜焦点处，所发出的光线经反射沿光学轴线平行射向远方；近光灯丝位于焦点上，所发出的光线经反射后，大部分向下倾斜，从而下部较亮而上部较暗，所形成的光形分布水平方向宽、垂直方向窄。若等照度曲线左右对称，不偏向一边，上下扩展不太宽，就是好的配光特性。SAE 配光方式的近光照射在屏幕上的光斑没有明显的明暗截止线。

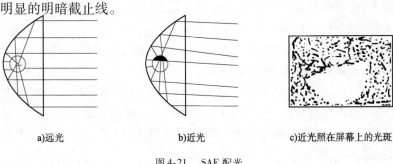

图 4-21　SAE 配光

(2) ECE 配光方式。

ECE 配光方式又称欧洲配光方式,如图 4-22 所示。其远光配光与 SAE 配光方式相同;但近光灯丝位于反射镜焦点之前,且在灯丝下设一遮光屏。这样,近光光线只落在反射镜上半部分而向下倾斜反射。照在屏幕上时,可看到具有明显的明暗截止线和明暗截止线转角的光斑。

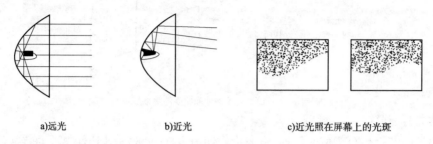

a) 远光　　　　b) 近光　　　　c) 近光照在屏幕上的光斑

图 4-22　ECE 配光

非对称式配光特性光形分布是不对称的,如图 4-23 所示。一般有两种形式:一种是在配光屏幕上明暗截止线(即眼睛感觉到的明暗陡变的分界线)水平部分在 V-V 线的左边,右半边为与水平线成 15°角的斜线,如图 4-23a) 所示;另一种是明暗截止线的左半边平行且低于 h-h 水平线 25cm,而右半边先为一条与水平线成 45°角的斜线,到与 h-h 水平线相交时又转折为与 h-h 线重合的水平线,如图 4-23b) 所示。

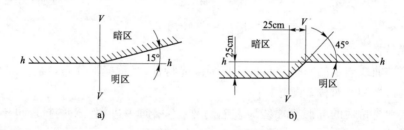

图 4-23　ECE 配光方式

V-V-汽车纵向中心垂直平面在屏幕上的投影线;h-h-汽车前照灯基准中心高度的水平线

2) 全光束

光束用明亮度分布纵断面的配光特性曲线来表示,该断面的积分值(该曲线的旋转体积)即为全光束。全光束是光源发出光的总量,如图 4-20b) 所示。

3) 照射方向

一般情况下,可把前照灯光束最亮之处看作是光轴的中心,其对水平、垂直坐标轴交点的偏离表示光轴的照射方向,如图 4-20c) 所示。

典型的前照灯远光配光特性如图 4-24 所示,图中曲线是等照度曲线,在上下方向和左右方向基本对称,越靠近中心点,照度越大。

典型的前照灯近光灯配光特性明显的明暗截止线,在明暗截止线的左上方有一个比较暗的暗区,在明暗截止线的右下方有一个比较亮的亮区,其发光强度最强的区域在明暗截止线的右下方。在发光强度最大的区域中心点的照度最大,以这个中心点为中心形成一定的等照度曲线,如图 4-25 所示。

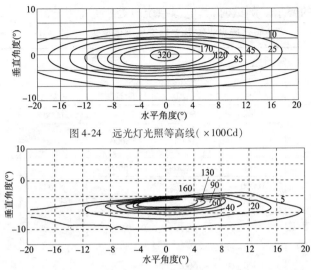

图 4-24　远光灯光照等高线（×100Cd）

图 4-25　近光灯发光强度等高线（×100Cd）

3. 前照灯性能要求

汽车前照灯检测过程中，应检测其发光强度和光束照射方向，检测值必须满足《机动车运行安全技术条件》(GB 7258—2017)的规定。此外，前照灯的配光性能应满足《汽车用灯丝灯泡前照灯》(GB 4599—2007)的要求。

1) 基本要求

(1) 在正常使用条件下，机动车前照灯光束照射位置应保持稳定。

(2) 装有前照灯的机动车应有远、近光变换装置，并且当远光变为近光时，所有远光应能同时熄灭，同一辆机动车上的前照灯不允许左、右的远、近光灯交叉开亮。

(3) 所有前照灯的近光都不允许炫目。

(4) 汽车装用的前照灯应符合《汽车用灯丝灯泡前照灯》(GB 4599—2007)等有关标准的规定。

2) 前照灯光束照射位置要求

(1) 近光光束照射位置。

在检验前照灯近光光束照射位置，前照灯照射在距离 10m 的屏幕上时，乘用车前照灯近光光束明暗截止线转角或中点的高度应为 $0.7H \sim 0.9H$（H 为前照灯基准中心高度，下同），其他机动车（拖拉机运输机组除外）应为 $0.6H \sim 0.8H$。机动车（装用一只前照灯的机动车除外）前照灯近光光束水平方向位置向左偏不允许超过 170mm，向右不允许超过 350mm。

(2) 远光照射位置。

在检验前照灯远光照射位置时，对于能单独调整远光光束的前照灯，前照灯照射在距离 10m 的屏幕上时，其屏幕光束中心离地高度，对乘用车为 $0.85H \sim 0.95H$（但不能低于前照灯近光光束明暗截止线转角或中点的高度），对其他机动车为 $0.8H \sim 0.95H$；机动车（装用一只前照灯的机动车除外）前照灯远光光束水平位置要求：左灯向左偏应小于或等于 170mm，向右偏应小于或等于 350mm，右灯向左或向右偏均小于或等于 350mm。

3) 远光光束发光强度要求

依据《机动车运行安全技术条件》(GB 7258—2017)规定，每只前照灯的远光光束发光强度应达到表4-9的要求。测试时,其电源系统应处于充电状态。

前照灯远光光束发光强度最小值要求(单位:Cd)　　　　表4-9

机动车类型		检查项目					
		新注册车			在用车		
		一灯制	两灯制	四灯制	一灯制	两灯制	四灯制
三轮汽车		8000	6000	—	6000	5000	—
最高设计车速小于70km/h的汽车		—	10000	8000	—	8000	6000
其他汽车		—	18000	15000	—	15000	12000
摩托车		10000	8000	—	8000	6000	—
轻便摩托车		4000	—	—	3000	—	—
拖拉机运输机组	标定功率>18kW	—	8000	—	—	6000	—
	标定功率≤18kW	6000	6000	—	5000	5000	—

4)前照灯配光性能要求

测试前照灯配光特性的方法,按有关国家标准规定,是在汽车前方25m处放置一屏幕,测试近光灯在屏幕上的照度分布。图4-26中H对应前照灯的中心点,HV对应右车道中心线。图中划分了Ⅰ、Ⅱ、Ⅲ、Ⅳ区,对应于路面和前方的不同位置,还标出了若干测试点,如B50L相当于前方50m距离处迎面汽车驾驶人眼睛的位置。50V表示本车前方50m的路面,25R对应于车前方25m右边线的位置,50L为左侧车道50m处位置等。

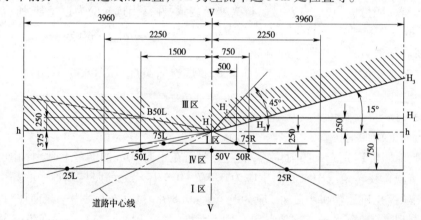

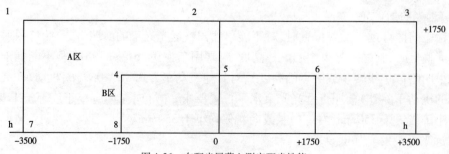

图4-26 在配光屏幕上测定配光性能

近光的配光要求:最主要的是在屏幕上要有明显的"明暗截止线",即图中的H_3线。这条线的右侧与水平方向成15°角,上方是"暗区",下方是"亮区"。

在Ⅲ区要求尽可能暗些,该区任何点照度不大于0.7lx;尤其是B50L处,照度不能超过0.7lx,以免造成对方驾驶人炫目。

Ⅳ区代表车前方25～50m处路面,是近光灯最主要的照明区域。要求该区任何点的照度不小于2lx,以保证有足够的照明。

Ⅰ区代表车前1.0～25m近处路面,是照得最亮的区域。为了避免周围区域产生过大的明暗对比,该区最大照明限制在20lx以下。

在Ⅰ、Ⅱ、Ⅲ和Ⅳ区域内,其水平方向相邻的照度应无明显的陡变,以不致影响良好的可见度。具体见表4-10。

前照灯近光照射照度要求　　　　　　　表4-10

测试点或区域	A级前照灯和白炽封闭式灯光组(SB)(lx)	B级前照灯和卤钨封闭式灯光组(HSB)
B50L	≤0.3[①];≤0.4	≤0.4
75R	≥6	≥12
75L	≤12[①]	≤12
50L	≤15[①]	≤15
50R	≥6	≥12
50V	—	≥6
25L	≥1.5	≥2
25R	≥1.5	≥2
Ⅲ区任何点	≤0.7	≤0.7
Ⅳ区任何点	≥2	≥3
Ⅰ区任何点	≤20	$2E_{50R}$[②]

注:①封闭式白炽灯SB灯光组为0.3,且不包括测试点75L和50L。
②E_{50R}为50R的实测照度值。

二、前照灯检测的基本原理

1. 用屏幕法检测光束照射的基本原理

检测场地应平整,屏幕与场地应垂直。光束照射位置检测应在车辆空载、轮胎气压正常、乘坐一名驾驶人的条件下进行。将车辆停置于屏幕前,汽车纵轴线与屏幕垂直,使前照灯基准中心距屏幕10m。

屏幕画有三条垂直线和三条水平线。垂线V-V与车辆纵线向中心线对齐,两侧垂线$V_左$-$V_左$和$V_右$-$V_右$分别与左右前照灯中心线对齐。水平线h-h与被检车辆前照灯中心等高,距地面高度为H(mm),其下第一条水平线与被检车辆前照灯远光光束中心的上限值等高,距地面高度为$H_1=0.95H$(对乘用车);第二条水平线与被检车辆的前照灯近光光束中心的上限值等高,距地面高度为$H_2=0.9H$(对乘用车)。标准规定远、近光光束中心高度的偏差范围分别为 0.1H 和 0.2H(对乘用车),即其下限值分别为 0.8H 和 0.7H。

检测前照灯的光束照射位置时,先遮住一侧的前照灯,首先对未遮盖前照灯的近光进行检测。根据检测标准,其近光明暗截止线转角或光束中心应照在高度为 H_2、$H_2 - 0.2H$ 的两条水平线及垂直线 $V-V$ 的距离为 $\frac{1}{2}S + 170mm$、$\frac{1}{2}S - 350mm$(对左灯)或 $\frac{1}{2}S + 350mm$、$\frac{1}{2}S - 170mm$(对右灯)的两条垂直线所围成的矩形框内,否则表明近光光束偏斜量超标,如图 4-27 所示。一般而言,在检测调整光束照射方向时,对远、近双光束灯以检测调整近光光束为主。

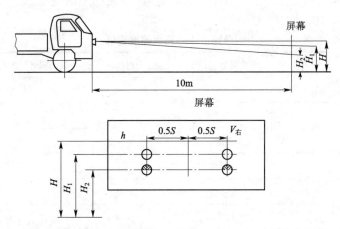

图 4-27 用屏幕检测前照灯光束照射位置

在检验前照灯远光光束及远光单光束照射位置时,根据检测标准,其光束中心应位于由高度为 H_1、$H_1 - 0.1H$ 的两条水平线和垂直直线距离为 $\frac{1}{2}S + 170mm$、$\frac{1}{2}S - 350mm$(对左灯)或 $\frac{1}{2}S - 350mm$、$\frac{1}{2}S + 350mm$(对右灯)的两条垂直线所围成的矩形内。

屏幕法简单易行,但只能检测光束照射位置;同时需要经常更换屏幕,且占用场地较大。

2. 用检测仪检测发光强度和光束照射位置的基本原理

前照灯检测仪采用可把所吸收的光能转变为电流的光电池作为传感器,按照前照灯主光束照在其上时所产生电流的大小和比例,来检测前照灯的发光强度和光轴偏斜量。

1)发光强度检测原理

测量前照灯发光强度的电路由光电池、光度计和可变电阻等组成,如图 4-28 所示。当前照灯在规定距离处照射光电池时,光电池产生与受光强弱成正比的电流,使光度计的指针偏转。经标定后,其指针偏转量便可反应前照灯的发光强度。电路中的可变电阻用于调整光度计指针零位。常用光电池的主要类型是硒光电池,当受到光线照射时,金属薄膜和非结晶硒的受光面与背光面之间产生电位差。因此,若在金属膜和铁底板上装上引出线,将其用导线与电流表连接起来,电路中就会产生电流,电流经过电流表时电流表指针会产生摆动,如图 4-29 所示。

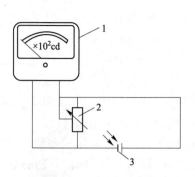
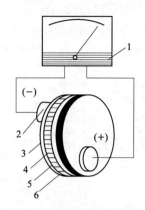

图 4-28 发光强度检测原理图
1-光度计；2-可变电阻；3-光电池

图 4-29 硒光电池结构与工作原理图
1-电流表；2-引线；3-金属薄膜；4-非结晶硒；5-结晶硒；6-铁底板

若发光强度用 $I(\text{Cd})$ 表示，光照度用 $E(\text{lx})$ 表示，前照灯（光源）距被照物体距离为 $S(\text{m})$，则三者的关系可以表示为

$$E = \frac{I}{S^2} \tag{4-16}$$

式(4-16)说明：光照度与光源的发光强度成正比，与被照物体至光源距离的平方成反比（称倒数二次方法则）。图 4-30 所示为实测前照灯主光束照度随距离的变化曲线与理论曲线的拟合情况。因此，只要测得受光物体被照面上光照度的大小，即可得到光源的发光强度。在用前照灯检测仪对前照灯进行检测时，通常采用的测量距离为 3m、1m、0.5m。按式(4-16)把在此距离下测出的照度折算为前照灯前方 10m 处的照度，并换算成发光强度进行指示。

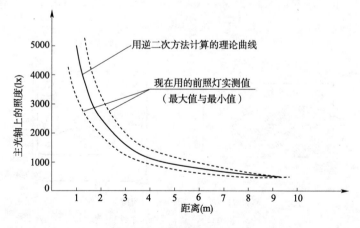

图 4-30 主光束照度变化曲线

被照面上的照度可利用光电池的光电伏特效应检测。当被照面上装有光电池时，受光照射后，其光照越强，照度越大，则光电池产生的电动势就越大，据此可测得被照面上的照度，而后计算求得光源的发光强度。汽车前照灯检测仪就采用这一原理来检测前照灯的发光强度。

2）光束中心偏斜量检测原理

光束中心偏斜量检测电路由两对光电池组成，如图 4-31 所示。左、右一对光电池 $S_左$、$S_右$ 上接有左右偏斜指示计，用于检测光束中心的左、右偏斜量；上、下一对光电池 $S_上$、$S_下$ 接有上、下偏斜指示计，用于检测光束中心的上、下偏斜量。当光电池受到前照灯照射时，各光电池分别产生电流，若前照灯的光束中心有偏斜，则四个光电池受到的光照度不相等，从而产生的电流也不相等。光电池 $S_左$、$S_右$ 所产生电流的差值，使左右偏转指示计的指针偏摆；$S_上$、$S_下$ 光电池所产生电流的差值，使上下偏转指示计的指针偏摆，从而可测出前照灯光束中心的偏斜量。若通过适当的调节机构，调整光线照射光电池的位置，使 $S_左$、$S_右$ 和 $S_上$、$S_下$ 每对光电池受到的光照度相同，此时每对光电池输出的电流相等，两偏斜指示计的指针指向零位，其调节量反映了光束中心的偏斜量。

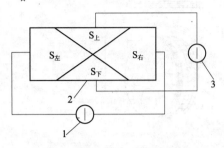

图 4-31　光轴偏斜量检测原理图
1-左右偏斜指示计；2-光电池；3-上下偏斜指示计

图 4-32 所示为光电池受光面无偏斜受光的情况，这时上下偏斜指示计和左右偏斜指示计的指针垂直向下，即处于零位。图 4-33 所示为光电池受光面向左下方偏斜受光的情况，这时上下偏斜指示计向"下"偏斜，左右偏斜指示计向"左"偏斜。

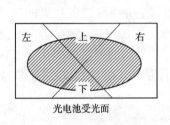 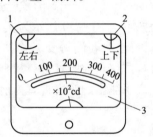

图 4-32　光轴无偏倾斜时的情况
1-左右偏斜指示计；2-上下偏斜指示计；3-光度计

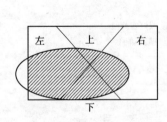 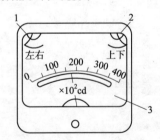

图 4-33　光轴有偏倾斜的情况
1-左右偏斜指示计；2-上下偏斜指示计；3-光度计

3）采用 CCD 图像传感器的全自动前照灯远近光检测原理

基于图像处理技术的前照灯检测的基本原理是通过 CCD 摄像机将前照灯光束在测量屏幕上的投影图像输入计算机，计算机对输入图像进行处理和分析，求得前照灯的发光强度和远、近光轴方向。

这种检测仪是在全自动远光检测仪基础上结合 CCD 图像传感器和先进的图像处理技术发展而来的，主要由摄像装置、控制分析装置和驱动步进电动机三部分组成，如图 4-34 所示。摄像装置由 CCD 摄像头、投影屏幕和透镜组成。聚光透镜将前照灯的灯光聚以提高光束投影的亮度，降低环境光对检测结果的干扰，CCD 摄像机将光束投影图像输入计算机。控制分析装置的核心是计算机，它根据摄像机输入的图像和检测程序给驱动步进电动机 1、2、3 发转动指令，其分析功能是对输入的图像进行处理分析。驱动步进电动机 1、2 在计算机控制下使摄像装置沿导轨上下、左右运动，使摄像装置自动导入前

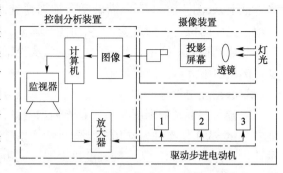

图 4-34　基于图像处理技术的全自动检测仪组成

照灯光照区。驱动步进电动机 3 正、反转可使摄像装置沿其导轨顺灯光照射方向前后移动，以获取两个位置的光束投影图像。

三、汽车前照灯检测方法

按照前照灯检测仪的结构特征与测量方法不同，可将前照灯检测仪分为聚光式、屏幕式、投影式和自动追踪光轴式四种类型。这些不同类型的前照灯检测仪均由接受前照灯光束的受光器、使受光器与汽车前照灯对正的照准器、车辆摆正找准器、指示发光强度的光度计、指示光轴偏斜方向和偏斜量的偏斜指示计、支柱、底座和导轨等组成。

1. 聚光式前照灯检测仪

该检测仪是用受光器的聚光透镜把前照灯的散射光束聚合起来，根据其对光电池的照射强度来检测前照灯发光强度和光轴偏斜量的，其构造如图 4-35 所示。

聚光式前照灯检测仪由支架、行驶部分、仪器箱、仪器升降调节装置和对正器组成。检测时，检测仪放在距前照灯前方 1m 处。行驶部分装有三个带槽的轮子，可在导轨上行走以迅速对正。仪器箱是检测仪的主体部分，转动升降手轮可使仪器箱的中心与被测车辆前照灯的基准中心高度保持一致。仪器箱顶部的对正器用于观察仪器与被测车辆的相互位置是否对正。检测仪的光度指示装置由电源开关、电源欠压指示、光度表和三个按键开关及三个相应调零按钮组成。远光 I 号键可测 0～40000cd 的发光强度；远光 II 号键可测 0～20000cd 的发光强度；近光按钮

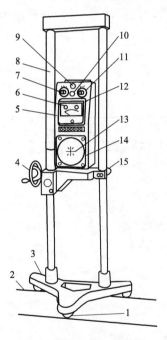

图 4-35　聚光式前照灯检测仪
1-车轮；2-导轨；3-底座；4-升降手轮；5-光度计；6-左右偏斜指示计；7-光轴刻度盘（左右）；8-支柱；9-汽车摆正找准器；10-光度—光轴变换开关；11-光轴刻度盘（上下）；12-上下偏斜指示计；13-前照灯照准器；14-聚光透镜；15-角度调整螺钉

可测 0～1000cd 的发光强度；调零按钮用于调零。根据检测方法不同，聚光式前照灯检测仪的使用又可分为移动反射镜检测法、移动光电池检测法和移动透镜检测法三种形式。

1) 移动反射镜检测法

移动反射镜检测法利用聚光透镜将前照灯的散射光束聚合并经反射镜反射后,照射到光电池上,如图 4-36 所示。若转动光轴刻度盘,则反射镜的安装角度将随之变化,照射到光电池上光束的位置也随之变化,从而使光轴偏斜指示计的指针产生移动。此时,若转动光轴刻度盘使光轴偏斜指示计指示为零,就可从光轴刻度盘上读取光轴的偏斜量。同时,可从光度计的指示中读取发光强度值。

2) 移动光电池检测法

若转动上下光轴刻度盘和左右光轴刻度盘,则光电池随之移动,光电池的受光面位置将随之变化,从而使光轴偏斜指示计的指针产生移动。检测时转动光轴刻度盘,使光轴偏斜指示计指示为零。这时,从光轴刻度盘上即可读出光轴的偏斜量,同时从光度计的指示中读取发光强度值,如图 4-37 所示。

3) 移动透镜检测法

如图 4-38 所示,聚光透镜和光电池用特殊的连接器连接成一个可活动的整体,光轴检测杠杆与其联动。若移动光轴检测杠杆,则光轴偏斜指示计的指针即产生移动。检测时,移动光轴检测杠杆,使光轴偏斜指示计指示为零。根据与杠杆联动的指针指示值,即可得出光轴偏斜量,同时可从光度计的指示值中读取发光强度值。

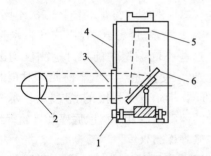

图 4-36 移动反射镜检测法
1-光轴刻度盘;2-前照灯;3-聚光透镜;4-光轴偏斜指示计;5-光电池;6-反射镜

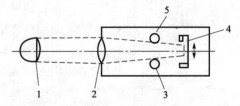

图 4-37 移动光电池检测法
1-前照灯;2-聚光透镜;3-左右光轴刻度盘;4-光电池;5-上下光轴刻度盘

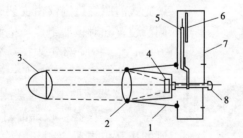

图 4-38 移动透镜检测法
1-连接器;2-聚光透镜;3-前照灯;4-光电池;5-指针;6-光轴刻度盘;7-外壳;8-光轴检测杠杆

2. 屏幕式前照灯检测仪

屏幕式前照灯检测仪是把前照灯的光束照射到屏幕上来检测发光强度和光轴偏斜量的。检测时,检测仪放在前照灯前方 3m 的距离处,其构造如图 4-39 所示。在固定屏幕上装有可以左右移动的活动屏幕,在活动屏幕上装有能上下移动的内部带有光电池的受光器。检测时,移动活动屏幕和受光器,根据光度计指示值为最大值时的位置找到主光轴的投射位置,然后由固定屏幕和活动屏幕上的光轴刻度尺读取光轴偏斜量,同时从光度计的指示中读取发光强度值。

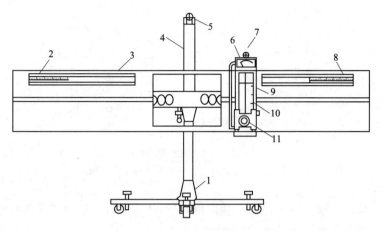

图 4-39 屏幕式前照灯检测仪

1-底座;2、8-光轴刻度尺(左右);3-固定屏幕;4-支柱;5-车辆摆正找准器;6-光度计;7-对正前照灯照准器;9-活动屏幕;10-光轴刻度尺(上下);11-受光器

3. 投影式前照灯检测仪

投影式前照灯检测仪是将前照灯光束的影像映射到投影屏上来检测发光强度和光轴偏斜量的。检测时,检测仪放在前照灯前方 3m 的检测距离处。投影式前照灯检测仪的构造如图 4-40 所示。在聚光透镜的上下和左右方向装有四个光电池。前照灯光束的影像通过聚光透镜、光度计的光电池和反射镜后,映射到投影屏上,如图 4-41 所示。检测时,通过上下、左右移动受光器使光轴偏斜指示计指示为零,即上与下、左与右光电池的受光量相等,从而找到被测前照灯主光轴的方向,然后根据投影屏上前照灯光束影像的位置,即可得出主光轴的偏斜量,同时可从光度计的指示中读取发光强度。

检测时,要使前照灯的光束照射到检测仪的受光器上。此时,若前照灯光束照射方向偏斜,则主、副受光器的上下光电池或左右光电池的受光量不等,它们分别产生的电流便失去平衡。由其电流的差值控制受光器上下移动的电动机运转或使控制箱左右移动的电动机运转,并通过钢丝绳牵动受光器上下移动或驱动控制箱在轨道上左右移动,直至受光器上下、左右光电池受光量相等为止,这就是所谓的自动追踪光轴。在

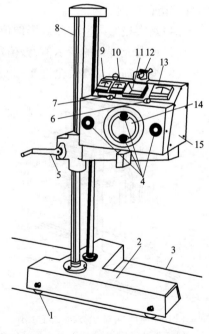

图 4-40 投影式前照灯检测仪

1-车轮;2-底座;3-导轨;4-光电池;5-上下移动手柄;6-光轴刻度盘(上下);7-光轴刻度盘(左右);8-支柱;9-左右偏斜指示计;10-上下偏斜指示计;11-投影屏;12-车辆摆正找准器;13-光度计;14-聚光透镜;15-受光器

追踪光轴时,受光器的位移方向和位移量由光轴偏斜指示计指示,此即前照灯光束的偏斜方向和偏斜量;发光强度由光度计指示。

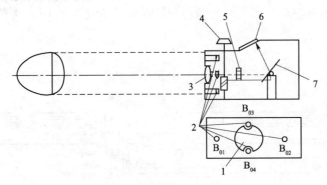

图 4-41 光束影像映射原理图

1、3-聚光透镜;2-光电池;4-光轴刻度盘;5-光度计光电池;6-投影屏;7-反射镜

检测步骤:

(1)将汽车尽可能地保持垂直方向驶近检测仪,使前照灯与接收箱保持规定的距离。

(2)用车辆摆正瞄准器使检测仪和汽车对正。

(3)开亮前照灯,移动检测仪,使光束照射到光接收箱上,并确保上下、左右光轴偏斜指示计的指针指到零位。

(4)观察投影屏上前照灯影像位置,必要时转动光轴刻度盘测出光轴的偏移量。

(5)读取光度计的指示值,该值即为被测前照灯的发光强度。

(6)变换前照灯开关至近光,观察屏幕上的光束投影,检查近光配光性能。

4. 自动追踪光轴式前照灯(单侧测光)检测仪

自动追踪光轴式前照灯检测仪是利用光接收箱自动追踪光轴的方法来检测发光强度和光轴偏移量的。

1)检测仪的基本结构

自动追踪光轴式前照灯检测仪的外形结构如图4-42所示,它主要由行走机构、光接收箱和自动追踪传动系统等部分组成。行走机构可使检测仪通过底座下面装的轮子在导轨上左右运动。光接收箱在立柱的导引下,可由链条牵引作上下运动。在光接收箱正面配置有上、下、左、右四个光电池,用作光轴追踪;光接收箱内部装有一透镜组件、四象限硅光电池和光检测系统,用于发光强度和光轴偏移量的检测。自动追踪传动系统主要由驱动电动机和传动链条、链轮等组成,用于光轴的追踪。

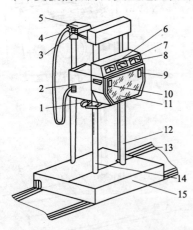

图 4-42 自动追踪光轴式前照灯检测仪

1-调整手轮;2-车辆找准器;3-输出信号插座;4-控制盒插座;5-接线盒;6-光轴上下偏移量指示表;7-光强表;8-光轴左右偏移量指示表;9-测定指示灯;10-电源指示灯;11-光接收箱;12-右立柱;13-轨道;14-左立柱;15-底座

2)光轴自动追踪原理

接收箱正面配置的作为受光器的四个光电池具有性能相同,上下、左右布置对称

(图 4-43)的特点。检测时,四个光电池接收前照灯光束的照射,当上下光电池受到的光照度不同时,其光电池产生的偏差信号将驱动上下传动部件中的电动机,牵引光接收箱向光照平衡的位置移动。同样,左右光电池的偏差信号将驱动左右传动部件中的电动机,使光接收箱向左或向右移动,直到光轴位置偏差信号为零。由于这两个运动的综合作用,光接收箱即可自动追踪光轴而对准被检测的前照灯光轴。

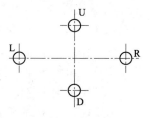

图 4-43 光电池的分布

3)光轴偏移量的测量

光轴偏移量测量是利用光接收箱内四象限光电池组、聚光镜控制系统和光检测系统(位移传感器和指示装置等)来共同完成的。检测时,前照灯光轴对准光接收箱后,光束通过接收箱内透镜聚光透射至四象限光电池组上。若前照灯光轴偏移量为零,则光束的焦点会落在四象限光电池组的中央,其四块光电池产生的偏差信号为零,光轴偏移量指示表指示为零。若前照灯光轴偏离了四象限光电池组的中央,则光电池必然会产生偏差信号,其左右偏移的偏差信号将驱动控制透镜的左右电动机,使透镜移动,使汇聚的光束在水平方向趋于光电池组中心;同样,上下偏移的偏差信号则驱动透镜在垂直方向上作调整,使汇聚的光束在垂直方向趋于光电池组中心;当光束汇聚在四象限光电池组中央时,透镜的移动调整结束。此时,透镜在两个方向的位移量由分别安装在两个方向上的位移传感器检测,由于透镜的位移量与光轴偏移量成线性比例关系,因此通过传感器位移量的检测就可能确定光轴的偏移量。

4)发光强度的测量

当光束的焦点落在光接收箱内四象限光电池组的中央时,其四块光电池组输出电压的大小,将对应于照射在光电池表面的光照度,由于光源至光电池表面的距离一定,因此光电池组的输出电压实际上就是对应的被检测前照灯的发光强度。将其四块光电池的各自输出电压送往检测电路处理,最后由光度计显示其发光强度。

5. CCD 图像传感器的全自动前照灯近光检测仪

近年来汽车工业和科技不断发展,新型汽车前照灯被开发、生产并大量应用到新型号的汽车中,除发光方式、灯型(异型灯、水晶灯)的变化,最明显的变化是采用了远光、近光分别制作成了两个灯泡,从传统的单灯双光轴(远、近光)发展为双灯单光轴,并在近年来得到了迅速的普及,传统的光电池检测法一旦遇到现已日益普及的双灯单光轴的前照灯,无法进行正常的远近的检测。因此,采用 CCD 图像传感器的全自动前照灯远近光检测仪便应运而生。

目前 CCD 式前照灯检测设备常见的有 QD-1003,NHD-6101 型远近光检测仪、QDC-1B 型远近光检测仪和 FD-103 型远近检测仪。NHD-6101 和 FD-103 型检测仪在透镜的前后安装有两个 CCD 摄像机,分别负责光轴的跟踪及前照灯配光性能和照射方向的分析。QD-1003 型检测仪在透镜后安装一个 CCD 摄像机用于前照灯配光性能和照射方向的分析,而光轴的跟踪仍沿用以前的光电池方法。有的检测仪的立柱上装有扫描光电管阵列,其作用是扫描汽车前照灯的大概位置,以便光接收器快速定位。

1)检测仪的基本结构

前照灯检测仪由机座跟踪行走机构、光接收箱、上下和水平回转机构、光接收箱升降机构和计算机等组成。机座跟踪行走机构包括底座横向（X方向）行走机构、光接收箱在垂直（Z方向）升降机构和受光面测量系统；光接收箱包括前照灯的发光强度、光束照射位置测量系统。光接收箱内的光学系统结构如图4-44所示。其各部件作用如下：

（1）大口径菲涅尔透视。对被检测前照灯光束进行汇聚。

（2）半反射镜将汇聚后的入射光分成两路，一路穿过半反射镜到达光传感器A，另一路反射到屏幕及光传感器B。

（3）小菲涅尔透镜。将穿过半反射镜的入射光再次汇聚，减小物理光程，缩短光接收箱尺寸。

（4）光传感器A。由四个光电池组成，检测入射光的偏移量。

（5）屏幕。入射光由半反射镜反射投影在屏幕上，形成光斑。屏幕由半透光材料制成。

（6）光传感器B。由五个光电池组成，检测入射光的偏移情况及发光强度。

（7）CCD摄像机。把屏幕上形成的光斑图像拍摄下来，并送计算机处理。

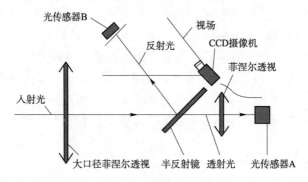

图4-44 光学系统结构

2）远光测量原理

仪器从导轨起始端向靠近前照灯光束方向位移。仪器立柱上垂直安置的数个光电器件探测前照灯光束的位置，在计算机控制下，光接收箱进入前照灯光照区。前照灯光束进入光接收箱，经透镜汇聚后，光线分成两路：

一路穿过半反射镜和小菲涅尔透镜到达光传感器A，如果落在光传感器A上的光斑偏离四个光电池的中心，则上下、左右产生电压差信号输入计算机，计算机则将发出指令驱动光接收箱向上或向下、向左或向右移动，直到上下、左右输出电流相等时为止。

另一路光线被半反射镜反射到光传感器B，如果落在光传感器B上的光斑偏上，则上面的电压输出大于下面的电压输出，仪器驱动光接收箱以上下旋转轴为中心向下移动Δh，直到上下的电压的输出相等为止。光接收箱左右方向移动的控制原理与上述相同。

测量结束时，前照灯光束中心的方向与光接收箱光学中心线的方向重合，此时，光接收箱移动Δh的距离（在水平方向及垂直方向）表征了前照灯远光光束的偏移角度θ。光传感器B将输出与发光强度成比例的电压信号，经放大处理后得到被检测前照灯的远光发光强度数值。

3）近光测量原理

完成远光测量后，汽车前照灯转为近光。近光光束经透镜汇聚，由半反射镜反射到屏幕上。如果近光光束明暗截止线转角点的照射位置与远光光束中心的照射位置相同，则投影到屏幕上的光斑其明暗截止线转角点将落在屏幕的原点上,如图 4-45a)所示。此时近光明暗截止线转角点照射位置的偏移量等于远光光束中心偏移量。如果近光光束明暗截止线转角点的照射位置与远光光束中心的照射位置不相同,则投影在屏幕上的光斑其明暗截止线转角点会偏离屏幕原点一段距离,如图 4-45b)所示。此时,近光明暗截止线转角点照射位置的偏移量等于远光光束中心偏移量与屏幕偏移量之和。

CCD 摄像机将屏幕上的光斑图像拍摄后,送到计算机进行图像处理,求出明暗截止线转角偏离屏幕原点的距离(图 4-46),从而得出 $\Delta\theta$ 的数值,最后得出近光光束明暗截止线转角点照射位置的偏移量 α 为:

$$\alpha = \theta + \Delta\theta \tag{4-17}$$

式中:θ——远光光束中心偏移量;

$\Delta\theta$——近光明暗截止线转角点照射方向与远光光束中心照射方向的差值。

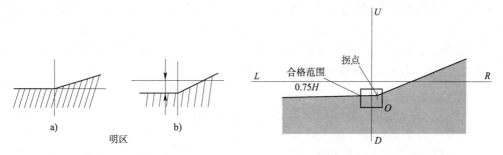

图 4-45　屏幕上的光斑示意图　　图 4-46　明暗截止线转角点偏离屏幕原点的距离计算示意图

6. 前照灯的照射位置的调整及日常维护

1)前照灯照射位置的调整方法

汽车在行驶过程中的振动,可能导致前照灯照射位置的变化。此外,轮胎气压的变化、轮胎的异常磨损及悬架系统的形变等均可能导致车辆发生上下或左右方向的倾斜,这会改变前照灯光轴的方向。前照灯的照射位置关系到夜间行车的安全,前照灯光轴照射位置的倾斜会影响前照灯的检测结果。因此,在车辆上线检测前,应对其前照灯照射位置偏斜情况进行正确的调整,以保证前照灯的正常技术状况。这样可以大大提高前照灯检测的合格率,提高检测质量。

正常情况下,两侧前照灯光束不应分散或上下错位,以免造成迎面来车的驾驶人炫目和车辆近处明亮度不足。但由于种种原因,如更换灯泡、灯座及反射镜的调整螺栓松动等,都会引起光轴跑偏,因此必须进行检测和调整。

现在很多汽车将前照灯嵌在翼子板内,前照灯光束位置的调整可通过前照灯上下与左右调整螺栓来完成。调整前应将车辆停放在平坦的路面上,按标准充足轮胎气压。如果有前照灯检测仪,可以利用前照灯检测仪检测前照灯近光灯的左右、上下偏斜量,查看是否合格,若不合格,则应进行相应的调整。如果没有前照灯检测仪,可以使用简易法调整,其方法如下:

(1)将车辆对准墙壁(或特设的黑板或幕布),并保持一定的距离。

(2)在墙上划 3 条铅垂线。一条为中心垂线,应与车辆的中心线对正;另 2 条垂线分别位于中心垂线的两侧,与中心垂线之间的距离均为2只前照灯中心间距的一半。

(3)打开远光灯,如需调整右侧前照灯,则将左侧前照灯遮住,如需调整左侧前照灯,则将右侧前照灯遮住,使其发出的光束中心正好分别对准左、右垂线与水平线的交点。调整汽车前照灯光束时,如果光束出现偏高、偏低、偏左、偏右或两灯相交等情况,应加以调整。此外,每次更换灯泡及行驶一定里程之后,均应该检查并调整前照灯的灯光,使其能有适当的照射距离,且光束不偏斜。

2)前照灯的日常维护

为了保持前照灯的技术状况,需要定期对前照灯进行检查维护,其检查和维护内容如下。

(1)检查前照灯的密封性是否良好,反射镜是否清洁。如果反射镜上面粘有灰尘或油污,会污染反射镜而使其失去光泽,降低反射效率。

(2)检查灯泡的情况,灯泡老化将使光线减弱,这时只需更换灯泡便可恢复原来的技术状况。

(3)检查灯具玻璃的情况。灯具玻璃不清洁,则可以通过清洗清除前照灯上的脏污;若老化导致的雾化,则须考虑更换灯具玻璃或整组灯具。

第三节 汽车车速表指示误差检测

车辆在长期的使用过程中,与车速表工作相关的传动齿轮、软轴及轮胎磨损、车速表本身技术状况的变化等因素,将导致车速表指示误差增大。当车速表的指示误差过大时,驾驶人就难以正确掌控车速,从而引起判断失误而造成交通事故。因此,为了保证行车安全,确保车速表的指示精度,必须定期对车速表进行检测、校正。

一、车速表误差检测标准

汽车车速表有磁感应式和电子式等类型,往往与里程表组合在一起。磁感应式车速表是利用蜗轮蜗杆和软轴的传动作为传感器,利用磁电互感作用并通过指针的摆动来指示汽车行驶速度的。由于机件在使用过程中发生自然磨损及磁性元件的磁性发生变化和轮胎的滚动半径变化等原因都会造成车速表指示误差增大。

《机动车运行安全技术条件》(GB 7258—2017)中对车速表的指示误差进行了明确的规定:车速表指示车速v_1(km/h)与实际车速v_2(km/h)之间应符合下列关系式

$$0 \leqslant v_1 - v_2 \leqslant (v_2/10) + 4 \tag{4-18}$$

从式(4-18)可以看出当汽车车速表的指示值v_1为40km/h时,车速表试验台速度指示值v_2在32.8~40km/h范围内为合格;或当实际车速v_2为40km/h时,汽车车速指示表的指示车速v_1在40~48km/h范围内为合格。

二、车速表误差检测原理与方法

1.车速表误差检测原理

车速表的检测指标是车速指示误差。车速表的检测通常在滚筒式车速表试验台上进行,如图 4-47 所示。

它将滚筒作为连续移动的路面,把与车速表有传动关系的车轮置于试验台滚筒上旋转,模拟汽车在路上测试时行驶状态,利用车速表试验台测出的车速与车速表上显示的车速进行对比,从而进行车速表指示误差的测量。进行检测时,将汽车上与车速表有传动关系的车轮置于车速表试验台的滚筒上,由车轮驱动滚筒旋转或由滚筒驱动车轮旋转。车速表试验台滚筒的端部装有速度传感器,能发出与车速变化成正比的电信号。滚筒的线速度、圆周长与转速之间的关系,可由下式表示

$$v = 60 \times 10^{-6} \times L \times N \tag{4-19}$$

式中:v——滚筒表面的线速度,km/h;
  L——滚筒的圆周长,mm;
  N——滚筒的转速,r/min。

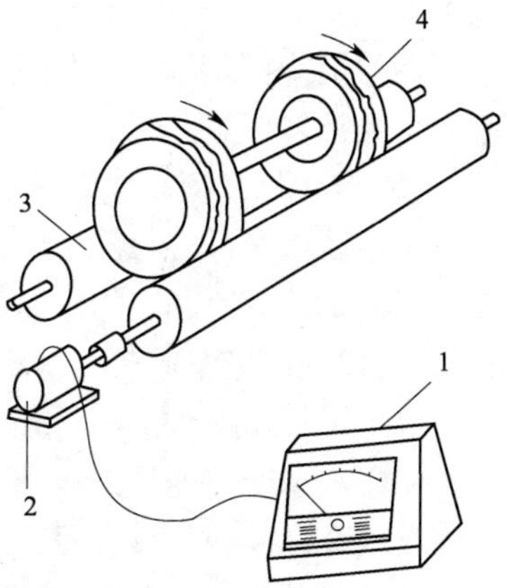

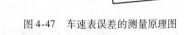

图 4-47 车速表误差的测量原理图
1-实际车速的指示仪表;2-速度传感器;
3-车速表试验台滚筒;4-驱动车轮

假定车轮与滚筒无相对运动,因而车轮的线速度与滚筒的线速度相等,故上述的计算值即为汽车的真正车速值,该值在试验时由试验台上的速度指示仪表显示。车轮在滚筒上转动的同时,车速表的软轴也由变速器输出轴带动旋转,并在车速表上显示车速值,即车速表指示值。将上述试验台上速度指示仪表上显示的真正车速值与车速表上显示的车速表指示值相比较,即便可测出车速表的误差值。

$$车速表指示误差 = \frac{车速表指示值 - 实际车速值}{实际车速值} \times 100\% \tag{4-20}$$

2. 车速表误差的检测方法

1)车速表试验台的准备

车速测试前,应对车速表试验台进行必要的检查,特别是间隔较长时间没有使用的试验台。检查的内容包括:

(1)在滚筒静止状态检查指示仪表是否在零点上,若指针不在零点上,可用零点调整旋钮(或零点调整电位计)调整。

(2)检查滚筒上是否沾有油、水、泥等杂物;若有,要清除干净。

(3)检查举升器动作是否自如,是否有漏气部位。若有阻滞或漏气部位,应予修理。

(4)检查导线的接触情况;若有接触不良或断路,应予修理或更换。

2)被测试车辆的准备

(1)按汽车制造厂的规定检查并补充轮胎气压。

(2)轮胎沾有水、油等或轮胎花纹沟槽内嵌有小石子时,应清除干净。

3)检测步骤

(1)接通试验台电源,升起滚筒间的举升器。

(2)将被测车输出车速信号的车轮尽可能与滚筒呈垂直状态停放在试验台上,使具有车速信号的车轮停于两滚筒之间。

(3)降下滚筒间的举升器,至轮胎与举升器托板脱离为止,使得车轮稳定的支撑在滚筒上。

(4)用挡块抵住位于试验台滚筒之外的一对车轮的前方,以防检测时,被测车辆驶出试验台发生意外事故。

(5)对于标准型车速表试验台,进行如下操作:

①起动汽车,挂入最高挡,踩下加速踏板使驱动轮平稳加速运转。

②当试验台速度表的车速指示值达到检测车速40km/h时,立即读取汽车车速表的车速指示值;或当汽车车速表的指示值达到车速检测车速时,读取车速表的指示值。

(6)当使用驱动型车速表试验台时,应进行下列操作:

①将汽车变速器挂入空挡。

②接合试验台及离合器,让滚筒与电动机相连。

③接通试验台的电源,让电动机驱动滚筒旋转。

④当汽车试验台速度表的车速指示值达到检测车速40km/h时,读取试验台速度指示仪表的指示值。

(7)检测结束后,轻轻踩下汽车制动踏板,使滚筒停止转动。对于驱动型试验台,应先关断电源再踩制动踏板。

(8)升起举升器,去掉挡块,汽车驶离试验台,切断试验台电源。

3. 车速表误差影响因素分析

1)车速信号传递误差

汽车车速表主要有电磁式和电子式两大类。电磁式车速表通常通过蜗轮蜗杆和软轴将变速器输出轴的转速传递给车速表的主动轴,然后转换为车速信号。电子式车速表一般通过安装在变速器处的各种车速传感器(如光电式、霍尔效应式、磁阻式等)获得反映汽车车速的脉冲信号,再由电子电路驱动车速表。若传感器性能变差、老化、损坏,或驱动电路性能不良、存在故障,则会使车速信号在传递中产生误差,从而使车速表出现指示误差。

2)车速表本身故障或损坏

电磁式车速表是利用磁电互感作用,通过指针摆动来显示汽车行驶速度的。车速表内有可转动的活动盘、转轴、轴承、齿轮、游丝等零件和磁性元件。这些零件的自然磨损以及磁性元件的磁性变化,都会造成车速表的指示误差。而电子式车速表通常是一个电磁式电流表,用于接收驱动电路送来的车速信号,其接收的平均电流与车速成正比例,并驱动车速表指针偏摆,指示相应的车速。由于无须软轴传动,其性能一般较为稳定,但当电磁式电流表性能变差时,也会产生指示误差。

3)车轮磨损误差

汽车轮胎在使用过程中,随着行驶里程的增加而逐渐将磨损,其滚动半径逐渐减小。在变速器输出轴转速不变的情况下,车速表的指示值为定值,与轮胎滚动半径的变化无关;而汽车实际行驶速度会因轮胎滚动半径的变小而变小,因而车速表指示值与实际车速就会出现误差。不管是磁感应式车速表还是电子式车速表,在本身技术状况正常的情况下,轮胎滚动半径的变化是造成车速表误差的主要原因。轮胎滚动半径的变化主要是由于轮胎磨损、气压不足或过高等原因造成的,若仅是因为轮胎磨损过甚或损坏时,应予以更换。

汽车行驶速度可以用下式来表示：

$$v = 0.377 \frac{rn}{i_g i_0} \tag{4-21}$$

式中：v——汽车行驶速度，km/h；

r——车轮滚动半径，m；

n——发动机转速，r/min；

i_g——变速器传动比；

i_0——主减速器传动比。

由式(4-21)可以看出，汽车实际行驶速度与车轮滚动半径成正比关系，因此，汽车轮胎在使用过程中由于磨损，其半径逐渐减小。在变速器输出轴转速不变的条件下，汽车行驶速度因轮胎半径的变化而变化，而车速表的软轴是与变速器输出轴相连的，即使车速表的技术状况正常，车速表的指示值也会因车轮滚动半径的变化，与实际车速形成误差。而且当轮胎气压和轮胎尺寸合适，车速表正常时，车速表试验台检测时车速表指示误差仍然过大，则说明车速信号的接收或传递部分存在故障。

三、车速表误差检测试验台

车速表误差检测试验台根据有无驱动装置可分为无驱动装置的标准型、有驱动装置的驱动型和综合型车速表试验台三种。其中，无驱动装置的标准型试验台依靠被测车轮带动滚筒旋转；而有驱动装置的驱动型试验台由电动机驱动滚筒旋转；综合型试验台则与制动试验台、底盘测功试验台等是组合在一起。

1. 标准型车速表试验台

标准型车速表试验台由速度测量装置、速度指示装置和速度报警装置等组成，是试验台本身不带驱动装置而依赖被测汽车驱动轮来进行驱动的车速表试验台，如图4-48所示。

1) 速度测量装置

速度测量装置主要由滚筒、举升器和速度传感器等组成。

滚筒装置通常由4个左右对称布置的滚筒构成，直径一般在175～370mm范围内，多为钢制，通过滚动轴承安装在框架上，用来支撑汽车的驱动轮。试验时，为防止汽车驱动轴差速器行星齿轮自转而造成左右驱动轮转速不等，车速表试验台左、右两个前滚筒需要用联轴器连接在一起。

举升器是为汽车进、出试验台方便而设置在前后滚筒之间，举升器多为气动装置，也有电动机驱动和液压驱动的。举升器与滚筒装置联动。在测试前，升起举升器，使汽车驶入试验台；在测试时，落下举升器，滚筒支撑着车轮；在测试后，举升器升起，顶起车轮，汽车驶离试验台。为了保证检测的安全性，当举升器升起使车轮进、出试验台时，滚筒因自身制动装置的制动作用而被抱死，而举升器下降时，滚筒则松开制动。有的车速表试验台为防止检测时举升器突然上升造成安全事故，设有软件自动控制保护，以确保滚筒停转时才允许举升器上升。

速度传感器有测速发电机式（图4-48中10）、差动变压器式、磁电式和霍尔元件式等多种形式。它安装在滚筒的一端，它将滚筒转速的机械信号转换成对应的电信号送至速度指示装置，以便试验台适时的检测车速。

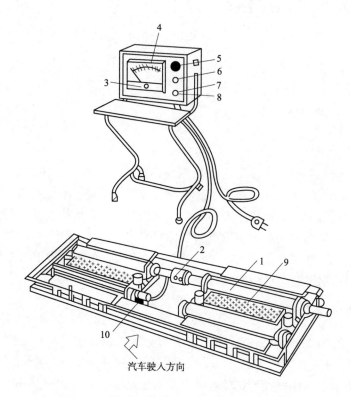

图 4-48　标准型车速表试验台

1-滚筒；2-联轴器；3-零点校正螺钉；4-速度指示仪表；5-蜂鸣器；6-报警灯；7-电源灯；8-电源开关；9-举升器；10-速度传感器（测速发电机式）

2）速度指示装置

速度指示装置接收速度传感器发出的电信号，并按照此信号进行工作，把以滚筒圆周长度与滚筒转速算出的线速度，以 km/h 为单位在仪表上能适时的显示实际车速，目前多用智能型数字显示装置。

3）速度报警装置

在检测中，速度报警装置是为提示汽车实际车速已达到检测车速（40 km/h，下同）而设置的。在车速表试验台的速度指示装置上，一般都设有报警灯或蜂鸣器（图 4-48 中 5、6）作为报警装置，使得检测更加的方便、快速。在试验中，当汽车实际速度达到检测车速时，报警灯亮或蜂鸣器响，提醒检测员立即读取驾驶室内车速表的指示值，以便与实际车速对照，判断车速表指示值是否在规定的范围之内。

标准型车速表试验台结构简单，价格便宜，应用较广泛。但标准型车速表试验台只适合检测由变速器输出轴输出车速信号的车速表，而不能检测由从动车轮输出车速信号的车速表。

2. 驱动型车速表试验台

驱动型车速表试验台如图 4-49 所示，它除带有驱动装置（电动机）外，其他的基本结构与标准型车速表试验台基本相同。电动机与滚筒之间通过离合器相连，离合器的功能是传递和中断动力。驱动型车速表试验台适用于车速信号由从动车轮提供的车型。

检测时将被测车辆的从动轮驶入试验台,离合器 5 接合,电动机 6 带动滚筒转动,滚筒带动被测车轮旋转,从而驱动试验台车速表显示的实际车速,与此同时,也驱动驾驶室内车速表显示的指示车速,从而测出车速表的指示误差。

对于大部分车速信号由变速器或分动器输出驱动的车辆,检测时,则可让离合器 5 分离,将被测车辆的驱动轮驶入试验台并驱动滚筒旋转,从而测出车速表指示误差。当离合器处于分离状态时,驱动型车速表试验台也可以作为标准型车速表试验台使用。

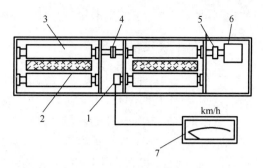

图 4-49 驱动型车速表试验台
1-测速发电机;2-举升器;3-滚筒;4-联轴器;5-离合器;
6-电动机;7-速度指示仪表

驱动型车速表试验台的最大优点是检测范围很广,除了全时四轮驱动汽车外,它能够检测各种汽车的车速表。

3. 综合型车速表试验台

综合型车速表试验台通常是一个具有测速功能的多功能试验台,其车速表检测往往是一个附加功能而不是主要功能。例如汽车底盘测功机、汽车惯性滚筒式制动试验台等,它们都有测速的功能,都可以很容易地对汽车车速表进行检测。

车速表试验台的主要参数见表 4-11。

车速表试验台主要参数　　　　　　　　　　表 4-11

参数项目 \ 型号	SB-10B 型	SB-3B 型
允许最大轴载质量(t)	10	3
最高试验车速(km/h)	120	120
滚筒尺寸(直径×长度)(mm)	185×1000	185×850
滚筒轴间距(mm)	457	420
举升器类型	气囊式	气囊式
举升器工作行程(mm)	110	90
举升器空气压力(MPa)	0.6~1.0	0.6~0.8
外形尺寸(长×宽×高)(mm)	3260×840×635	2920×750×590
净质量(kg)	800	800

第四节　汽车噪声和喇叭声级检测

噪声通常是指频率和声强杂乱无章的声音,也泛指人们不欢迎的、不需要的和令人烦躁、不安、讨厌的干扰声。汽车的噪声是由多种生源组成的综合性噪声。

汽车噪声主要是由发动机、传动系统、轮胎以及车身扰动空气所发出的响声。通过噪声的检测可以反映汽车的技术状况,因此,车辆噪声也是检测项目之一。

一、汽车噪声的产生

汽车是一个综合噪声源,汽车行驶中所产生的综合声辐射称为汽车噪声。汽车噪声的影响范围大,干扰时间长,因而对人的危害不容忽视。

汽车的噪声分为车外噪声与车内噪声。车外噪声造成环境公害,车内噪声直接对驾驶人和乘客造成损害。汽车噪声不仅会破坏环境的安静,使人心情不安、烦躁、疲倦和工作效率降低,而且还会损害人体健康,造成某些疾病,如听力下降,甚至噪声性耳聋等。噪声的强度越大,频率越高、作用时间越长、个人耐力越脆弱,危害后果就越严重。据统计,当环境噪声大于45dB时,人会感到明显不适;当噪声达到 60~80dB 时,会影响睡眠;当噪声超过90dB时,就会对身体产生伤害。而汽车噪声强度一般可达 60~90dB,所以汽车噪声是一种环境污染。

汽车噪声主要包括发动机噪声、传动系统的噪声、轮胎噪声和喇叭噪声等。

1. 发动机噪声

发动机噪声主要包括燃烧噪声、机械噪声、进排气噪声和风扇噪声等。燃烧噪声是可燃混合气燃烧时产生的气体压力作用于活塞、连杆、曲轴、缸体及汽缸盖等引起发动机壳体表面振动而辐射出来的噪声;机械噪声是发动机零部件作往复运动和旋转运动产生的周期性作用力,使零部件产生弹性变形导致发动机壳体表面振动所引起的噪声;进排气噪声是由于发动机在进、排气过程中的气体压力波动和气体流动所引起的振动而产生的噪声;风噪声是冷却系统风扇或风冷发动机风机产生的空气动力噪声。

2. 传动系统噪声

传动系统噪声包括变速器噪声、传动轴噪声及驱动桥噪声。变速器噪声主要是因齿轮振动引起的噪声,以及轴承运转、润滑油搅拌、发动机振动传至变速器壳体而辐射的噪声等;传动轴噪声主要表现为汽车行驶过程中传动轴发出的周期型响声,主要由于传动轴变形、轴承松动及装配不良等原因造成的;当驱动桥齿轮齿隙调整不当、齿轮装配不当、轴承调整不当时,会产生较大声响。

3. 制动噪声

制动噪声是汽车制动过程中由制动器摩擦副之间的摩擦而产生的一种刺耳的高频噪声。其噪声强弱取决于制动蹄摩擦片长度方向上的压力分布规律,还受到制动系统及零部件刚度的影响。制动噪声通常发生在制动蹄摩擦片端部和根部与制动鼓接触的位置,在制动器由热态转为冷态时较为明显。鼓式制动器比盘式制动器产生的制动噪声稍大。

4. 轮胎噪声

轮胎噪声是由于弹性车轮在道路上行驶时,封闭于轮胎花纹内或路面凹坑内的空气受到周期性的挤压和释放而产生的。影响轮胎噪声的因素主要有轮胎花纹、车速及负荷、轮胎气压、轮胎磨损程度和路面状况等。

5. 车身噪声和喇叭噪声

汽车高速行驶时,车身干扰空气在车身表面形成空气涡流分离现象,车身前、后和上、下产生压差,同时车身表面与空气间产生摩擦,因而导致车身噪声的产生,身噪声的强弱与汽车车身的形状和表面状况有关,且车速越高,其车身噪声越强。

喇叭噪声在按动汽车喇叭时产生,其声压级为 90～115dB。

汽车为移动性噪声源,其噪声影响范围很大,干扰时间长,因而受害人员也较多,另外,车内噪声过大还会影响驾驶人的正常操作而诱发汽车交通事故。因此,对汽车的噪声应根据国家标准进行检测与控制。

二、汽车噪声的检测标准

1. 噪声的评价指标

声音是物体振动在周围空气中传播的一种波,可用高低、强弱、响度和音色等指标表示。噪声是一种声波,具有一切声波运动的特点和性质。声音的强弱取决于声波的压力,单位为 Pa。而声压是指声波作用于大气,使大气压强发生变动的变动量。正常人耳能听到的最弱声音的声压(听阈)和能使人耳感到疼痛的声压大小之间相差 100 多万倍,表达与应用极不方便。把听阈声压(2×10^{-5})作为基准声压,以实际声压与基准声压比值的对数——分贝数(dB)作为表示声音强弱的单位,称为声压级,它是表示声音强弱的物理量。声压级定义为

$$L_\mathrm{p} = 20\lg \frac{p}{p_0} \tag{4-22}$$

式中:L_p——声压级,dB;

p——实际声压,Pa;

p_0——基准声压,即听阈声压,$P_0 = 2 \times 10^{-5}$Pa。

当引入声压级这一概念后,就把可闻声压百万倍的变化范围变成从 0～120 dB 的变化范围,这样就显著地减少了数量级。在噪声测量中,通常是测定噪声的声压级。而且用声压级测定的声音强弱与人耳的主观感受往往不一样,这说明主观感受与客观反应加以统一,否则无法对噪声作出有效的评价。

因而,对噪声的评价常采用下列与人耳主观感受相适应的指标。

1) 响度与响度级

声调的高低取决于声音的频率。频率越高,声调越高;频率越低,声调越低。人耳可听到的声音频率范围为 16～20000Hz。通常,感到声调高的频率范围为 2000～4000Hz,而感到声调低的频率范围为 200Hz 以下。响度是指人耳主观感受的声音的强弱程度。响度的大小主要决定于声强,也与声音的频率有关。因此,声音的响度是声压级和频率的函数。表示响度级时,用"方"作单位。"方"是 1000Hz 纯音的声压级数值作为其响度级数值,若其他频率的声音响度与 1000Hz 的纯音响度相同,则把 1000Hz 的响度级当作该频率的响度级。

声压级与响度级间的关系曲线即等响曲线,如图 4-50 所示。可以看出,人的听觉对频率为 1000Hz 声音的响度级(方)和声压级(dB)相同。

2) 计权网络

不同频率的声音,即使响度相同,声压也不同。由于汽车噪声不是纯声,而声级计的传声器对声音强弱的计量是声压。因此,为了使检测仪器具有与人的听觉一致的频率反应,在仪器内设计有听觉修正网络,即 A、B、C 三种计权网络,它能对不同频率的声音信号进行不同程度的衰减。A 计权网络是效仿 40Phon 等响曲线设计的,特点是对低频和中频声有较大

的衰减;B 计权网络是效仿 70Phon 等响曲线,通过被测的声音时,低频段有一定的衰减;C 计权网络是效仿 100Phon 等响曲线,任何频率都没有衰减,可以用 C 计权网络测得的读数代表总声压级。

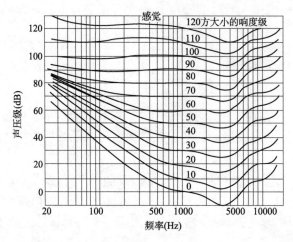

图 4-50 等响曲线

因此,利用声级计检测噪声时,在显示声压级单位的同时,也同时给出了把其修正为响度所用的计权网络,如 dB(A) 表示使用 A 计权网络测量的声压级分贝值,称为 A 计权声级,简称 A 声级(L_A)。

2. 检测标准

汽车噪声检测标准分为车外噪声标准、车内噪声标准以及汽车喇叭标准。而车外噪声标准包括汽车定置噪声标准和汽车加速行驶噪声标准;车内噪声标准包括客车车内噪声标准和驾驶人耳旁噪声标准。

1) 车外噪声标准

(1) 汽车加速行驶噪声标准。

根据《汽车加速行驶车外噪声限值及测量方法》(GB 1495—2002) 的规定,车外最大允许噪声级不应超过表 4-12 所示的规定。它是机动车辆产品的噪声标准,同时也是城市机动车辆噪声检查的依据。各类机动车辆(包括汽车、摩托车、轮式拖拉机)行驶时,车外最大允许噪声级应符合表 4-12 的规定,对于各类变形车或改装车(消防车除外)加速行驶的车外最大允许噪声级,应符合基本车型噪声的规定。

汽车加速行驶车外噪声限值　　　　　　表 4-12

汽车分类		噪声限值(dB(A))	
		第一阶段	第二阶段
		2002 年 10 月 1 日~2004 年 12 月 30 日期间生产的汽车	2005 年 1 月 1 日以后生产的汽车
M_1		77	74
M_2(GVM≤3.5t),或 N_1(GVM≤3.5t)	GVM≤2t	78	76
	2t<GVM≤3.5t	79	77

续上表

汽 车 分 类		噪声限值(dB(A))	
		第一阶段	第二阶段
		2002年10月1日~2004年12月30日期间生产的汽车	2005年1月1日以后生产的汽车
M_2($3.5t < GVM \leq 5t$),或 M_3($GVM > 5t$)	$P < 150kW$	82	80
	$P \geq 150kW$	85	83
N_2($3.5t < GVM \leq 12t$)或 N_3($GVM > 12t$)	$P < 75kW$	83	81
	$75kW \leq P < 150kW$	86	83
	$P \geq 150kW$	88	84

表 4-12 中规定的限值,一些情况下允许适当增加,即

①M_1,M_2($GVM \leq 3.5t$)和 N_1 类汽车装用直喷式柴油机时,其限值增加 1dB(A)。

②对于越野汽车,其 $GVM > 2t$ 时:如果 $P < 150kW$,其限值增加 1dB(A);如果 $P \geq 150kW$,其限值增加 2dB(A)。

③M_1 类汽车,若其变速器前进挡多于四个,$P > 140kW$,P/GVM 之比大于 75kW/t,并且用第 3 挡测试时,其尾端出线的速度大于 61km/h,则其限值增加 1dB(A)。

(2)汽车定置噪声标准。

定置噪声指车辆不行驶,发动机空载运转状态下的排气噪声和发动机噪声。在用车辆处于定置工况下的噪声应根据《汽车定置噪声限值》(GB 16170—1996)的规定,不超过表4-13所示的限值。

汽车定置噪声限值   表 4-13

车 辆 类 型	燃 料 种 类		车辆出厂日期	
			1998年1月1日以前	1998年1月1日及以后
轿车	汽油		87	85
微型客车、货车	汽油		90	88
轻型客车、货车、越野车	汽油	发动机额定转速 $n_0 \leq 4300r/min$	94	92
		发动机额定转速 $n_0 > 4300r/min$	97	95
	柴油		100	98
中型客车、货车、大型客车	汽油		97	95
	柴油		103	101
重型货车	发动机额定功率 $P \leq 147kW$		101	99
	发动机额定功率 $P > 147kW$		105	103

2)车内噪声标准

(1)客车车内噪声标准。《机动车运行安全技术条件》(GB 7258—2017)规定,客车以 50km/h 的速度匀速行驶时,客车车内噪声的声级不应大于 79dB(A)。

(2)驾驶人耳旁噪声标准。《机动车运行安全技术条件》(GB 7258—2017)规定,汽车驾

驶人耳旁噪声声级应不大于90dB(A)。

3)汽车喇叭检测标准

从避免噪声对环境污染的方面来看,汽车喇叭声级越低越好,但是从保证行车安全的角度出发,汽车的喇叭必须有一定的响度。因此,根据《机动车运行安全技术条件》(GB 7258—2017)的要求:机动车喇叭必须具有连续发声的功能,其工作应可靠;机动车喇叭声级在距车前2m、离地1.2m处测量时,其值对发动机最大净功率为7kW以下的摩托车及轻便摩托车为80~112dB(A),对其他机动车为90~115dB(A)。

三、汽车噪声测试仪器及检测方法

1. 汽车噪声测试仪器

汽车噪声的检测仪器有声级计、频率分析仪和电平记录仪等,通常主要有声级计和频率分析仪两种。

1)声级计

(1)声级计组成及各部件的作用。

声级计是最基本的测量噪声的仪器,它能够模拟人耳听觉的特性,测出汽车发出的噪声和喇叭声音的强度。声级计一般由传声器、放大器、衰减器、听觉修正计权网络、检波器、指示仪表和校准装置等构成。各组成部分的作用如下:

①传声器。又称话筒,是声级计的传感器,其作用是把噪声信号转变为电信号。常见的传声器有晶体式、驻极式、动圈式和电容式多种。其中电容式传声器是声学测量中比较理想的传声器,它具有动态范围大、频率响应特性好、灵敏度高和在一般测量环境中稳定性好等优点,因而应用广泛。

②放大器。放大器的作用是将传声器输出的微弱电压信号放大,在声频范围内放大器应具有平直的放大特性、较低的固有噪声和良好的稳定性,以满足检测的需求。

③衰减器。衰减器的作用是调整输入信号和输出信号的幅度,以控制指示仪表获得适当的指示值。

④计权网络。计权网络是把电信号修正为听感近似值的网络,其作用是使仪器检测噪声的频率特性更接近人耳的听觉特性。声级计设有A、B、C三种标准的计权网络。

⑤检波器。检波器的作用是将迅速变化的声音频率交流信号转换成变化较慢的直流电压信号,以便于仪表指示。

⑥指示仪表。指示仪表的作用是直接显示噪声级的分贝值,可用数字显示或指针指示。

声级计面板上通常还具备外接滤波器、示波器、记录仪等的插孔,以便对噪声作进一步分析。有的声级计内还装有倍频滤波器,以便在现场对噪声直接作频谱分析,声级计的结构原理如图4-51所示。

(2)声级计的分类。

根据所用电源的不同,声级计可分为交流式和直流式(干电池)两种。其中直流干电池式声级计因体积小、质量轻、操作携带方便,应用比较广泛。

声级计按灵敏度又可分为普通声级计、精密声级计以及用于脉冲噪声测量的精密声级计。其中,普通声级计测量传声器要求不太高,动态范围及频率响应平直范围较窄,一般不与带通滤波器配合使用;精密声级计能与各种带通滤波器配合使用,其测量传声器一般都是用频率响应宽、灵敏度高、指向性和稳定性好的电容传声器,它的放大器的输出可以和数据采集设备连接进行显示或加以储存;用于脉冲噪声测量的精密声级计,可测定脉冲噪声的峰值、最大均方根值等参数。

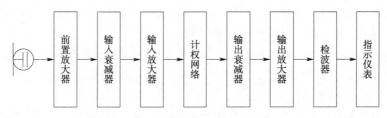

图 4-51 声级计结构原理框图

(3)声级计的工作原理。

电容式声级计传感器主要由金属膜片和金属电极构成。金属膜片与金属电极构成平板电容的两个极板,膜片受到声压作用后变形,使两极板距离发生变化,电容值发生变化,从而产生交变电压,交变电压波形与声压级波形形成比例,从而也就把声压信号转变为电信号。

从声级计传感器输出的电信号,经前置放大器放大后,输入到听觉修正计权网络。通过计权网络测得的声压级,已是经过听感修正的声压级,称为计权声级,再经输出衰减器及放大器将信号放大到一定的幅度,最后经有效值检波器进入指示仪表,从表头得到相应的声级读数。

利用声级计检测噪声时,应根据被测噪声的性质和特点选择声级计的"快"挡或"慢"挡。声级计的快挡的平均时间为 0.27s,比较接近人耳听觉的生理平均时间;而慢挡平均时间为 1.05s。当对稳态噪声进行测量或需要记录声级变化过程时,使用"快挡"较为合适;当被测噪声的波动比较大时,使用慢挡比较合适。

也可以通过如图 4-52 所示的声级计 A、B、C 计权网络频率响应特性,根据声级计 A、B、C 三挡对同一声源测量所得的读数,大致估计出所测噪声的频谱特性。

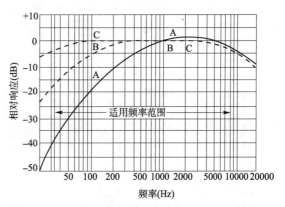

图 4-52 声级计 A、B、C 计权网络的频率响应特性

若 $L_A = L_B = L_C$,则表明噪声中的高频成分较突出;若 $L_B = L_C > L_A$,则表明中频成分略强;若 $L_C > L_B > L_A$,则表明噪声呈低频特性。

(4)声级计的使用方法。

检测汽车噪声时,其测试条件、测点位置和测试方法应严格按照有关标准的相关规定进行。在检测过程中,应按使用说明书的要求正确使用声级计,一般应注意以下几种情况:

①回零和校准。回零即是在未接通电源前,检查仪表指针是否在零点,若不在零点,则应用零点调整螺钉调至零点;校准指每次测量前或使用一段时间后,应按照使用说明书的要求对仪器的电路和声级计传感器进行校准,若不正常则应调节微调电位器,将其调至正常。

②预热。仪器使用前应预热5~10min。

③选择量程开关。声级计的测量范围一般有35~80dB、60~105dB和85~130dB三挡。测量前,应根据被测声音强弱将量程开关置于适当位置。如无法估计其大小,应先将量程开关置于最高挡。

④选择时间计权开关。根据所测音响的波动情况,选择时间计权开关的位置。测喇叭声级和车外加速噪声时,应将时间计权开关拨到"F"(快)挡。

⑤选择读/保持开关。一般测量时,将此开关置于"5秒"。测量喇叭声级时,为测出喇叭发出的最大声响,可用"保持挡",此时按一下复位按钮,仪器即工作在最大值保持状态,显示值为仪器复位以来所测声级的最大值。

⑥复位。在测量中,改变任何开关位置都必须按一下复位按钮,以排除开关换挡时可能引起的干扰。

⑦其他注意事项。勿使声级计受到冲击、振动;将其放置于通风、干燥处,并避免阳光直射;声级计传输器、引线是与原仪器配套的,不要与其他仪器交换使用;电池式声级计在不使用时,应把干电池取出。

2) 频率分析仪

汽车噪声是由大量的不同频率的声音复合而成的,为了分析产生噪声的原因,需对噪声进行频谱分析。

所谓频谱分析就是应用数学原理(傅里叶变换),将原来由时间域表征的动态参数转换为由频率域表征。滤波器是实现这一转换的最基本的装置,使用它可以分离出噪声信号所包含的不同频率的分量,使用记录器测量结果。一般情况下,根据测量结果,以声压级为纵坐标,频率为横坐标作出的噪声曲线称为噪声的频谱图,它是用来在频域上描述声音强弱的变化规律的。

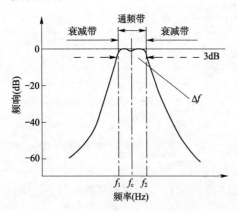

图4-53 带通滤波器响应曲线

用来测定噪声频谱的仪器称为频率分析仪或频谱仪。频率分析仪主要由滤波器、测量放大器和指示装置等组成。在检测过程中,噪声信号经过一组滤波器,逐一分离出被测信号所含有的不同频率分量,并由测量放大器将其幅值放大,然后由指示装置直接显示测量结果或绘制频谱图。

应用在频率分析中的滤波器称为带通滤波器,其特性曲线如图4-53所示。

图中f_c称为带通滤波器的中心频率,f_1和f_2分别称为带通滤波器的频率下限和上限。定义$B = f_2 - f_1$为带通滤波器的带宽,频带$f_2 - f_1$称为通频带,f_1以下或f_2以上的频带称为衰减带。滤波器让通频带范围的声音通过,而将衰减带范围的声音进行衰减。

为了能在一个相当宽的频率域中进行频率分析,需要许多中心频率不同的带通滤波器。带通滤波器在频率域上的位置用中心频率f_c表示,中心频率f_c为两截止频率的几何平均值,即

$$f_c = (f_1 - f_2)^{\frac{1}{2}} \qquad (4\text{-}23)$$

频带的上限频率 f_2 与下限频率 f_1 之间有下列的关系

$$\frac{f_2}{f_1} = 2^n \qquad (4\text{-}24)$$

式中：n ——倍频带数或倍频程数。

在汽车噪声的测量中，常采用 $n=1$ 时的倍频带和 $n=1/3$ 时的 1/3 倍频带。n 数越小，频带分的越细。1/3 倍的频带是把 1 个倍频带再分为 3 份，使频带宽度更窄。

频率分析仪的频率分辨率是由滤波器带宽决定的。带宽越窄，将噪声信号频率成分分解得越细，分辨率就越高。

某汽油车在相同条件下分别使用倍频程滤波器和 1/3 倍频程滤波器测得的排气噪声频谱图分别如图 4-54 和图 4-55 所示。

由图 4-54 和图 4-55 可知，当使用倍频程时，只能看出大概的趋势，而用 1/3 倍频程时，可以分辨出细致的频率波峰。可见，使用 1/3 倍频程滤波器进行噪声检测，其测量结果更为准确和全面。频谱仪测得的不同排量发动机轿车加速行驶的噪声频谱图如图 4-56 所示。

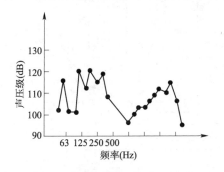

图 4-54 使用倍频程滤波器测得的汽车排气噪声频谱曲线

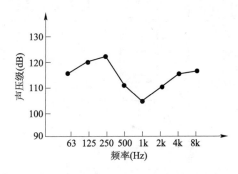

图 4-55 使用 1/3 倍频程滤波器测得的汽车排气噪声频谱图

由图 4-56 可以看出，汽车加速行驶噪声是宽频带噪声，低、中频段噪声级较高，其原因是各声源（尤其是进排气系统）的中、低频噪声都有较高的声级。

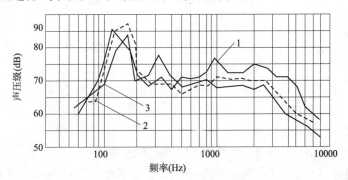

图 4-56 轿车加速行驶的噪声频谱
1-排量 1.1L；2-排量 1.5L；3-排量 1.7L

利用频率分析仪，可以了解噪声的频率成分和各频率噪声的强弱，可为汽车噪声故障的诊断提供依据，而且可以做到有针对性的控制和消除噪声。

2. 汽车噪声的检测方法

汽车噪声的检测方法分为车外噪声检测方法和车内噪声检测方法。

汽车噪声由多种声源组成的,其影响因素很多,对于同一车辆,使用条件不同,噪声也不同。因而,用某一特定状态来模拟汽车发出的噪声是比较困难的。因此,只能从汽车使用中的某一工况进行噪声的检测。

1) 车外噪声检测方法

(1) 汽车定置定噪声的检测。

汽车定置噪声是指车辆不行驶、发动机处于空载运行状态时的噪声。汽车定置噪声的测量按《声学　机动车辆定置噪声测量方法》(GB/T 14365—1993) 的规定进行。

车辆位于测量场地的中央,变速器挂空挡,拉紧驻车制动器操纵杆,离合器接合。发动机罩、车窗与车门应关上,车辆的空调及其他辅助装置应关闭。测量时,发动机出水温度、油温应符合生产厂的规定。排气噪声的测量时声级计传声器的位置如图 4-57 所示。

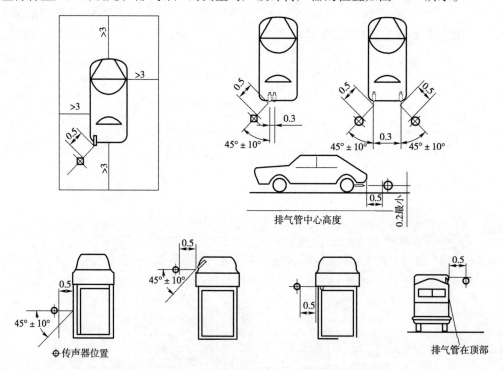

图 4-57　排气噪声检测的测量场地和传声器位置(单位:m)

排气噪声的测量方法:

①将车辆置于测量场地中央。

②将声级计传声器按图 4-57 所示的规定测点位置放置。

③传声器与排气口端等高,在任何情况下距地面不得小于 0.2m;传声器的参考轴应与地面平行,并和通过排气口气流方向且垂直地面的平面成 45°±10° 的夹角;如图 4-57 所示,传声器朝向排气口,距排气口端 0.5m,放在车辆的外侧。

④对排气管垂直向上的车辆,传声器放置高度应与排气管口等高,传声器朝上,其参考轴应垂直地面,传声器应放在离排气管较近的车辆的一侧,并距排气口端 0.5m。

⑤将发动机稳定在 3/4 的额定转速,测量由稳定转速尽快减速到怠速过程的最高声级。测量时使用声级计的 A 计权网络并选择快挡,每个测点都要重复测量,直到连续出现 3 个读数变化范围在 2dB(A)之内为止,并取其算术平均值作为测量结果。

⑥若汽车装有多个排气管,并且各排气管的间隔又大于 0.3m,则应对每一个排气管分别测量,并记录其最高声级。

发动机噪声测量时传声器的布置如图 4-58 所示,检测步骤如下:

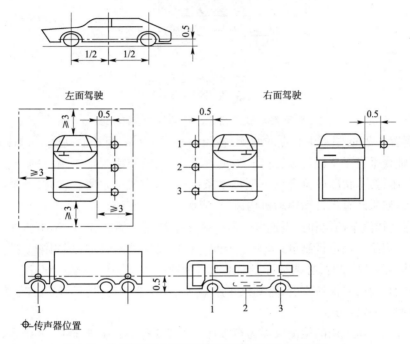

图 4-58 汽车定置发动机噪声测量场地和传声器位置(单位:m)
1-前置发动机;2-中置发动机;3-后置发动机

①首先将车辆置于测量场地中央。

②将声级计传声器按图 4-58 所示的规定测点放置,传声器测点位置应随发动机在车上的布置不同而变化。

③将发动机从怠速尽可能快速地加速到 3/4 的额定转速,并保持必要长的时间,测量该过程中的最高声级。

④测量时使用声级计的 A 计权网络并选择快挡,每个测点都要重复测量,直到连续出现 3 个读数变化范围在 2dB(A)之内为止,取其算术平均值作为测量结果。

(2)汽车加速行驶噪声的测量。

测量场地应平坦空旷,在测量中心半径为 50m 范围内不应有大的反射物;试验场地跑道应具有 20m 以上的平直、干燥的沥青或混凝土路面,路面坡度不得超过 0.5%;试验场地的本底噪声(包括风噪声)应比被测车辆的噪声至少低 10dB,并保证测量不被偶然的其他声源所干扰;测量在良好的天气条件下进行,测量时声级计传声器高度位置测量的风速不应超过 5m/s;声级计附近除测量者外,不应有其他人员,若不可缺少时,则必须在测量者背后,如图 4-59 所示。

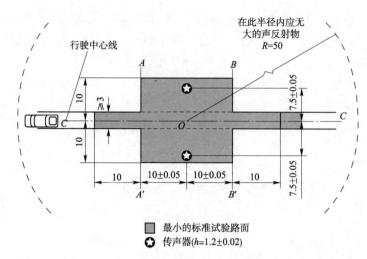

图4-59 测量场地和测量区及传声器的布置(单位:m)

传声器置于20m跑道中心点的两侧,各距中心线7.5m、距地面高度1.2m,传声器平行于地面,其轴线垂直于车辆行驶方向。被测汽车应空载;装用规定轮胎,轮胎气压达到厂定空载状态气压;技术状况应符合该车型技术条件;有两个或更多驱动轴时,测量时应为常用的驱动方式;如果装有带自动驱动机构风扇,应保持其自动工作状态。

按规定选择汽车挡位和接近速度。对于装用手动变速器的M_1和N_1类汽车不多于4个前进挡时,应用第二挡进行测量;多于4个前进挡的变速器时,应分别用第二挡和第三挡进行测量。其接近AA'线时,必须尽可能地迅速将加速踏板踩到底加速行驶,汽车沿测量区中心线直线加速行驶,并保持不变,直到汽车尾端通过BB'线时再尽快地松开加速踏板。

2)车内噪声检测方法

检测噪声时,所采用的检测仪器为声级计。若需进行频谱分析,则需采用频率分析仪。

(1)客车车内噪声的测量方法。

①测量条件。测量跑道应是有足够长度的平直、干燥的沥青路面或混凝土路面;测量时的风速相对于地面应不大于3m/s;测量时车辆门窗应关闭,车内其他辅助设备若是噪声源,测量时是否开动,应按正常使用情况而定;车内本底噪声比所测车内噪声至少低10dB,并保证测量不被偶然的其他声源所干扰;车内除驾驶人和测量人员外,不应有其他人员。

②测量位置。客车室内噪声测点可选择在车厢中部及最后一排座位的中间位置,通常在人耳附近布置测点,传声器朝向车辆前进方向,如图4-60所示。

③测量方法。确定车内噪声测点。客车室内噪声测点可选在车厢中部及最后一排座位的中间位置,其高度通常在人耳附近,传感器朝向车辆前进方向。

④使车辆以常用挡位、保持50km/h的车速匀速行驶。用声级计测量A计权网络声级的数值。

(2)驾驶人耳旁噪声测量。机动车驾驶人耳旁噪声测量可按《机动车运行安全技术条件》(GB 7258—2017)的规定执行。

①检测基本条件。噪声测量仪器应采用精密声级计;发动机转速表的准确度在±2%以内;环境噪声应低于被测噪声值至少10dB(A)。

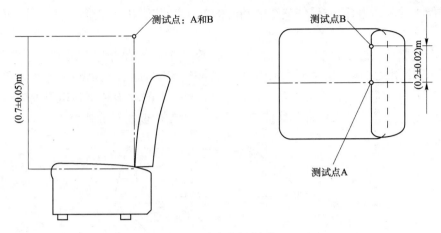

图 4-60 车内噪声测点位置
A-未占用的座位；B-驾驶人座位

②汽车空载，门窗紧闭。
③按照图 4-60 所示，在驾驶人座位确定噪声测量点及安装传声器。
④汽车处于静止状态，变速器置于空挡，使发动机处于额定转速运转。
⑤将声级计置于 A 计权，"快"挡进行测量，读取声级计的读数，即耳旁噪声级。

3）汽车喇叭声级的检测

为了使汽车喇叭起到警示功能，喇叭声不能过低；但为了减小喇叭噪声对城市环境的影响，喇叭声又不能过高。因此，应适当控制汽车喇叭声级。

汽车喇叭声级的测点位置如图 4-61 所示，应将声级计置于距汽车前 2m，离地高 1.2m 处。传声器朝向汽车，轴线与汽车纵轴线平行，且声级计置于 A 计权。快挡，测得的喇叭声级应在 90～115dB（A）的范围内。

检测时应注意不被偶然的其他声源峰值所干扰。测量次数 2 次以上，并监听喇叭声音是否悦耳。

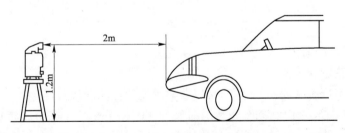

图 4-61 汽车喇叭声级的测量点的位置

第五节 汽车电子控制防滑转系统的检测与诊断

驱动力控制系统（Traction Control System，TCS 或 TRC），又称驱动轮防滑转调节系统（Anti-Slip Regulation，ASR），它是继防抱死制动系统（ABS）之后，设置在汽车上专门用来防止驱动轮起步、加速和在湿滑路面行驶时防止驱动轮滑转的电子驱动力调节系统。它可以在驱动状态下，通过计算机帮助驾驶人实现对车轮运动方式的控制，以便在汽车的驱动轮上获得尽可能大的驱动力,同时保持汽车驱动时的方向控制能力,改善燃油经济性,减少轮胎磨损。

在汽车的驱动状态下,汽车的受力如图4-62所示,其中G是作用在汽车质心的重力,F_{z1}和F_{z2}是相应作用在车轮上的地面支承力,F_j因改变汽车运动状态(加速)而作用在质心上的惯性力,M_t和F_t则分别是发动机经传动系统传到驱动轮上的驱动转矩和相应地面作用在车轮边缘的驱动力。其中只有地面的摩擦力F_t是推动汽车向前行驶的外力。

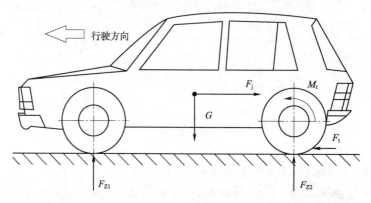

图4-62　汽车驱动状态的受力

在汽车行驶的过程中,时常会出现车轮转动而车身不动,或者汽车的移动速度低于驱动轮轮缘速度的情况,此种情况即出现了轮胎接地点与地面之间的相对滑动,这种滑动称为驱动轮的"滑转",以区别于汽车制动时车轮抱死而产生的车轮"滑移"。驱动车轮的滑转,同样会使车轮与地面的纵向附着力下降,从而使得驱动轮上可获得的极限驱动力减小,最终导致汽车的起步、加速性能和在湿滑路面上的通过性能下降。同时,还会由于横向摩擦系数几乎完全丧失,使驱动轮上出现横向滑动,随之产生汽车行驶过程中的方向失控。

与ABS相似,驱动防滑转控制系统仍然以滑动率作为控制目标,由于后者只需对驱动轮进行控制,故此时滑动率的表达式可写为

$$S = \frac{U_L - U_a}{U_L} \tag{4-25}$$

式中:S——驱动滑动率;

U_L——驱动轮轮缘速度;

U_a——汽车车身速度,实际应用时常以非驱动轮轮缘速度代替。

当车身未动($U_a=0$)而驱动车轮转动时,$S=100\%$,车轮处于完全滑转状态;当$U_L=U_a$时,$S=0$,驱动车轮处于纯滚动状态。ASR的电子控制器可以根据各车轮上的转速传感器信号,适时计算出各车轮的滑动率S。当S值超过预先设定的界限值时,电子控制器就会向ASR执行装置输出控制信号,抑制或消除驱动车轮上的滑转。

一、TRC的组成及功用

TRC的组成如图4-63所示,包括传感器、控制器和执行机构三大部分。

1. 传感器

TRC传感器包括车轮转速传感器和节气门位置传感器。轮速传感器与ABS共用,装在

四个车轮上,它的作用是检测车轮转速,并将信号输给 ABS\TRC ECU;节气门位置传感器有主、副之分,主节气门传感器位于节气门体上,与发动机燃油喷射系统共用,副节气门传感器位于主节气门前方,它们的作用是检测主、副节气门开度的大小,并将信号输给发动机和变速器 ECU 后送到 ABS\TRC ECU。

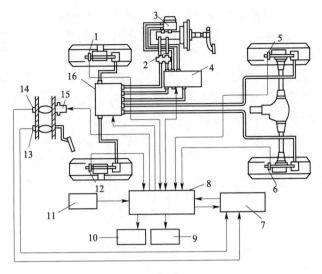

图 4-63 TRC 的组成

1-前轮速度传感器;2-比例旁通阀;3-制动主缸;4- TRC 制动执行器;5-后轮速度传感器;6-后轮速度传感器;7-发动机和变速器 ECU;8- ABS 和 TRC ECU;9- TRC OFF 指示灯;10-TRC 指示灯;11- TRC 切断开关;12-前轮速度传感器;13-主节气门位置传感器;14-副节气门位置传感器;15-副节气门执行器;16- ABS 执行器

2. 控制器

TRC 控制器与 ABS 控制器组合在一起,称 ABS\TRC ECU。它集制动防抱死滑移和驱动防滑转控制功能于一体,有三个 8 位微处理器,其间通过一个串行缓冲寄存器进行通信。它用于接收各个传感器输入的信号和接收制动主缸储液室中液位开关、TRC 制动供能总成中压力开关送入的监控信号,以及发动机和变速器 ECU 输入的主、副节气门位置信号,并对这些信号进行计算、分析和处理,然后向执行器发出指令让其运作以达到防滑控制的目的。

3. 执行器

TRC 执行器有三个隔离电磁阀和 TRC 制动供能总成,以及控制副节气门的步进电动机等。

隔离电磁阀总成主要由三个二位二通隔离电磁阀组成,即制动主缸隔离电磁阀、储能器隔离电磁阀和储液器隔离电磁阀。该装置通过管路与制动主缸、制动压力调节器、TRC 制动供能总成相连。在驱动防滑未介入时,三个电磁阀均不通电。此时,制动主缸隔离电磁阀处于流通状态,接通制动主缸至制动压力调节器中后轮调压电磁阀的油液回路;蓄能器隔离电磁阀处于关闭状态,使 TRC 制动功能总成至制动压力调节器中后轮调压电磁阀的油路切断;储液器隔离电磁阀也处于关闭状态,使制动压力调节器中后轮调压电磁阀、储液器至制动主缸的油路封闭。

当 TRC 工作时,三个隔离电磁阀在 ECU 控制下全部通电。此时,制动主缸隔离电磁阀处于关闭状态,以防止油液流回主缸;蓄能器隔离电磁阀处于流通状态,将蓄能器升压后的制动液通过电磁阀送到后轮轮缸;储液器隔离电磁阀也处于流通状态,以便将储液器及轮缸中的制动液送回到主缸中。

TRC供能总成主要由电动供液泵、蓄能器和压力开关组成。该装置通过管路与制动主缸和TRC隔离电磁阀总成相连。电动供液泵为一个电动机驱动的柱塞泵,它将制动液从主缸储液室中泵入蓄能器,使蓄能器中制动压力升高并保持在一定范围内,以便为驱动防滑转制动介入时提供可靠的制动能源。压力开关装在TRC隔离电磁阀总成旁,它的信号送入ECU后,用于控制TRC电动供液泵的运转。

副节气门装置设在节气门总成上,位于主节气门前方,它的作用是在驱动防滑控制过程中调节副节气门的开度,调整发动机进气量,以达到控制发动机输出转矩的目的。它是由步进电动机根据ABS\TRC ECU的指令进行控制的。当步进电动机不通电时,副节气门处于全开位置,发动机进气量完全由驾驶人通过操纵主节气门开度控制;在TRC工作时,ECU指令步进电动机通电,通过其转轴末端的齿轮带动副节气门旋转,以控制副节气门的开度,实现进气量的自动调整,从而控制发动机的输出转矩。

二、驱动防滑转系统故障检测的一般步骤

TRC故障诊断的一般步骤如下:

(1)对TRC进行初步检查。

(2)确认故障情况和故障症状。

(3)利用专用检测仪器或人工法读取TRC系统自诊断的故障情况,初步确定故障部位。

(4)根据读解的故障信息,利用必要工具如检测盒、万用表等对故障部位进行深入的快速检查,确诊故障的部位和故障原因。

(5)排除故障。

(6)TRC故障排除后,进行故障信息的删除步骤,否则,尽管TRC故障排除,且系统恢复正常,但TRC、ECU存储器仍然记忆着原故障情况。

(7)检查TRC故障指示灯是否仍然持续点亮,如果指示灯仍然持续点亮,则说明TRC中仍有故障存在,或故障已经排除,而故障信息未被删除,应继续排除故障或重新删除故障信息。

(8)当TRC故障指示灯不再点亮后,进行路试,确认TRC恢复正常。

三、驱动防滑转系统故障的自诊断

当电子控制驱动防滑转系统出现故障时,其自诊断系统对故障进行记忆,仪表板上的"TRC OFF"指示闪亮,此时,可通过连接跨接线的方法,对系统进行故障自诊断。

1. 读取TRC故障码

(1)接通点火开关,用跨接线连接TDCL或检查用插接器的端子T_C和E_1,如图4-64所示。

(2)根据组合仪表"TRC OFF"指示灯的闪

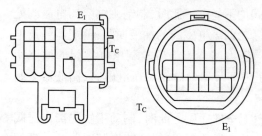

图4-64 检查用插接器和TDCL

烁方式读取故障码,如图4-65所示。故障码用两位数字表示,短接检查连接器4s后,指示灯灭,并显示故障码。首先显示故障码的十位数,每次闪烁持续0.5s,熄灭0.5s,十位数显示完后,指示灯熄灭1.5s。之后显示个位数,两故障码间指示灯熄灭2.5s,若同时有两个或两个以上故障码,则小数字号码优先显示。TRC故障码的含义见表4-14。

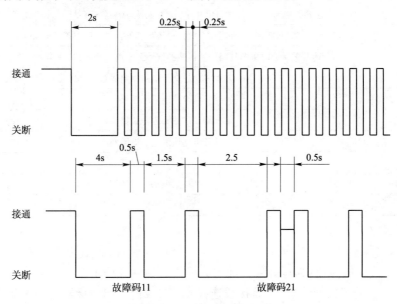

图4-65 读取故障码图

TRC 故 障 码 表　　　　　　　　　　　　　　　　表 4-14

故 障 码	故 障 诊 断
11	TRC 制动主继电器电路断路
12	TRC 制动主继电器电路短路
13	TRC 节气门继电器断路
14	TRC 节气门继电器短路
15	长时间向 TRC 电动机供电
16	压力开关电路断路
17	压力开关一直关断
19	TRC 电动机开关次数多
21	制动主缸关断电磁阀电路断路或短路
22	蓄压器关断电磁阀电路断路或短路
23	储油罐关断电磁阀电路断路或短路
24	副节气门执行机构电路断路或短路
25	步进电动机达不到 ECU 控制预定的位置
26	ECU 控制副节气门全开但副节气门不动
27	当停止向步进电动机供电时副节气门未能达到全开位置

续上表

故障码	故障诊断
44	TRC 工作时 NE 信号未送入 ECU
45	当急速开关关断时主节气门位置传感器信号大于或等于 1.5V
46	当急速开关接通时,主节气门位置传感器信号大于或等于 4.3V 或小于或等于 0.2V
47	当急速开关关断时副节气门位置传感器信号大于或等于 1.45V
48	当急速开关接通时副节气门位置传感器信号大于或等于 4.3V 或小于或等于 0.2V
49	发动机信息交换电路断路或短路
51	发动机控制系统有故障
52	制动油面警告开关接通
54	TRC 电动机继电器电路断路
55	TRC 电动机电路短路
56	TRC 泵电动机闭锁
TRC 灯常亮	ECU 故障

2. 清除故障码

通过读取故障码并全部排除故障后,应清除故障码。否则,故障码将一直存储于系统中,当汽车再次发生故障读取故障码时,此次故障码也会一并读出。

(1)点火开关处于接通位置,用跨接线连接 TDCL 或检查用插接器的端子 T_C 和 E_1 应处于短接状态,在 3s 内将制动踏板踏下不少于 8 次,即可清除故障码。

(2)检查"TRC OFF"指示灯,应显示出正常码,表示故障码全部清除。

(3)在 TDCL 或检查用插接器的端子上拆下跨接线。

四、驱动防滑转系统的诊断方法

当读取故障码后,先根据车型在维修手册中查出故障码所代表的故障现象和故障部位,然后根据各故障码对应故障的诊断工艺流程、检查方法,对电路及其电控元件进行检查,诊断排除故障。诊断排除故障时,要严格按照维修手册中的规定方法和步骤进行。

1. 根据故障征兆表诊断故障

当读取故障码时,显示正常码,而 TRC 仍然工作不正常,则说明故障超出 TRC 自诊断的范围,此时应先根据维修手册中提供的故障征兆表进行初步诊断,然后再根据其故障诊断流程进行故障的确诊并排除故障。雷克萨斯 LS400 车型 TRC 故障征兆表见表 4-15。

雷克萨斯 LS400 车型 TRC 故障征兆表　　　　　　　　表 4-15

序号	故障征兆	故障诊断
1	TRC 工作不正常	检查故障码,再次确认输出的是正常码 检查 IG 电源电路 检查液压系统是否漏电 检查车速传感器电路 检查空挡起动开关电路 如以上检查均正常,而问题仍然存在,则应更换 ABS/TRC ECU

续上表

序号	故障征兆	故障诊断
2	TRC 指示灯故障	检查 TRC 指示灯电路 检查 ABS/TRC ECU
3	TRCOFF 指示灯故障	检查 TRCOFF 指示灯电路 检查 ABS/TRC ECU
4	不能进行故障码检验	检查 TRC 指示灯电路 检查诊断电路 检查 ABS/TRC ECU
5	即使在 N 位或 P 位，TRC 泵电动机仍在工作	检查空挡起动开关电路 检查 ABS/TRC ECU

2. 根据 TRC 指示灯诊断故障

在实际应用中，可根据 TRC 故障指示灯及 TRC 关断指示灯的点亮情况进行故障的诊断与排除。雷克萨斯 LS400 TRC 的指示灯故障诊断表见表 4-16。

雷克萨斯 LS400 TRC 指示灯故障诊断表　　　　　　　表 4-16

序号	故障现象	可能原因	
		故障部位	故障类型
1	点火开关置于 ON 位置后，TRC 故障指示灯点亮不到 3s	TRC 故障指示灯或电路	断路或短路
2	TRC 关断指示灯一直亮着	TRC 关断开关或电路	断路或短路
3	点火开关置于 ON 位置后，TRC 关断指示灯点亮不到 3s	TRC 关断指示灯或电路	断路或短路

3. 根据 TRC ECU 端子及电路参数诊断故障

TRC ECU 端子及电路都有规定的测量条件及相应端子参数标准。当 TRC 出现故障时，其测量参数将会发生变化。此时可通过检测工具测量其端子及相应的电路参数，与维修手册中的标准值比较进行故障诊断。故障诊断时，一般可通过插接器检查 TRC 电控系统中各有关电路的电压、电阻或导通情况，然后根据资料提供的故障诊断表诊断其故障部位。

复习题

1. 汽车排放污染物包括哪些？其形成原因是什么？
2. 点燃式发动机汽车排气污染物检测工况和方法是什么？
3. 点燃式发动机排气污染物稳态工况（ASM）的试验循环内容是什么？
4. 怎样判定点燃式发动机排气污染物稳态工况（ASM）试验循环的检测结果？
5. 点燃式发动机排气污染物双怠速检测的方法和步骤是什么？
6. 压燃式发动机自由加速排气烟度检测的试验循环和方法是什么？
7. 压燃式发动机排气污染物检测指标是什么？

8. 汽车前照灯检测项目有哪些?
9. 什么是前照灯的配光特性?目前常见的配光方式有哪些?
10. 引起汽车车速表误差的原因哪些?
11. 车速表误差检测评价的标准是什么?
12. 车速表误差检测原理和方法是什么?
13. 汽车噪声的产生和来源是什么?
14. 汽车噪声检测的项目有哪些?
15. 什么是计权网络?汽车噪声检测为什么选择 A 计权网络?
16. 汽车驱动防滑转系统的组成和功用是什么?
17. 驱动防滑转系统故障检测的一般步骤是什么?
18. 驱动防滑转系统故障检测方法有哪些?

参 考 文 献

[1] 凌永成. 汽车检测诊断技术[M]. 2版. 北京:清华大学出版社,2016.
[2] 陈凡主,尹向阳. 汽车电气系统维修[M]. 2版. 北京:人民交通出版社,2016.
[3] 杨益明,郭彬. 汽车使用性能与检测[M]. 3版. 北京:人民交通出版社,2016.
[4] 刘仲国. 现代汽车检测与故障诊断[M]. 2版. 北京:人民交通出版社,2015.
[5] 陈焕江,崔淑华. 汽车检测与诊断技术[M]. 2版. 北京:人民交通出版社,2015.
[6] 张建俊. 汽车诊断与检测技术[M]. 4版. 北京:人民交通出版社,2015.
[7] 谭本忠. 汽车检测与故障诊断技术[M]. 济南:山东科学技术出版社,2014.
[8] 赵英勋. 汽车检测与故障诊断[M]. 北京:机械工业出版社,2013.
[9] 王志洪,刘成武. 汽车检测诊断与维修[M]. 北京:人民交通出版社,2013.
[10] 司传胜. 现代汽车检测与故障诊断技术[M]. 北京:机械工业出版社,2013.
[11] 赵英勋. 汽车检测与诊断技术[M]. 3版. 北京:机械工业出版社,2012.
[12] 冉广仁. 汽车检测与维修技术[M]. 北京:水利水电出版社,2010.
[13] 戴耀辉,于建国. 汽车检测与故障诊断[M]. 北京:机械工业出版社,2007.

人民交通出版社汽车类本科教材部分书目

书　号	书　名	作　者	定　价	出版时间	课　件
一、"十三五"普通高等教育规划教材					
1. 车辆工程专业					
978-7-114-10437-4	●汽车构造（第六版）上册	史文库、姚为民	48.00	2017.07	
978-7-114-10435-0	●汽车构造（第六版）下册	史文库、姚为民	58.00	2017.07	
978-7-114-13444-9	★汽车发动机原理（第四版）	张志沛	38.00	2017.04	有
978-7-114-09527-6	★汽车排放及控制技术（第二版）	龚金科	28.00	2016.07	有
978-7-114-09749-2	★汽车检测技术与设备（第三版）	方锡邦	25.00	2017.08	有
978-7-114-09545-0	★汽车电子控制技术（第二版）	冯崇毅、鲁植雄、何丹娅	35.00	2016.07	有
978-7-114-09681-5	汽车有限元法（第二版）	谭继锦	25.00	2015.12	有
978-7-114-09493-4	电动汽车（第三版）	胡骅、宋慧	40.00	2012.01	有
978-7-114-09554-2	汽车液压控制系统	王增才	22.00	2012.02	
978-7-114-09636	汽车构造实验教程	阎岩、孙纲	29.00	2012.04	有
978-7-114-11612-4	★汽车理论（第二版）	吴光强	46.00	2014.08	有
978-7-114-10652-1	★汽车设计（第二版）	过学迅、黄妙华、邓亚东	38.00	2013.09	有
978-7-114-09994-6	★汽车制造工艺学（第三版）	韩英淳	38.00	2017.06	有
978-7-114-11157-0	★汽车振动与噪声控制（第二版）	陈南	28.00	2015.07	有
978-7-114-10085-7	汽车车身制造工艺学	钟诗清	27.00	2016.02	有
978-7-114-10056-7	汽车试验技术	何耀华	28.00	2012.11	有
978-7-114-10295-0	汽车专业英语（第二版）	黄韶炯	25.00	2017.06	有
978-7-114-12515-7	汽车安全与法规（第二版）	刘晶郁	35.00	2015.12	有
978-7-114-10547-0	汽车造型	兰巍	36.00	2013.07	有
978-7-114-11136-5	汽车空气动力学	胡兴军	22.00	2014.04	有
978-7-114-09884-0	★专用汽车设计（第二版）	冯晋祥	42.00	2013.07	有
978-7-114-09975-5	汽车车身结构与设计	曹立波	24.00	2017.02	有
978-7-114-11070-2	汽车电器与电子控制技术	周云山	40.00	2016.12	有
978-7-114-12863-9	新能源汽车原理技术与未来	陈丁跃	36.00	2016.05	有
978-7-114-12649-9	汽车油泥模型设计与制作	黄国林	69.00	2016.03	
978-7-114-12261-3	汽车试验学（第二版）	郭应时	32.00	2015.01	有
978-7-114-13454-8	汽车新技术（第二版）	史文库	39.00	2016.12	
2. 汽车服务工程专业					
978-7-114-13643-6	★汽车电子控制技术（第四版）	舒华	48.00	2017.03	有
978-7-114-11616-2	●汽车运用工程（第五版）	许洪国	39.00	2017.06	有
978-7-114-13855-3	★汽车营销学（第二版）	张国方	45.00	2017.06	有
978-7-114-11522-6	★汽车发动机原理（第二版）	颜伏伍	42.00	2016.12	有
978-7-114-11672-8	★汽车事故工程（第三版）	许洪国	36.00	2015.11	有
978-7-114-10630-9	★汽车再生工程（第二版）	储江伟	35.00	2017.06	有
978-7-114-10605-7	汽车维修工程（第二版）	储江伟	48.00	2016.12	有
978-7-114-12636-9	汽车新能源与节能技术（第二版）	邵毅明	36.00	2016.03	有
978-7-114-12173-9	汽车检测与诊断技术（第二版）	陈焕江	45.00	2016.11	有
978-7-114-12543-0	汽车服务工程（第二版）	刘仲国、何效平	45.00	2016.03	有
978-7-114-13739-6	汽车服务工程专业英语（第二版）	于明进	28.00	2017.06	有
978-7-114-10849-5	工程热力学与传热学（第二版）	李岳林	32.00	2017.04	有
978-7-114-10789-4	汽车检测诊断与维修	王志洪	45.00	2013.12	有
978-7-114-10887-7	旧机动车鉴定评估（第二版）	鲁植雄	33.00	2013.12	有
978-7-114-10367-4	现代汽车概论（第三版）	方遒、周水庭	28.00	2017.06	有

书　号	书　名	作　者	定　价	出版时间	课件
978-7-114-11319-2	交通运输专业英语	杨志发、刘艳莉	25.00	2014.06	有
978-7-114-10848-8	道路交通安全工程	刘浩学	35.00	2016.12	有
978-7-114-14022-8	汽车维修企业设计与管理（第二版）	胡立伟、冉广仁	31.00	2017.09	
978-7-114-13389-3	汽车保险与理赔（第二版）	隗海林	32.00	2016.12	有
978-7-114-13402-9	汽车试验学（第二版）	杜丹丰	35.00	2016.12	有
978-7-114-14214-7	汽车电器与电子技术（第二版）	塞小平、麻友良	48.00	2017.10	
二、应用技术型高校汽车类专业规划教材					
978-7-114-13075-5	汽车构造·上册（第二版）	陈德阳、王林超	33.00	2016.08	有
978-7-114-13314-5	汽车构造·下册（第二版）	王林超、陈德阳	45.00	2016.12	有
978-7-114-11412-0	汽车液压与气压传动	柳波	38.00	2014.07	有
978-7-114-11281-2	汽车电气设备	王慧君、于明进	32.00	2015.07	有
978-7-114-11279-9	汽车维修工程	徐立友	43.00	2017.08	有
978-7-114-11508-0	汽车电子控制技术	吴刚	45.00	2014.08	有
978-7-114-13147-9	汽车试验技术	门玉琢	33.00	2016.08	有
978-7-114-11446-5	汽车试验学	付百学、慈勤蓬	35.00	2014.07	有
978-7-114-11710-7	汽车评估	李耀平	29.00	2014.10	有
978-7-114-11874-6	汽车专业英语	周靖	22.00	2015.03	有
978-7-114-11904-0	新能源汽车	徐斌	29.00	2015.03	有
978-7-114-11677-3	汽车制造工艺学	石美玉	39.00	2014.10	有
978-7-114-11707-7	汽车 CAD/CAM	王良模、杨敏	45.00	2014.10	有
978-7-114-11693-3	汽车服务工程导论	王林超	25.00	2017.06	
978-7-114-11897-5	汽车保险与理赔	谭金会	29.00	2015.01	有
978-7-114-14030-3	汽车零部件有限元技术	胡顺安	23.00	2017.09	
978-7-114-11905-7	汽车诊断与检测技术（第四版）	张建俊	45.00	2017.05	有
三、教育部 财政部职业院校教师素质提高计划职教师资培养资源开发项目系列教材					
1. 车辆工程专业					
978-7-114-13320-6	汽车发动机构造与拆装	黄雄健	32.00	2017.01	有
978-7-114-13312-1	汽车底盘构造与拆装	廖抒华、陈坤	32.00	2017.01	有
978-7-114-13390-9	汽车电气设备与维修	楼江燕、江帆	42.00	2017.01	有
978-7-114-13473-9	汽车车身底盘电控技术与检修	张彦会、曾清德	42.00	2017.01	有
978-7-114-13313-8	汽车检测诊断实用技术	熊维平、许平	26.00	2016.12	有
2. 汽车服务工程专业					
978-7-114-12195-1	汽油发动机管理系统故障诊断与修复	申荣卫	35.00	2017.05	有
978-7-114-13520-0	汽车检测与故障诊断技术	闫光辉	36.00	2017.02	有
978-7-114-13669-6	汽车营销	黄玮、高婷婷、台晓红	29.00	2017.04	有
978-7-114-13652-8	汽车专业教学法	关志伟、阎文兵、高鲜萍	25.00	2017.04	有
978-7-114-13746-4	汽车服务技能训练	刘臣富、杜海兴	40.00	2017.07	有
四、成人教育汽车类专业规划教材					
978-7-114-13934-5	汽车概论	李昕光	25.00	2017.08	
978-7-114-13475-3	汽车运用基础	韩锐	32.00	2017.01	有
978-7-114-12562-1	汽车电控新技术	杜丹丰、郭秀荣	32.00	2017.04	有
978-7-114-13670-2	物流技术基础	邓红星	28.00	2017.04	有
978-7-114-13634-4	汽车保险与理赔	马振江	26.00	2017.03	有
978-7-114-13808-9	汽车服务信息系统	杜丹丰	32.00	2017.07	有
978-7-114-13886-7	汽车运行材料	吴怡	28.00	2017.05	有

●为"十二五"普通高等教育本科国家级规划教材、★为普通高等教育"十一五"国家级规划教材。咨询电话：010-85285253、85285977；咨询QQ：64612535、99735898